U0937448

中国书籍学术之光文库

地方政府社会治理研究

刘文光 | 主编

图书在版编目（CIP）数据

地方政府社会治理研究/刘文光主编．—北京：中国书籍出版社，2019.12

ISBN 978－7－5068－7768－8

Ⅰ．①地…　Ⅱ．①刘…　Ⅲ．①地方政府—行政管理—研究—中国　Ⅳ．①D625

中国版本图书馆 CIP 数据核字（2019）第 293643 号

地方政府社会治理研究

刘文光　主编

责任编辑　毕　磊
责任印制　孙马飞　马　芝
封面设计　中联华文
出版发行　中国书籍出版社
地　　址　北京市丰台区三路居路 97 号（邮编：100073）
电　　话　（010）52257143（总编室）　（010）52257140（发行部）
电子邮箱　eo@ chinabp. com. cn
经　　销　全国新华书店
印　　刷　三河市华东印刷有限公司
开　　本　710 毫米×1000 毫米　1/16
字　　数　269 千字
印　　张　17
版　　次　2019 年 12 月第 1 版　2019 年 12 月第 1 次印刷
书　　号　ISBN 978－7－5068－7768－8
定　　价　95.00 元

前　言

改革开放以来，在中国共产党的领导下，在中华儿女的共同努力下，我国经济建设、政治建设、社会建设、文化建设、生态建设、党的建设取得了前所未有的成就，中华民族实现了从富起来到强起来的历史性飞跃。回眸改革开放以来的历史巨变不难发现，每一次经济体制变革步伐的加快，都会引发我国社会生活领域的深刻变化。随着市场经济体制确立、深化和发展，特别是随着我国工业化、信息化、城镇化、国际化步伐的加快，促使我国社会结构发生了变化，人们的价值观念、就业方式、生活方式也随之发生了深刻改变。在这个过程中，各种社会矛盾、社会问题、社会冲突、社会风险也随之不断增加，我国社会治理和社会建设面临着史无前例的挑战。为了应对挑战，保持我国社会和谐稳定和国家持续、稳定、健康发展，进一步全面推进经济建设、政治建设、文化建设、社会建设、生态建设和党的建设，党和国家高度重视社会治理和社会建设的顶层设计，并多次在重要会议上进行了部署。

2004 年 9 月 19 日，中国共产党第十六届中央委员会第四次全体会议通过了《中共中央关于加强党的执政能力建设的决定》，该《决定》提出了“加强社会建设和管理，推进社会管理体制创新”的历史任务，指出要“深入研究社会管理规律，完善社会管理体系和政策法规，整合社会管理资源，建立健全党委领导、政府负责、社会协同、公众参与的社会管理格局”。

2006 年 10 月 11 日，中国共产党第十六届中央委员会第六次全体会议通过了《中共中央关于构建社会主义和谐社会若干重大问题的决定》，该《决定》指出“加强社会管理，维护社会稳定，是构建社会主义和谐社会的必然要求。必须创新社会管理体制，整合社会管理资源，提高社会管理水平，健全党委领导、政府负责、社会协同、公众参与的社会管理格局，在服务中实施管理，在管理中体现服务”。

2007 年 10 月 15 日，胡锦涛同志在中国共产党第十七次全国代表大会上作了题为《高举中国特色社会主义伟大旗帜，为夺取全面建设小康社会新胜利而奋斗》的报告。报告指出“社会建设与人民幸福安康息息相关。必须在经济发展的基础上，更加注重社会建设，着力保障和改善民生，推进社会体制改革，扩大公共服务，完善社会管理，促进社会公平正义，努力使全体人民学有所教、劳有所得、病有所医、老有所养、住有所居，推动建设和谐社会”。

2012 年 11 月 8 日，胡锦涛同志在中国共产党第十八次全国代表大会上作了题为《坚定不移沿着中国特色社会主义道路前进，为全面建成小康社会而奋斗》的报告，报告指出“要围绕构建中国特色社会主义社会管理体系，加快形成党委领导、政府负责、社会协同、公众参与、法治保障的社会管理体制，加快形成政府主导、覆盖城乡、可持续的基本公共服务体系，加快形成政社分开、权责明确、依法自治的现代社会组织体制，加快形成源头治理、动态管理、应急处置相结合的社会管理机制”。

2013 年 11 月 12 日，中国共产党第十八届中央委员会第三次全体会议通过了《中共中央关于全面深化改革若干重大问题的决定》，该《决定》指出“创新社会治理，必须着眼于维护最广大人民根本利益，最大限度增加和谐因素，增强社会发展活力，提高社会治理水平，全面推进平安中国建设，维护国家安全，确保人民安居乐业、社会安定有序”。

2017 年 10 月 18 日，习近平总书记在中国共产党第十九次全国代表大会上作了题为《决胜全面建成小康社会，夺取新时代中国特色社会主义伟大胜利》的报告。报告指出“打造共建共治共享的社会治理格局”，必须“加强社会治理制度建设，完善党委领导、政府负责、社会协同、公众参与、法治保障的社会治理体制，提高社会治理社会化、法治化、智能化、专业化水平”。

从以上党和国家的顶层设计和部署可以看出，十多年来，中国社会治理的体制越来越健全、社会治理的格局越来越科学、社会治理的内容越来越具体、社会治理的目标和要求越来越明确。需要指出的是，为了坚决贯彻中央的部署和安排，切实推进社会治理和社会建设进程，我国各个地方政府结合当地实际进行了大量的实践探索，不仅取得了重要成就，而且积累了许多宝贵经验。与此同时，理论界、学术界的很多专家学者也积极投入到了社会治理基本理论和社会治理现实问题的研究当中。本书各章节的选题及其内容就是在这样的国内政治形势和学术背景下产生的。

本书共十一章，各章节内容提要如下。

第一章：我国边境县（市）政府社会治理研究——以云南省为例。本章指出，在中央政府和地方政府的领导下，云南省各边境县（市）本着一切从实际出发的工作原则，结合当地具体情况，在社会治理方面大胆实践和探索，主要体现在加强治安管理和人民调解，扩大社会保障工作覆盖面，加大扶贫开发工作力度，加强基本公共服务供给，加强县乡基础设施建设，重视食品药品安全监管，加强生态环境保护和整治等方面。同时，云南省边境县（市）政府社会治理实践探索也取得了许多宝贵的经验，具体有以下几个方面：地方公共权威组织高度重视社会治理，将解决民生问题作为社会治理的重点，将解决难点问题作为社会治理的突破口，实施“以奖代补”政策促进社会治理，借助网络技术平台提高社会治理效率，重视社会力量协同参与社会治理过程，注重从源头上预防和减少社会矛盾和冲突。虽然云南省边境县（市）社会治理取得了以上成功经验，但云南省边境县（市）政府社会治理面临的主要问题还有很多，主要表现为：城乡之间的发展差距仍在拉大，社会利益矛盾或问题依然突出，教育医疗卫生服务水平低，基础设施建设未满足发展需要，境内外流入人口治理难度加大，跨境非法婚姻问题解决较困难，社会治安和“禁毒防艾”形势严峻，非法宗教渗透与反渗透的任务艰巨，公共安全问题的治理依然繁重，突发事件应对处置任务棘手，生态环境保护压力逐渐增大，社会保障体系不够完善，等等。针对以上诸多问题，加强和完善云南省边境县（市）政府社会治理的对策措施是：加快经济社会发展步伐，健全维护群众权益机制，建立健全公共服务供给机制，建立健全基础设施建设投入机制，建立健全流动人口管控机制，建立健全跨境婚姻治理机制，建立健全社会治安管理机制，建立健全非法宗教渗透管控机制，健全公共安全保障机制，健全突发事件管理机制，健全生态环境保护机制，建立健全社会保障供给机制。

第二章：地方政府网格化治理研究——以 H 省 Y 市为例。本章指出，H 省 Y 市政府网格化治理的实践探索主要表现在合理划分与适时调整社区网格、建立网格化治理的组织机构、明确网格化治理工作职责、制定网格化治理的运行机制、建立网格化治理工作事项准入制度、加强网格化治理队伍建设、建立网格化治理平台等方面。H 省 Y 市通过网格化治理实践探索，提升了政府公共安全服务水平，促进了社区警民关系和谐，推动了维权维稳工作的开展，规范了重点人群的管控工作，提升了人口计生工作的服务水平，加大了食品卫生安全的监管力度，提升了消防安全工作的管理水平。H 省 Y 市政府网格化治理的基本经验有：网格管理，动态采集；资源整合，部门联动；全程服务，提升管理；高度重视，强力推动；建立三项制度，推进网格管理制度化；在工作流程融合中提升服务效能；在信息资源融合中实现系统集成。H 省 Y 市政府网格化治理中存在的问题是：有的思想认识存在偏差，政府职能部门改革滞后，职能部门间信息共享存在障碍，职能部门存在推卸责任现象，部分网格员办事效率低下，网格员入户开展工作难度大，网格员存在大量流失现象。H 省 Y 市政府网格化治理中存在问题的原因是：新旧管理体制的摩擦，考核制度和监督机制不完善，网格管理机构职能权限不清，网格管理员的素质参差不齐，网格管理员的培训机制尚未健全，宣传网格管理的途径和方法不恰当，网格管理员的薪酬激励机制缺失。完善地方政府网格化治理的对策措施是：以转变观念为先导，提高思想认识；以转变管理方式为契机，塑造新的管理流程；以融合工作流程为途径，实现高效管理；以融合信息资源为手段，实现综合集成；以完善考核和监督体系为重点，优化管理模式；以建立长效机制为目标，丰富培训手段；以找准宣传方向为切口，加大宣传力度；以提高经济待遇为方法，完善激励机制；以信息技术为支撑，完善平台建设。

第三章：地方政府社会治理中的问题及对策研究——以H省H市为例。本章指出，H省H市政府社会治理的具体实践包括提升流动人口管理水平、大力推进义务教育工作、全面加强警务室建设、建立农村互助养老模式、全力治理大气污染、完善信息网络管理等方面。H省H市政府社会治理在流动人口计划生育、义务教育、社会安全、特殊人群管理、环境保护与治理、信息网络管理等方面都取得了显著成效。但H省H市政府社会治理还存在着社会治理的主体单一、社会建设与经济建设不协调、社会治理的方式单一、政府社会治理职能转变不到位、对社会治理效果比较淡漠等问题。导致H省H市政府社会治理存在问题的原因是：社会治理法治不健全，社会治理理念不科学，社会治理模式转变不彻底，社会治理职能界定不够清晰，社会治理绩效考核制度不够科学。加强和完善地方政府社会治理的对策措施是：完善多元化的社会治理格局，重新明确社会治理的重心，构建社会治理的有效机制，优化社会治理职能转变的环境，严格落实地方政府社会治理绩效考核制度。

第四章：地方公安机关社会治理创新研究——以G省G市为例。本章指出，G省G市公安机关社会治理实践现状表现在以下几方面：一是转变警务工作理念，推进社会治理工作；二是依托警务信息平台，构建动态治安安全网络；三是建立新型警务协作联动模式，形成整体防控格局；四是倡导科技警务，以网络信息化建设促进社会治理。G省G市公安机关社会治理实践中存在的问题主要是：对协同警务重要性认识不足，社会组织和公众参与度不高，社会治理缺乏及时有效的协作和保障机制，社会治理缺乏多元化的参与方式。G省G市公安机关社会治理中存在问题的原因表现为：社会治理观念和思维模式相对固化，受传统单向压力型公安行政模式的影响，社会治理的制度规范及机制建设相对滞后，参与社会治理的社会力量的能力薄弱，完善的社会治理体系及格局尚未形成。推动G省G市公安机关社会治理创新的对策是：树立社会治理的科学理念，建立社会力量参与社会治理机制，构建网络化的社会治理协作机制，搭建社会治理的多元参与平台，建立健全有关社会治理的规章制度，完善社会力量参与社会治理的运行保障体系。

第五章：基层政府社会治安综合治理研究——以B市X区为例。本章指出B市X区政府社会治安综合治理实践现状包括建立党委领导政府负责制、设立“多站一中心”工作台、动员人民群众积极参与、定期开展集中整治活动、开展“干警包村”活动、24小时全区巡逻防控、建立流动人口信息管理系统、建立宣传教育防范工作站等方面工作。B市X区政府社会治安综合治理积累了许多经验，它们是：群众参与是社会治安综合治理的基础，领导责任制是社会治安综合治理的保证，集中整治是社会治安综合治理的保障，创新载体是社会治安综合治理的新途径，综合执法是社会治安综合治理的优势，等等。B市X区政府社会治安综合治理中还存在一些问题需要解决，这些问题表现在：基层政府服务理念不到位，社会治安综合治理体制机制不健全，社会治安防控体系不完善，复杂性的社会治理问题多发，部分民众民生问题未妥善解决。B市X区政府社会治安综合治理存在以上问题的原因是：政府未能实现职能的彻底转变，基层政权组织功能发挥较弱，二元对立的社会结构引发社会矛盾，防范教育和法律制度不完善。解决以上问题，完善基层社会治安综合治理的对策是：加快基层政府职能转变，强化“治理”理念和领导责任，构建社会治安综合治理防控体系，创新基层社会治安综合治理方式，发挥社会治安综合治理合力，完善社会治安综合治理法律法规。

第六章：镇政府社会治理向服务型转变研究——以H省C镇为例。本章指出，H省C镇政府社会治理由管制型向服务型转变是农村民生建设的需要，是发展农村市场经济的要求，是加强党的执政能力建设的需要，是构建和谐社会的目标选择。H省C镇政府社会治理由管制型向服务型转变的实践探索包括网格化治理的推进、政务公开的全面推行、民生保障和基层文化的改善、农村经济的全面发展、公众参与的不断扩大等方面。H省C镇政府社会治理由管制型向服务型转变过程中存在的问题有：未建立行政服务中心，生态环境保护力度不够，农村配套基础设施不健全，社会治理政策执行力度不够，社会治理职能界限不清，法律手段未全面采用。H省C镇政府社会治理由管制型向服务型转变过程中存在问题的原因是：服务理念尚未完全确立，过分追求经济发展指标，缺乏有效的监督措施，有些干部素质较低，绩效考核指标不科学。进一步推动镇政府社会治理由管制型向服务型转变的对策措施是：转变传统的社会治理理念，全面推行多样化的社会治理方式，加大对镇政府的监督力度，提升镇政府干部的综合素质，完善绩效考核机制，提高镇政府社会治理的法治化水平。

第七章：乡镇政府社会治理研究——以C市Y县D镇为例。本章指出，C市Y县D镇政府社会治理现状主要体现在以下六个方面：一是强化治安防控，推进平安D镇建设；二是明确分工，构建信访维稳大调解格局；三是以“三大行动”为载体，推进安全监管；四是多措并举，强化人口管理和服务；五是管建并重，推进农村生态环境保护；六是齐抓共管，统筹推进农村社会事业。C市Y县D镇政府社会治理存在的问题表现在以下几方面：社会治安稳中藏患、信访维稳任务繁重、安全监管漏洞较多、人口管理杂乱不清、生态保护任重道远、社会事业发展滞后。C市Y县D镇政府社会治理存在问题的原因是：社会治安防控乏力、信访维稳息诉难调、安全监管面大量广、人口管理基础薄弱、环境保护量大力弱、社会事业保障不足。针对以上问题及原因，加强和改进乡镇政府社会治理的对策措施主要有以下几点：一是构建社会治安综合治理体系，二是提高基层信访组织工作能力，三是增强基层公共安全监管能力，四是抓好人口管理与服务，五是加强生态环境保护，六是加快发展农村公共事业。

第八章：乡镇政府信访工作研究——以G省G市L镇为例。本章从L镇政府信访组织机构及人员配置、资金投入及硬件设施、职责分工及日常工作机制、信访事项及处理情况等方面阐明了G省G市L镇政府信访工作现状，指出G省G市L镇政府信访工作的特点是：信访事项数量不断增多，信访事项涉及范围广泛，突显的社会矛盾较集中，矛盾化解难度越来越大。G省G市L镇政府信访工作中存在的问题表现在以下几方面：信访机构定位欠明确、信访工作质量不高、信访工作思路陈旧、信访网络化发展滞后、信访事项处置能力较弱。G省G市L镇政府信访工作中存在问题的原因有以下几个方面：社会转型期利益矛盾突出、信访群众的法律意识普遍淡薄、信访群体多元化与组织化并存、信访矛盾集中化与影响扩大化并存、信访方式不当与遗留问题增多并存。本章指出，针对以上存在问题及原因，可以采取以下对策措施完善G省G市L镇政府信访工作：一是准确履行服务型政府职能，二是科学定位政府信访机构功能，三是夯实基层信访工作运作基础，四是加强基层政府信访工作力量，五是创新信访部门工作思路，六是深化信访部门对信访工作的认识，七是推进基层政府信访工作法治化。

第九章：城市管理中的行政执法研究——以S省Z市为例。本章指出，S省Z市城市管理中行政执法实践包括以下几个方面：一是引入法律顾问，严格依法把关；二是执法过程全记录，避免执法纠纷；三是专项整治重点问题，加强宣传力度；四是主管部门牵头负责，相关部门联动配合；五是定岗定责，落实到人；六是以说服教育为主，争取理解支持。S省Z市城市管理中行政执法存在的问题表现在以下几个方面：一是执法依据不完善，缺乏可操作性；二是执法效率较低，基层人员编制短缺；三是权力责任互不匹配，城管执法“难作为”；四是小贩违法成本低，城管执法成本高；五是执法队伍组成复杂，执法水平有待提高；六是执法对象法律意识淡薄，对抗情绪较重；七是市民主体意识淡薄，参与城市管理极少。S省Z市城市管理行政执法中存在问题的原因：城市管理法律法规不健全，行政执法机构设置不合理，政府相关部门的协调配合脱节，行政执法保障力度不够，执法人员素质有待提高，法治理念和服务意识淡薄，新闻舆论正确引导市民欠缺。改进S省Z市城市管理中行政执法的对策主要有以下几个方面：一是健全和完善行政执法方面的法律法规，二是调整行政执法主体结构配置，三是建立行政执法协调联动机制，四是加大行政执法保障力度，五是加强执法人员行为规范建设，六是加强行政执法过程的监督管理，七是健全城市管理行政纠纷处理机制，八是重视对社会公众进行宣传教育。

第十章：地方政府河流治理研究——以S省N市沱江治理为例。本章指出，S省N市政府在沱江治理过程中进行的实践探索涉及建设第二污水处理厂及配套管网工程、N市W县启动的湿地公园建设项目、在N市各个乡镇中新建垃圾处理中心、全面加强N市城区环境综合治理工作等方面。S省N市政府在沱江治理过程中取得的基本经验：强化流域民众的环保意识是前提和基础，确保流域治理政策法规的落实是关键，注重沱江协同治理是取得成效的保障。S省N市政府在沱江流域治理过程中的问题表现在：沱江流域治理机构设置及其职能配置尚未健全、沱江流域政府合作共治机制尚未形成，沱江治理尚未健全流域生态补偿机制，N市政府尚未健全沱江流域环保监管机制，沱江流域水污染治理主体单一影响治理效果。S省N市政府在沱江治理中存在问题的原因：一是沱江流域治理顶层设计尚不完善，二是沱江流域干部绩效考评机制存在缺陷，三是水流的动态性容易使河流污染相互转移，四是不同流域内的政府之间在河流治理中各自为政，五是多元主体参与沱江河流治理的积极性主动性不够。加强和完善S省N市政府河流治理的对策：一是建立沱江综合管理机构，二是实行官员“绿色考核制度”，三是建立流域生态补偿机制，四是建立政府合作治理河流机制，五是健全公众参与治理的法律法规，六是加强河流治理资金来源保障，七是加强河流治理科技支撑，八是借鉴国外先进的河流治理经验。

第十一章：民族自治县政府民族事务治理研究——以Y省S民族自治县为例。本章指出，Y省S民族自治县政府民族事务治理实践包括以下几个方面：一是推进农村经济健康发展，二是扎实推进美丽家园建设，三是发展少数民族优秀文化，四是提高民族地区生产生活水平，五是加强少数民族人才队伍建设，六是开展民族团结进步创建活动，七是推进边疆民族地区和谐稳定。Y省S民族自治县政府民族事务治理成效如下：民族经济持续健康发展，民族工业发展实现新突破，基础设施不断得到夯实，法治建设得到加强，民族文化进一步繁荣发展，民族政策在当地落地开花，民生问题得到妥善解决，宗教事务更加和谐稳定发展，生态环境保护治理成效显著。Y省S民族自治县政府民族事务治理基本经验：一是开展民族团结政策宣传教育是民族事务治理的前提条件；二是抓好民族地区经济工作是民族事务治理的主要任务；三是落实民族工作目标责任是民族事务治理的有效保障；四是加强民族地区社会建设是民族事务治理的重要方面；五是加强软硬件建设是做好民族事务治理的强大推力。Y省S民族自治县政府民族事务治理中存在的问题：一是民族地区与内地发展不平衡问题突出，二是民族地区资源开发补偿机制不健全，三是民族地区干部队伍结构不合理，四是民族宗教事务局与其他部门职能交叉，五是民族文化繁荣发展制约因素仍然较多，六是民族地区农村社会发展问题逐渐增多。Y省S民族自治县政府民族事务治理存在问题的原因：一是自然原因，二是历史原因，三是文化原因，四是社会原因，五是经济原因。加强和完善民族自治县政府民族事务治理的对策：一是健全民族宗教事务局的职责，二是着力提高民族干部队伍素质，三是促进少数民族经济均衡发展，四是完善民族地区社会保障体系，五是完善民族事务管理法律法规，六是稳步推进民族教育事业发展，七是加强民族优秀传统文化保护与传承，八是妥善处理少数民族发展和流动等问题，九是健全维护民族团结稳定的长效机制。

刘文光

二〇一九年五月

目 录

CONTENTS

第一章

我国边境县（市）政府社会治理研究

——以云南省为例

第一节　云南省边境县（市）概况

一、设置概况

云南省共辖有25个边境县（市），涉及云南8个自治州（市）。其中，怒江傈僳族自治州辖有贡山、福贡、泸水三个边境县（市）；保山市辖有腾冲、龙陵两个边境县（市）；德宏傣族景颇族自治州辖有盈江、陇川、瑞丽、潞西四个边境县（市）；临沧市辖有镇康、耿马、沧源三个边境县；普洱市辖有孟连、西盟、澜沧、江城四个边境县；西双版纳傣族自治州辖有景洪、勐海、勐腊三个边境县（市）；红河哈尼族彝族自治州辖有绿春、金平、河口三个边境县；文山壮族苗族自治州辖有富宁、麻栗坡、马关三个边境县。云南省25个边境县（市）从东南到西北分别与越南、老挝和缅甸接壤，国境线全长4060千米，约占我国陆地边境线的1/5，几乎囊括了云南省的南部和西部边界。云南省25个边境县（市）中，紧靠边境沿线的乡镇有111个，村委会有843个，自然村有9559个，大都集山区、边疆、民族、贫困为一体。2010年，云南省边境县（市）总人口664.13万人，占全省总人口的14.45%，其中少数民族人口388.52万人，占边境县总人口的58.5%，占全省少数民族人口的25.33%。①

二、气候概况

云南省边境县（市）大部分属于亚热带和北热带气候，光能充足，热量丰富，降水丰沛。譬如：怒江州福贡县气候垂直变化显著，从南到北有南、中、北亚热带和南温带等气候类型，平均气温16.9℃。保山市的腾冲市属于亚热带气候，具有明显低纬度山地西部型季风气候，四季不分明，年平均气温14.8℃。德宏州的盈江县属于南亚热带季风气候，年均降雨量为1731.6毫米。临沧市的耿马县90%以上的土地分布在热带和亚热带，年平均气温19.2℃，年均降雨量1400毫米。普洱市的孟连县属于南亚热带高原季风气候，日照充足，雨量集中，干湿分明，适宜种植多种作物。西双版纳州的景洪市属于北热带和南亚热带湿润季风气候，长夏无冬，干湿季分明，基本无霜，成为中国不可多得的热带作物宝库。勐海县属于亚热带高原季风气候，冬无严寒，夏无酷暑，无四季之分，有干湿之别，雨量充沛，气候宜人，动植物适应生存范围广。红河州的河口县属于亚热带雨林气候，宜种热带经济作物。文山州的富宁县属于亚热带季风气候，年均气温19.3℃，气候温暖、雨量充沛，适宜种植多种热带、亚热带经济作物，素有“天然温室”的美称。

三、资源概况

云南省边境县（市）不仅具有优越的气候条件，而且蕴藏着丰富的生物、矿产、水能、旅游和边贸等资源。一是生物资源种类繁多。譬如：景洪市拥有“物种基因库”和“绿色宝库”之称，同时也是我国重要的热带水果生产地。瑞丽市、芒市、耿马县、勐海县、龙陵县适合种植甘蔗，腾冲市适宜种植油料作物，金平县、河口县适宜种植水果，其中金平县是全国香蕉种植规模最大且最优质的县份之一。勐海县、景洪市、江城县、澜沧县、腾冲市、芒市适宜种植茶叶，其中，勐海县是云南普洱茶的故乡。二是矿产资源

---

① 资料来源：云南民族宗教网，《云南省加快少数民族和民族地区经济社会发展“十二五”规划》，发布时间2014年7月3日。

品种多，分布广。譬如：麻栗坡县有锡矿床28处，地质品位40%，钨矿23处，地质品位45%以上。马关县铟储量居全国第一位，锡储量居全国第三位。富宁县境内煤矿资源丰富，原煤产量居边境各县榜首。江城县有我国目前唯一的固体钾盐矿，已探明储量1400万吨，居国内已探明储量钾盐矿的第二位。腾冲市为云南省的富矿县之一，现已开发的主要有铁、锡、铅、锌等金属矿和硅藻土、硅灰石、高岭土等非金属矿。三是水能资源丰沛。譬如，麻栗坡县内主要河流有盘龙河、畴阳河、八布河、南利河，水能开发潜力大，发电量居于边境各县之首。金平县内有藤条江、红河两大水系，水能理论蕴藏量207.4万千瓦。马关县境内大小河流42条，县内河流水能理论蕴藏量为65万千瓦。四是旅游资源面广量大，自然景物和人文景观绚丽多姿。譬如，腾冲市火山地热相伴而生，规模宏大，为国内罕见，还有北海湿地、和顺侨乡、云峰山、来凤山国家级森林公园和高黎贡山等一大批神奇秀丽的自然景观。腾冲市在多年的对外交往中形成了中原文化、南诏文化、抗战文化、边疆少数民族文化相互融合而成的具有多元文化特点的“腾越文化”。

四、口岸概况

云南省边境县（市）有14个国家一类口岸，7个二类口岸，90个边民互市通道和103个边贸互市点，形成了陆、水、空齐全，全方位开放的边境县口岸格局。14个一类口岸主要包括：陆运口岸9个，其中瑞丽口岸是通往缅甸最繁忙的陆运口岸，磨憨陆运口岸是中老边境唯一的国家级口岸，河口陆运（铁路）口岸已成为云南省周边贸易、旅游增长亮点；航空口岸3个，即昆明国际机场航空口岸、西双版纳国际机场航空口岸、丽江国际机场航空港；水运口岸2个，即景洪港、思茅港。7个二类口岸，均为陆运（公路）口岸，其中：孟连、沧源、南伞、章凤、盈江、片马与缅甸接壤，田蓬口岸与越南接壤①。

① 资料来源：云南省商务厅网站。

第二节 云南省边境县（市）政府社会治理实践探索①

近几年，在中央政府和地方政府的领导下，云南省各边境县（市）本着一切从实际出发的工作原则，结合当地具体情况，在社会治理方面大胆实践，努力探索，取得了明显成效，为建设和谐边疆作出了重要贡献。具体而言，云南省边境县社会治理实践探索，主要体现在以下七个方面。

一、加强治安管理和人民调解

治安管理和人民调解是社会治理的重要内容。在云南省边境县（市）社会治理中起着举足轻重的作用。为了坚决维护边疆和谐稳定，云南省边境县（市）在加强治安管理和人民调解方面开展了许多实践性工作。尤其在打黑除恶、扫黄打非、禁毒防艾、防恐防暴、治抢防拐、来信来访、人民调解、抵御非法宗教渗透等方面付出了艰辛和努力。以孟连县为例，2014 年，该县深入开展“法治孟连、平安孟连”创建活动，连续四年被评为“全省先进平安县”，政法系统执法群众满意度测评跃居全省第一位；该县强化社会治理创新，健全立体化治安防控体系，严厉打击各类违法犯罪及暴力恐怖活动；同时，完善信访和调解联动工作体系，视频接访和集中联合接访平台建成使用②；高度关注绿色产业发展、征地拆迁等问题；第三轮“禁毒防艾”取得阶段性成果，临沧市“6·26”禁毒宣传暨毒品销毁大会在孟连成功召开；边境专项整治联合行动持续深入，边境管控成效明显。

二、扩大社会保障工作覆盖面

为了营造各族群众能够安居乐业的生活和工作环境，云南省边境县（市）在城镇职工基本医疗保险、城镇居民基本医疗保险、城乡养老保险制

---

① 刘文光．中国边境县社会治理实践及经验——以云南省边境县（市）为例［J］．黑龙江社会科学，2017，(03)：28－30.

② 2015 年孟连县政府工作报告［R］．孟连县政府门户网站，2015－03－30.

度的建立、城乡医疗救助制度、新型农村合作医疗制度的推行、社会保险覆盖面的扩大、城乡居民最低生活保障的落实、保障性住房建设、危房改造、社区养老服务中心建设、农村劳动力转业等方面做了许多扎实细致的工作，取得了重要的实践成效，保障了边境地区人民群众的基本生活、健康和养老，维护了云南省边境地区的社会和谐稳定，促进了当地的经济社会发展。以沧源县为例，2014 年，沧源县城乡居民基本养老保险、医疗保险等各类保险参保率不断提高；完成班洪乡敬老院和 10 个居家养老服务中心建设，新增养老床位 180 张；农村、城镇低保实现应保尽保。此外，该县积极应对“威马逊”台风等自然灾害，切实保障群众基本生活；安居工程扎实推进，认真落实住房保障制度，建成城镇保障性住房 752 套，443 户住房困难群众乔迁新居；完成农村危房改造 3500 户，城乡群众居住条件不断改善。①

三、加大扶贫开发工作力度

扶贫开发是缩小贫富差距、实现共同富裕的有效途径，充分体现了社会主义制度的优越性。云南省 25 个边境县（市）贫困人口 64.51 万人，贫困发生率 12.1%，高于全省平均水平 3.5 个百分点。②

面对如此高的贫困率，云南各边境县（市）整合各方资源，在实施“兴边富民工程”中，在整乡推进、整村推进、产业扶贫、易地搬迁、安居工程、劳动力转移培训、连片特殊困难地区综合扶贫开发、挂钩帮扶、争取扶贫资金等方面做出了不懈努力，使云南省边境县（市）的贫困群众深深地感受到了党和政府的温暖。以腾冲市为例，2015 年，该市“精准扶贫”扎实推进，“挂包帮、转走访”工作深入开展，五年投入各类扶贫资金 9.2 亿元，实施整乡推进项目 2 个、整村推进项目 189 个，贫困人口从 8.79 万减少到 4.54 万。③

---

① 2015 年沧源县政府工作报告［R］. 沧源县人民政府公众网，2015－01－26.

② 云南省加快少数民族和民族地区经济社会发展“十二五”规划［Z］. 云南民族宗教网，2014－07－03.

③ 2016 年腾冲市政府工作报告［R］. 腾冲市人民政府网，2016－01－22.

四、加强基本公共服务供给

云南省边境县（市）的基本公共服务主要包括教育服务、医疗卫生服务、文化服务等三个方面的内容。云南省边境县（市）基本公共服务供给水平如何，直接关系到云南省25个边境县（市）各民族群众的人口素质、健康状况以及人们的精神生活。随着云南省边境县（市）经济的发展、财政收入的增加，各地在加强基本公共服务供给方面，特别是在教育基础设施建设、义务教育均衡发展、教育质量的提升、医疗卫生服务条件改善、水平提高、医疗卫生服务均衡化、民族文化保护和传承、乡村文化生活开展等方面尽了最大努力，进行了广泛尝试。

教育服务供给方面，以腾冲市为例，2014年，该县办学条件持续改善，完成教育投资2.3亿元，增长9%。教育惠民政策较好落实，8.5万学生享受营养餐，发放各类学生补助7271万元。义务教育、学前教育、高中教育、职业教育等协调发展，腾一中晋升为省一级一等高完中，一职校通过国家中等职业教育示范校验收，滇西应用技术大学珠宝学院申报工作顺利。①

医疗卫生服务方面，以盈江县为例，2013年，该县加大卫生事业投入力度，不断巩固基层医改、基本医保、基本药物制度和基本公共卫生服务均等化改革成果，稳步推进县级公立医院综合改革试点工作，县医院顺利通过国家二级甲等综合医院评审，城乡基本医疗卫生服务网络更加健全完善，覆盖城乡居民的医疗卫生服务水平得到进一步提高；疾病预防控制成效显著，成功阻断了登革热疫情的发生。②

公共文化服务方面，以马关县为例，2015年，文化惠民工程深入实施，基础建设投入力度不断加大，县城全民健身中心项目开工建设，建成13个乡镇文化广播电视服务中心、96个农家书屋、22个农村文化体育活动广场等项目，公共文化服务能力明显增强；“村村通”“户户通”工程深入推进，广播电视基本实现全覆盖。全民健身运动广泛开展，群众文体活动日益丰富。③

① 2015年腾冲县政府工作报告［R］．腾冲市人民政府网，2015－01－20.

② 2014年盈江县政府工作报告［R］．盈江县政府信息公开门户网站，2014－02－12.

③ 2016年马关县政府工作报告［R］．马关县人民政府门户网站，2016－02－26.

五、加强县乡基础设施建设

云南省边境县县乡基础设施建设主要包括市政设施建设、交通设施建设、水利设施建设等方面。云南省边境县县乡基础设施建设状况如何，直接关系到人们日常生活质量的提高、城市品位和对外水平的提升以及农业产业的振兴。近几年，云南省边境县（市）在上级部门和各方力量的援助下，在城区公交线路、便民服务中心、商贸城、饮食城、宾馆酒店、旧城改造、乡村集镇等市政设施建设方面，在新建公路、改扩建公路、交通路网设施以及乡村公路硬化建设方面，在农村小水利工程、人畜饮水工程、河流疏通治理等方面都取得了明显实践成效。

在市政设施建设方面，以孟连县为例，2014 年，该县县城总体规划修编上报市级审核，允昂山、城东片区路网规划工作进展顺利；南垒河防洪治理工程一期一段、民族体育运动中心、金沙滩木栈道等市政工程全面建成，完成环城路、白象街、滨河路绿化改造及南垒河中段、帕当路、孟西路龙潭大坝至法罕山段亮化工程，澜阿公路至县城区 A、B 联络线启动建设，污水处理厂配套管网建设有序推进，垃圾处理场渗滤液处理站投入运营；开通城市公交车，出租车运营招投标一标顺利完成，县城区公共配套设施逐步完善；“两违”整治稳妥推进；集镇村庄建设全面加强；勐马特色小镇详细规划加快编制，启动娜允镇、勐马镇等土地利用总规修编，集镇基础设施建设及环境整治力度不断加大，中心集镇功能进一步完善。① 在交通设施建设方面。以金平县为例，2015 年，全县累计投入 36.94 亿元，比“十一五”期间增长了 70%，共实施交通项目 143 个，新增公路里程 2125 公里，全县公路里程达 5742 公里。蛮金二级公路建成通车，打破了制约金平发展的最大瓶颈；实现了乡乡通油路（水泥路）的目标，群众出行难问题得到有效解决。②

在水利设施建设方面，以马关县为例，2015 年，全县投入水利建设资金 8.9 亿元，达号水库、马洒水库等一批重点水源工程建成投入使用，鱼洞门水库下闸试蓄水，城子卡、大深沟等 8 座病险水库除险加固工程全面完工，

① 2015 年孟连县政府工作报告［R］. 孟连县政府门户网站，2015 - 03 - 30.

② 2016 年金平县政府工作报告［R］. 金平县政府信息公开门户网站，2016 - 03 - 27.

河边水库、夹寒箐水库建设进展顺利，建成“五小水利”工程1.2万件，新增蓄水量1380万立方米，新增有效灌溉面积3.7万亩，解决了8.2万人的饮水安全问题。①

六、重视食品药品安全监管

食品药品与人们的生活息息相关，能否做好食品药品安全监管，关乎边境民族地区人民群众的身体健康和生命安全。近几年，云南省边境县（市）本着对人民高度负责的态度，非常重视食品药品监工作，做到体察入微，责任到人，严格问责。尤其在创建文明、诚信、安全的食品药品安全城市，加强学校食品安全管理与监督，预防突发食物中毒事故的发生，在对边境县城种养殖环节、生产流通环节、餐饮消费环节进行联合检查等方面作出了不懈努力，收到了良好效果，得到了群众的好评。以贡山县为例，2015年1月，为规范贡山县医疗机构和药品经营企业日常药品使用、经营全过程，县食药监局召开了2015年度医疗机构、药品经营企业法人集体约谈会。约谈会从加强药品和医疗器械管理各项规章制度的执行力度、加强对药品质量的管理、认真做好药品购销记录和药品养护记录、确认供货方资质等方面，对全县各医疗机构、药品经营企业法人提出了严格要求。通过约谈，不仅规范了全县药品和医疗器械经营质量管理，同时增强了全县各医疗机构和药品经营企业的责任意识，规范了其经营使用行为。2015年6月，该县食品药品监督管理局对县城范围内的超市、小型生产企业、餐饮服务单位及小作坊进行了食品抽检工作。共计抽检样品68批次，28个品种，包括婴幼儿配方奶粉、桶装饮用水、预包装酒类、散装自产酒、调味料产品、烘烤类糕点、干货制品等进行了现场抽样及封存，并书写产品样品采样记录及检验抽样单。通过抽检，有效预防了贡山县食品安全存在的风险，净化了贡山县的消费环境。②

七、加强生态环境保护和整治

生态环境的保护和整治，关乎云南边境地区的可持续发展，关乎云南边

---

① 2016年马关县政府工作报告［R］. 马关县人民政府门户网站，2016-02-26.

② 郑仲，李锦艳. 贡山县食品药品监督管理局积极开展抽检工作［Z］. 怒江大峡谷网，2015-06-18.

境地区生活环境的改善，关乎云南边境地区各族群众的健康。近几年，云南边境地区不仅重视经济发展，而且重视环境保护和治理。在生物多样性保护、城乡综合环境整治、资源的合理开发和利用、工业污染防治、节能减排、耕地保护、园林绿化等方面做了大量工作，成效明显。以腾冲市为例，2015 年，该市森林腾冲建设深入实施，生物多样性保护效果明显，全市森林覆盖率达 73%，比 2010 年提高 2.3 个百分点。市环境监控中心建成投入使用，对 41 家重点工矿企业实施 24 小时监控，水环境污染综合整治力度不断加大。建设农村垃圾焚烧炉 88 座，农村生活垃圾无害化处理率达 80%。五年创建国家级生态乡镇 2 个、全国生态文化村 2 个、省级生态乡镇 14 个、省级绿色社区 9 个、省级绿色学校 12 所、省级环境教育基地 1 个。被评为全国生态文明先进县和全国最美生态旅游示范县。①

第三节 云南省边境县（市）政府社会治理的基本经验②

由于历史与现实的原因，云南省边境县（市）经济社会发展普遍滞后，加强社会治理所需要的人力、物力、财力有限，但现有条件的限制，并未阻止当地社会治理部门的工作决心和信心。从上述内容可以看出，云南省边境地区的县（市）积极创造条件，在社会治理所涉及的各个领域都进行了艰苦卓绝的努力，有力地推动了云南省边境地区社会的进步，维护了边疆的安宁，为云南省边境地区的全面发展作出了重要贡献，并积累了许多宝贵的实践经验。这些实践经验，将为云南省边境县（市）加强和完善社会治理提供有益的指导。

① 2016 年腾冲市政府工作报告［R］. 腾冲市人民政府网，2016－01－22.
② 刘文光. 中国边境县社会治理实践及经验——以云南省边境县（市）为例［J］. 黑龙江社会科学，2017，(03)：30－33.

一、地方公共权威组织高度重视社会治理

近几年，云南省边境县（市）从本地区实际状况出发，针对社会治理过程中面临的突出问题，在社会治理方面进行了多方面的努力和尝试，并取得了令人可喜的治理绩效，发挥了社会治理在协调社会关系、解决社会问题、化解社会矛盾以及维护社会稳定等方面的重要职能和作用。这一切工作及其成效的取得，都离不开当地党委、政府的积极努力与高度重视。正是有了当地党委政府的高度重视以及上级的正确领导和支持，云南省边境县（市）的社会治理工作才能被提到重要议事日程之上。也正是有了当地党委政府的高度重视，解决社会矛盾和问题，才能做到组织到位，领导到位，分工明确，职责清晰，方案科学。尤其在解决社会治安问题、加大扶贫开发力度、完善基础设施、保护生态环境等过程中，无不体现出云南省边境县（市）党委、政府以及相关部门对社会治理工作的高度重视。

以马关县为例，近几年，为了做好社会治理工作，县委、县政府多次召开高规格的社会治理、综合治理工作会议，强调社会治理工作的重要性，安排部署社会治理工作，并确立以政法委为主的社会治理领导机构。在全县通过各种方式宣传社会治理工作的重要性，让全县干部及各族群众认识、支持、参与社会治理，并层层签订社会治安综合治理工作目标责任书，使社会治理工作落到实处。同时，县委、县政府加大对社会治理工作的人力、物力、财力支持力度。从2008年开始，在县财政经费十分困难的情况下，把4个社区和12个乡镇所在地村委会的16名综治专干的报酬、全县80名专职治安巡防队员的报酬和意外伤害保险、社会治安综合治理工作经费，全部纳入县级财政预算安排经费列支。2013年，马关县整合全县资源，采用面向社会公开招聘和竞聘相结合的方式，切实加强辅警队伍建设，并结合马关县实际投入20万元，建成了“全方位收集、全天候研判、全联动运用”的马关县基层社会治理综合信息平台。为推进城市报警监控系统建设，提高治安防控能力，共投入资金740万元，建成280路系统平台，安装城区街面治安监控摄像头140个，建成出入城区机动车高清视频抓拍系统和县城报警及监控系

统、集镇视频监控系统。①

二、将解决民生问题作为社会治理的重点

云南省边境县（市）山区居多，贫困面广，社会矛盾和问题复杂，社会治理任务繁重，但各边境县（市）并没有抱守“等、靠、要”等传统思维惯性，以求得社会治理问题的解决。在社会治理过程中，云南省边境县（市）党委、政府把解决民生问题放在了首要位置。特别是金平县在这方面的做法值得其他地区学习和借鉴。

金平县的实践探索主要体现在以下几个方面：一是为了解决农村住房安全和城市住房问题，2015 年，在当地党委、政府的帮助下，金平县 10771 户农村危房得到改造，极大地提高了农村居民住房的安全系数。② 在城区，金平县把保障性住房建盖、城市棚户区改造、保障性住房和安居房建设作为重点，极大地改善了人们的居住条件，缓解了居民的住房需求。二是为了扩大养老、医疗、低保的救助范围以及保障水平，金平县积极争取各种社会资金的支持，并将争取到的社会扶持资金尽可能地用于提高低保居民的生活水平以及改善医疗、卫生、养老等社会事业。三是为了提高教学质量、更好地培养人才，让学生和老师都有一个安心学习和生活的场所，金平县不断加大对教育的财政投入力度，主要用于学校宿舍楼、教室、危房新建改建项目，提高对贫困学生的补助标准，加大对教师的培养力度等方面。

三、将解决难点问题作为社会治理的突破口

按照唯物辩证法的基本原理和要求，解决社会问题，必须抓住主要矛盾和矛盾的主要方面。云南省边境县（市）社会治理面临的问题较多，能否在众多的问题中抓住难点问题进行突破，事关边境县社会治理全局。在云南省边境县（市）的社会治理中，流动人口的管理一直是困扰各个边境县的一道难题。特别是如何实现对境外流动人口的有效管理，是云南省边境县（市）社会治理中的难点。云南省边境县（市）党委、政府在全面分析之后，几乎

① 张文卫．马关加大投入筑牢治安防控“三张网”［N］．文山日报，2013－03－26．

② 2016 年金平县政府工作报告［R］．金平县政府信息公开门户网站，2016－03－27．

都将社会治理的突破口对准了流动人口特别是境外非法流动人口的管理。

以马关县为例，该县将加强流动人口管理这一难点问题作为马关社会治理的切入点加以突破，提高了社会治理的成效。马关县与越南接壤，在发展边境贸易的同时，非法入境、非法通婚、非法滞留以及边境违法犯罪问题较为突出。能否解决好这一突出问题，直接关系到马关县的平安、稳定和发展。对此，当地党委、政府高度重视。一是成立了以县长任组长，分管副县长任副组长，相关部门主要领导为成员的流动人口服务和管理领导小组。并在各乡镇成立了流动人口服务和管理协调领导小组，各社区设立流动人口服务站。初步建立了横向到边、纵向到底的管理服务网络，为流动人口服务管理工作的顺利开展提供了坚强的组织保障。目前，该县已在马白镇四个社区和八寨镇、古林箐乡、都龙镇、南捞乡、夹寒箐镇、木厂镇设立了10个流动人口服务站。将流动人口服务管理工作纳入年终工作考核，层层签订责任书，实行分片包干，责任到人。二是通过加强口岸（通道）出入境管理，强化边境管控，大力推行口岸、通道执勤规范化建设，严格出入境证件的查验与登记制度，以治理口岸、通道为突破口，进一步规范了出入境秩序。通过对都龙茅坪口岸出入境秩序的规范和治理，以点带面，在小坝子、金厂、保良街等三个边防工作站全面推广，防止境外人员从小道、便道非法进入马关县境。三是通过动情、说理、讲法等方式，对境外非法流入人员进行有针对性的处理。四是推行“证、房、业”相结合的服务管理模式，按照“谁出租谁负责、谁用工谁负责”的原则，全面实行“以房管人”和“以业管人”措施，制定出租房屋租赁制度，明确用工单位的监管义务和责任。五是着力抓好宣传教育引导工作，通过印发宣传资料、开办宣传栏等多种形式，加大对流动人口管理法律法规、优惠政策、便民措施等的宣传。按照“属地化管理、居民化服务”的原则，采取电话预约、上门服务、短信咨询、开通“绿色办证通道”、适当调整工作时间等方式，创新流动人口管理服务工作模式。

四、实施“以奖代补”政策促进社会治理

社会治理是否有效与社会治理主体积极性和创造性的发挥息息相关。社会治理“以奖代补”是云南省边境县（市）激励公职人员社会治理激情的一

项地方性政策，主要针对基层工作人员，是对基层人民组织调解方法的创新和发展。在调解少数民族群众的矛盾和纠纷过程中，此项政策强调谁调解奖励谁，调解成功越多，奖励越多。云南省边境县（市）实施社会治理“以奖代补”政策以后，解决了人民调解经费难保障、权责难明确、成员调解积极性不高等问题。实践证明，自从有了社会治理的“以奖代补”政策，云南省边境县（市）人民调解组织对矛盾调解工作更加用心了，调解成功率越来越高了，各民族群众的矛盾和纠纷也得到有效化解了，极大地促进了社会治理能力的提升。

以沧源县为例，随着改革开放的不断深入和经济结构的调整，各类矛盾凸显，刑事案件、民间纠纷以及土地、矿藏、山林、水利纠纷等呈显著上升趋势。然而由于人民调解员经费没有保障，其积极性和责任感不强，“一般纠纷懒得调处，疑难纠纷不敢、不愿调处，发生纠纷应付了事”，这些都给调解工作带来了难题。2011 年以来，沧源县为了促进人民调解工作的正常开展，更好地调动人民调解员的工作积极性和主动性，充分发挥人民调解工作在维护社会稳定、构建“和谐沧源”中的职能和作用，县司法局制定并开始实施《关于在全县村级人民调解委员会中实行“以奖代补”的办法》。自实施人民调解“以奖代补”办法以来，沧源县各村（居）人民调解员更加活跃在辖区街道、村（居）委会、邻里之间，切实担负起了化解基层矛盾纠纷、维护农村社会和谐的重任。该办法的实施，从源头上改变了人民调解员经费无保障，调解纠纷的积极性、主动性不够，责任感不强的局面。“以奖代补”办法的实施，不仅调动了广大人民调解员的积极性、主动性，而且增强了调解员在调解工作中注重痕迹管理和提高调解工作质量的意识。“以奖代补”办法无疑既是一种管理制度，更是一种对人民调解员的激励机制。不仅使人民调解员增强了责任意识、提高了纠纷调解质量，使大量民间纠纷、社会矛盾得到及时化解，刑事案件、治安案件明显减少，公众安全感普遍增强，进一步强化了人民调解工作的有效性和创造性，为沧源县经济发展、社会和谐稳定构筑了坚实的“第一道防线”。

五、借助网络技术平台提高社会治理效率

现代社会网络技术日益发达，借助网络平台加强和完善社会治理，这是

社会治理的世界性发展趋势，它有助于提高社会治理效率。作为以山区为主的云南边境县（市），借助网络平台加强社会治理具有更加重要的意义。通过网络平台，不仅可以随时了解舆情民意、掌握各民族群众反映的矛盾和问题，而且可以通过网络快速作出反应，及时化解矛盾和纠纷。云南省边境县（市）社会治理的实践证明，网络平台在提高边境县（市）社会治理效率方面发挥了重要作用。云南省马关县和金平县是借助网络平台提高社会治理效率的典范。

以马关县为例，该县借助网络平台提高社会治理效率，主要从以下几方面入手：一是依托文山州委政法委与通天公司共同研发的基层社会综合信息平台，将信息收集、采集等工作延伸到村寨一级，实现了信息收集的快速、高效。该平台以村级综合维稳信息员为基础，以手机短信上报信息为渠道，在全县设置社会治理综合信息中心，分析研判分流信息员上报的信息，实现综治维稳信息收集、研判、分流、督办四大功能。该信息平台将研判后的重要信息，直接发到信息终端（相关部门），公安、司法、信访、安监、民政、卫生等部门根据各自工作职责抓好落实。以对信息的快速掌握为前提认真做好案件、纠纷、事故、疫情、灾情等的处置与化解工作。该平台的启用，形成了各部门、各单位全方位协作联动、齐抓共管的良好局面。二是坚持“政府主导、市场运作、信息共享”的原则，广辟经费渠道，多方筹集资金，全力推进城市报警监控系统建设。为加强信息化建设，提高治安防控能力，开通了旅馆业治安管理信息采集、指纹信息采集等一系列公安办案系统，为全县各项综治维稳工作的有效开展提供了强有力的资源保障。三是开通警务 QQ 群、警务微博，开展了大范围的网上评警活动，增强了网络监控的力度；开设了社区矫正终端及应用管理系统，促进了社区矫正的有效开展与对矫正人员的跟踪管理；加强了县城报警及监控系统、乡镇集镇视频监控系统的建设，增强了对违法犯罪行为的监控与防范力度。

以金平县为例，该县人民政府官方网站主要设置了在线办事、政务公开、政民互动等主栏目，各主栏目之下又分别设有多个子栏目。譬如，“政民互动”主栏目之下设有领导信箱、建言献策、民意征集、在线调查、在线访谈、举报监督电话等多个子栏目，在社会治理中发挥了不可替代的作用。

这些网络平台技术已在金平县食品药品安全监管、流动人口特别是跨境人口管理、跨境婚姻管理等方面广泛采用，不仅为各民族群众提供了方便快捷的办事渠道，而且节省了人力、物力、财力等方面的行政成本，更为重要的是，提高了边境民族地区社会治理的效率。

六、重视社会力量协同参与社会治理过程

社会力量协同参与社会治理，这是当今世界公共治理的重要趋势。社会组织与政府分工协作，形成良性互动，才能更好地处理社会治理中出现的问题。产生 1 +1 >2 的协同效应。协同治理理论在云南省边境县（市）社会治理中得到了有效运用，尤其在云南省边境县（市）“禁毒防艾”斗争和“抗震救灾”工作中得到了充分体现。

在“禁毒防艾”斗争中，云南省边境县（市）党委、政府组织社会力量积极参与社会治理。以盈江为例，该县支那乡开展民兵“禁毒防艾”联防试点工作并取得显著成效。具体表现在：为进一步推动“禁毒防艾”斗争深入持久开展，建立禁防长效机制，巩固禁防成果，切实发动各方面力量参与“禁毒防艾”工作，2007 年 6 月盈江县支那乡组织并开展了民兵“禁毒防艾”联防试点工作。在乡党委和乡政府的领导下，在民兵“禁毒防艾”联防领导小组的率领下，联防工作开展得扎实有效。一是根据试点工作方案开展经常性的进村入寨巡查监控，严厉打击零星贩毒者，多渠道阻塞毒品进入村寨；二是利用各种会议进行宣传教育，提高人民群众群防群治的意识；三是民兵联防队每天都进村巡逻检查，对吸毒人员采取十天面对面帮教一次，一个月集中帮教一次，对已经戒除毒瘾者帮教巩固，对未戒除者加强教育立保定期戒除。通过开展联防工作，试点工作取得了显著成效并在全县推广。①几年以来，该县为了打赢“禁毒防艾”人民战争，进一步推进群防群治体系建设，切实加强了农村党组织、共青团、民兵、妇联、村民理事会等基层组织建设，重点加强了“禁毒防艾”护村互助队、巡逻队、联防队等禁防队伍建设，充分发挥了禁防队伍的排头兵作用。

① 盈江县支那乡民兵联防扎实开展禁毒防艾试点工作 [Z]. 盈江县政府信息公开门户网站，2013 - 01 - 19.

云南省边境县（市）大都属于自然灾害多发频发地区，近几年曾发生过多次严重的自然灾害，正是在各界社会力量的援助下，灾区才能恢复生产，重建家园。以盈江县为例，该县2011年以来曾发生多次地震，每次地震发生以后，除了党委、政府组织的抗震救灾力量以外，云南红十字会、云南青基会，以及来自不同地区的各种志愿者组织都积极参与救援，使地震所造成的损失减少到最低限度，帮助灾区人民渡过了难关。

七、注重从源头上预防和减少社会矛盾和冲突

从源头上防止和减少社会矛盾和冲突，是云南省边境县（市）社会治理主体高度重视预警预报、防微杜渐，及时将社会矛盾和冲突化解在萌芽状态的社会治理模式，是从根本上预防和减少社会矛盾和冲突的社会治理行为，也是现代国家进行社会治理的重要特点。在云南省边境县（市），过去的社会治理，由于治理主体缺乏主动意识、超前意识、系统意识，工作缺乏主动性、前瞻性、系统性，社会治理往往“头痛医头，脚痛医脚”，“治标不治本”。云南省边境县（市）社会治理主体尽管付出巨大努力，但许多不该产生的矛盾和问题依然发生，本该在萌芽阶段就应加以解决的矛盾和问题没有得到及时控制。2010年9月29日，胡锦涛同志在主持中央政治局第二十三次集体学习时指出，做好正确处理人民内部矛盾工作，要注重从源头上减少矛盾。只有注重从源头上进行治理，才是解决社会矛盾和问题的治本之策。只有深入弄清矛盾和问题产生的根源及其发展规律，从源头上把矛盾和问题加以解决，才能有效化解社会风险和危机。可见，源头治理理念是中国共产党对我国过去长期社会治理工作进行深刻反思以后得出的重要结论，是实现社会治理科学化的重要指导思想。它要求彻底改变过去只重事后处置而轻源头管理的社会治理方式，要求社会治理从长期以来“治标不治本”的惯性做法，向着新形势下社会治理更加注重“标本兼治”的方向转变，从过去的被动应对模式，向着主动管理模式转变。

第四节　云南省边境县（市）政府社会治理面临的主要问题①

云南省边境县（市）在社会治理方面做了大量工作，进行了多方面的实践和探索，并取得了一些重要实践经验。这些实践经验来之不易，是云南省边境县（市）公共部门集体奋斗的结果必将为云南省乃至全国边境地区加强和完善社会治理提供借鉴和参考。同时，必须清醒地看到，云南省边境县（市）社会治理所面临的问题还很多、很复杂，社会治理的任务还很繁重、很艰巨。全面把握和认识当前乃至今后云南省边境县（市）面临的问题，不仅有助于云南省边境县（市）社会治理部门保持清醒头脑，谦虚谨慎，戒骄戒躁，而且有助于云南省边境县（市）明确今后加强和完善社会治理的目标和方向。

一、城乡之间的发展差距仍在拉大

随着经济的发展和城镇化进程的加快，云南省边境县（市）城市交通、通信、市容市貌、市政设施均有了明显的改观，教育、科技、文化、医疗卫生事业也有了长足发展。但云南省边境县（市）乡村发展步伐显得依旧缓慢，与县城形成鲜明的对比。云南省边境县（市）城区园林绿化，卫生整洁，而乡村则杂草丛生，公厕难觅；边境县（市）城区栋栋高楼拔地而起，而乡村则危房陋房常常碰到；边境县城游乐设施带给市民的是欢声笑语，而乡村的深山老林留给人们的仍是寂寥空阔；边境县城的校舍宽敞明亮，而山村的教室则简陋寒碜；边境县城的医院设备先进，而山村的卫生所则医生难觅。近几年，尽管云南省边境县（市）有些地方在新农村建设中实施了“刷白工程”，使部分农房墙壁变白变亮，但云南省边境县（市），交通、水利、

① 刘文光．云南边境县社会治理面临的突出问题与对策思考［J］．云南行政学院学报，2016，(04)：71－74.

通信以及教科文卫事业发展步伐依然不大，乡村公共产品的生产和提供严重滞后，满足不了边疆少数民族群众不断增长的物质文化需求。

二、社会利益矛盾或问题依然突出

云南省边境地区社会各项改革事业不断推进，社会不同阶层的利益结构正在不断分化、重组，不同利益群体之间出现了程度不同的利益矛盾或冲突。这些矛盾或冲突有的由矿产资源开发引发，有的由山林土地水源纠纷引发，有的由土地征用、房屋拆迁引发，有的由库区移民搬迁安置补偿引发，有的由高速公路建设占用农田引发，有的由企业污染伤害边民健康引发，有的由林权改革、利益关系处理不当引发。如此等等。虽然云南省边境县（市）有关部门针对以上矛盾和问题做出了积极努力，调处了大量的利益矛盾问题，但由以上原因引起的群体与群体之间、个人与个人之间的利益矛盾和问题依然突出，社会利益矛盾和问题调处任务依然繁重。在云南省边境县（市）的改革和发展过程中，如果这些问题没有得到及时、公平、公正的调处和解决，其或者影响边民之间的和睦相处，或者影响各民族之间的团结和谐，或者影响党群、干群之间的相互信任关系，处理不及时或不当甚至容易引发群体性事件，严重影响云南省边境地区的稳定和发展。

三、教育、医疗、卫生服务水平低

从教育水平来看，长期以来，云南省边境县（市）由于受经济发展水平较慢、教育经费投入有限、师资力量薄弱、教师结构不合理、学校基础设施建设滞后等因素的影响和制约，中小学校教育水平整体偏低。虽然云南省边境县（市）实现了九年制义务教育，但高考升学率与省内其他地区相比仍然不高，能够接受高等教育的学生，尤其是人口较少民族考取大学的学生比例仍然不多。在有些边境县（市）的山村学校，由于受种种因素的影响，中小学生辍学的情况仍然存在，导致当地少数民族群众文化水平普遍较低。从医疗、卫生水平来看，云南省边境县（市）的医疗、卫生事业发展较为落后，表现在医疗卫生条件差、医务人员水平不高、医疗设备和器械落后、医疗卫生服务点较少等方面。需要指出的是，云南省边境县（市）教育、医疗、卫生水平普遍较低，与当地普遍存在人才紧缺的问题息息相关。现实情况表明，云南省边境县（市）教育、医疗、卫生人才的缺乏，直接影响了教育、医疗、卫生水平的普遍提高。人才问题已经成了制约教育、医疗、卫生服务水平提升的瓶颈。

四、基础设施建设未满足发展需要

由于云南省边境县（市）河流纵横，群山绵延，地势险峻，信息闭塞，大都属于典型的山区县（市），基础设施建设起步低，成本高、难度大，加之边境县（市）中的贫困县占了绝大部分，因此，县（市）级财政捉襟见肘，投入建设能力有限。一些偏远村寨地处高寒山区，村民居住分散，山村距离乡镇和县城较远，通电、通广播、通电视、通网络较为困难。一些山区村寨的农业水利设施建设和维护明显滞后，农民靠天养畜、靠天吃饭的状况普遍存在，影响了农业生产力的提高和农民物质文化生活的发展。近几年，虽然云南有条件的边境县（市）加快了乡村公路、口岸公路、通道公路、边民互市点公路、旅游点公路建设，形成了连通内外、覆盖城乡的综合交通运输网，提升了边境地区发展保障能力。但须看到，边境县（市）村寨已经修通的公路多数是土路、弯路、窄路、陡路，整体路况和通行能力较差，严重制约了边境山区的商品流通。由于山区各方面基础设施建设的滞后，使得一些得天独厚的资源优势难以转化为经济优势。

五、境内外流入人口治理难度加大

近几年，云南省边境县（市）流动人口与日俱增。从境内流入人口情况来看，随着云南省边境县（市）对外开放领域的拓展以及对外交流范围的扩大，特别是随着云南省“桥头堡”战略实施步伐的加快，国内从其他地方进入云南省边境县（市）经商办企业人员、劳动务工人员等明显增多。这些人员身份各异，情况复杂，有的来参与建设，有的来观光旅游，有的入住手续齐全，有的证件不齐，容易引发社会治安问题。从境外流入人口情况来看，随着云南省与东南亚、南亚及大湄公河次区域交流与合作的深入发展，云南省边境县（市）与外国的交往越来越频繁，外国流动人口也越来越多。加之云南省边境县（市），许多村寨与邻国村寨紧密相邻相通，跨越国界方便，两国边民相互越境放牧、耕种、砍伐活动频繁。同时，长期交往所形成的边民通商互市、拜佛朝庙、探亲访友等传统习俗，也增加了境外人口的流入人次。这就形成了流动人口的跨国性和复杂性，进一步加大了云南边境县（市）流动人口管理的难度。云南省边境县（市）大量流动人口的涌入，一方面有助于拓宽与外界的交流，促进当地经济社会发展，但另一方面，对流动人口管理不善，则容易引发各种问题和矛盾，影响云南省边境地区的和谐稳定。

六、跨境非法婚姻问题解决较困难

近年来，随着云南省边境地区开放和发展步伐的加快，人们的生产生活条件以及人居环境日益改善，加之云南省边境地区与邻国边境地区具有相同的文化背景，双方边民语言相通、习俗相同、生活习惯相近，跨境婚姻现象在云南省边境地区较为普遍。自 2012 年我国开始实施《中国边民与毗邻国边民婚姻登记办法》以来，跨境通婚的边民可通过相对简化的程序在我国办理婚姻登记，但由于相应邻国对边民跨境婚姻采取较为严格的限制办法，导致有些边民难以取得相关证明材料，无法在我国进行婚姻登记。这些跨境婚姻未进行婚姻登记，双方就建立家庭，共同生活，生儿育女，自然属于跨境非法婚姻。跨境非法婚姻在边境地区的存在，所引发的问题较多而且解决起来较为困难。一是跨境非法婚姻导致婚姻双方均无法提供证明其婚姻关系的合法证件，这就无法为双方婚姻关系的存续或婚姻纠纷的解决提供法律保障。二是跨境非法婚姻决定了婚姻双方婚姻关系无效，导致嫁入云南省边境县（市）的邻国女子的医疗、养老以及双方所生子女的落户、上学等社会保障问题难以解决。三是跨境非法婚姻成为事实婚姻并融入当地社会生活以后，给当地政府按照国家法律规定，遣返非法通婚的外籍人员工作带来难度。

七、社会治安和“禁毒防艾”形势严峻

近几年，虽然云南省边境县（市）不断加强社会治安综合治理，健全治安防范网络，筑牢综合治理维护稳定防线，使社会治安管理取得了显著成效，但随着云南省边境贸易的不断发展壮大，以及人流、物流交往的日益频繁，云南省边境县（市）流动人口增多，人员情况复杂，社会治安和“禁毒

防艾”形势依然严峻。具体表现为：云南省边境县（市）农民群众的农机、耕牛、器具等生产工具被盗现象时有发生；聚众赌博、吸食毒品等治安事件不断出现；非法集资、传销、黑恶势力犯罪比较突出；因争水争地引发的刑事案件呈上升趋势；贩毒、贩卖人口、贩卖枪支、跨境犯罪等活动十分猖獗，“禁毒防艾”的形势和挑战依然严峻。

八、非法宗教渗透与反渗透的任务艰巨

云南省边境县（市）与外国接壤，地理位置特殊、社会格局复杂、国防地位重要。长期以来，境外敌对势力打着宗教的幌子，对云南边民进行思想渗透，妄图达到“分化”和“西化”边境地区的图谋一直没有改变。云南省边境县（市）少数民族大都具有自己的宗教信仰，境外敌对势力和民族分裂分子经常深入云南省边境沿线活动，他们打着宗教的旗号，以捐赠资助、开展扶贫、举办慈善、学术研究、探亲访友、考察民俗等形式，千方百计对少数民族群众甚至中小学生进行宗教渗透，宣扬西方价值理念，散布反动言论，诋毁党和政府形象，煽动群众与农村基层政权对抗。一些敌对势力甚至鼓动边民外迁，在周边地区采取包食宿、包学费、包往返路费、包零用钱等方式，大肆培植宗教渗透骨干，推行“占据一座寺庙，争取一片群众”的渗透政策，与我争夺信教群众，妄图通过思想渗透，腐蚀和拉拢不明真相或生活困难的信教群众，以宗教认同挑战国家认同、中华民族认同和社会主义制度认同，淡化边民对国家、对中华民族、对社会主义制度的认同感，这对边疆稳定、民族团结和边防巩固的大局已经构成了潜在威胁。

九、公共安全问题的治理依然繁重

云南省边境县（市）的公共安全问题，主要涉及生产安全、交通安全、食品安全、药品安全等。生产安全问题表现在云南省边境县（市）在资源开发过程中发生的人员伤亡事故明显增多；交通安全问题表现为云南省边境县（市）大都处于山区半山区，连接乡与乡、村与村的道路蜿蜒狭窄，崎岖不平，路面等级低，交通事故发生率高；食品安全问题表现为云南省边境县（市）边民误食有毒野生菌后中毒事件频繁发生，食品生产加工中偷工减料，以假充真，不按标准生产，滥用食品添加剂等行为时有发生；药品安全问题

表现为有些假冒中西药药材和药品出现在市场上坑蒙群众，存在不合格医疗器械进入医疗机构的现象。为解决以上问题，云南省边境县（市）各级党委政府已经做了许多工作，但维护公共安全的任务依然十分繁重。

十、突发事件应对处置任务艰巨

云南省边境县（市）地形地貌大多以山区半山区、沙漠或者荒漠为主，少数民族大多聚居在高海拔地区、高寒山区、冷凉山区、岩溶山区等区域，生存环境恶劣。由于地质构造等原因，滑坡、泥石流、洪涝等自然灾害性突发事件频繁出现；因土地、山林、矿山、水源等自然资源归属权而引发的突发事件时有发生；因社会保障、环境污染、食品卫生、医疗事故等问题引起的突发事件也开始出现；因近几年缅甸北部战乱引发的难民涌入我国境内的难民安置事件情况复杂。特殊而复杂的自然地理环境和社会发展状况，决定了云南省边境县（市）突发事件应对处置任务十分艰巨。

十一、生态环境保护压力逐渐增大

有的云南边境县（市）大力发展中小企业以及旅游业，经济得到快速发展，但没有处理好经济发展与生态保护的关系，导致一些湖泊河流受到污染，水质下降，乡村饮用水源出现安全隐患；有的边境县（市）生产力发展水平落后，仍然沿袭传统的毁林开荒方法，致使原生植被逐渐退化，林区面积锐减，水土流失严重；有的边境县（市）不能科学合理地利用自然资源，而是掠夺式地进行林矿等资源的采发，追求以原料输出型为主的粗放型经济增长，拼资源、拼消耗，严重浪费了大自然所赋予的宝贵财富。凡此种种情况的出现，使云南省边境县（市）生态环境保护压力不断增大。

十二、社会保障体系不够完善

近几年，云南省明确了加快少数民族和少数民族地区社会保障的主要任务：一是扩大农村居民最低生活保障范围，逐步将符合条件的贫困人口纳入农村居民最低生活保障范围；二是新型农村养老保险试点优先向民族地区安排，实现新型农村养老保险全覆盖；三是扩大新型农村合作医疗补助范围，把民族地区贫困人口全部纳入新型农村合作医疗补助范围，提高农村基本医疗保障能力。作为少数民族聚居、杂居或散居的地区，云南各个边境县（市）近几年来在提高边民社会保障水平方面做出了不懈的努力，取得了可喜的成绩，但从社会保障实际状况来看，还有一些问题需要解决。一是由于各个边境县的社会发育程度不同，公共财政支持力度不同，经济发展水平存在差异，因此，云南省25个边境县（市）之间的社会保障发展水平出现了区域性的不平衡，有的边境县（市）社会保障水平较高，有的较低，还有较大的提升空间。二是在新的形势下，现有的社会保障体系已经不能满足社会发展需要。当前乃至今后几年，云南省边境县（市）不仅要继续扩大农村最低生活保障，完善新型农村养老保险、新型农村合作医疗制度的实施办法，而且要加快健全边境县（市）社会保障体系，通过健全失业保险、工伤保险、生育保险、社会救助、社会福利、社会优抚等制度，切实解决好近几年云南边境县（市）的失业保障、工伤保障、生育保障以及各类社会保障问题。

第五节　加强和完善云南省边境县（市）政府社会治理的对策措施①

加强和完善云南省边境县（市）社会治理，离不开发展。从根上来说，社会治理中的许多社会矛盾和问题，最终还是需要依靠发展来解决。可以说，发展是解决矛盾和问题的前提和基础。同时，加强和完善云南省边境县（市）社会治理，不能“见子打子”，必须统筹兼顾社会治理的方方面面，尤其要针对前面所分析的云南省边境县（市）社会治理所面临的诸多问题，建立起符合边境地区实际的社会治理长效机制。

一、加快经济社会发展步伐

加快云南省边境县（市）经济社会发展步伐，既是云南省边境县（市）

① 刘文光．云南边境县社会治理面临的突出问题与对策思考［J］．云南行政学院学报，2016，（04）：74－77.

缩小城乡发展差距的有效途径，也是云南省边境县（市）加强社会治理的必然要求。发展才是硬道理。发展也是治国理政的第一要务。只有加快云南省边境县（市）经济社会发展步伐，才能为云南省边境县（市）社会治理奠定必要的物质基础，创造良好的社会条件。一是云南省边境县（市）党员领导干部要进一步解放思想，在实践中彻底抛弃“等、靠、要”陈旧观念，将对外开放引向纵深发展方向，尤其在扶贫攻坚整村推进过程中，要立足于当地得天独厚的资源优势，积极创造条件招商引资，发展绿色产业，促进边民就业和收入水平的提高，增强地方公共财政的发展能力。二是云南省边境县（市）必须实施经济社会优先发展战略。要以加快转变经济发展方式、增强自我发展能力为主线，以保障和改善民生为核心，以科技进步和人才开发为支撑，更加注重基础设施建设，更加注重社会建设和公共服务供给，更加注重边境县（市）特色产业发展，更加注重统筹对内对外开放，促进农业产业化、新型工业化、城镇化和教育现代化，实现云南省边境县（市）经济社会全面协调发展。三是云南省边境县（市）必须着力制定城市与乡村和谐发展战略，在重视经济社会发展的同时，要以城乡和谐发展为指导，加大统筹城乡发展力度，将云南省边境县（市）城市和乡村统一纳入当地经济社会发展规划，着力在城乡经济发展水平、道路通信等基础设施、教科文卫体等公共服务方面全面推进一体化建设，促进城乡要素平等交换和公共资源均衡配置，形成以城带乡、城乡一体的新型城乡关系，让云南省边境县（市）的城乡居民共享改革开放成果，共同感受公共服务带给他们的幸福感。

二、健全维护群众权益机制

健全云南省边境县（市）维护群众权益机制，是解决社会利益矛盾依然突出问题之需要。主要是为了协调云南省边境县（市）不同民族、不同阶层、不同群体、不同地区、不同行业之间以及云南省边境县（市）群众与邻国边民之间的利益矛盾关系，维护社会和谐稳定。要做好以下工作：一要在相关政策法规的框架内，建立云南省边境县（市）畅通有序的民意表达机制、积极稳妥的矛盾调处机制、科学合理的利益协调机制、公平公正的社会利益分配机制、有效管用的权益保障机制，综合运用经济手段、行政手段、法律手段、宣传教育手段解决各族群众反映的热点、难点问题，正确引导各族群众运用合法的手段维护自己的权益。二要高举维护人民利益、维护法律尊严、维护民族团结、维护国家统一的旗帜，按照团结、教育、疏导、化解为主的方针，讲原则、讲法制、讲政策、讲策略，正确处理好边境县（市）各种影响民族团结的问题。三要坚持和完善民族团结目标管理责任制，把矛盾和问题消灭在萌芽状态、化解在基层，建立维护民族团结和社会稳定的长效机制。四要具体问题具体分析，坚持是什么性质的问题就按什么性质进行处理的原则，绝不能把涉及少数民族成员、群体的一般民事纠纷和刑事案件归结为民族问题。凡涉及少数民族群众的矛盾和纠纷，要以教育疏导为主，避免因工作方法简单化而激化矛盾。

三、建立健全公共服务供给机制

建立健全公共服务供给机制，有助于提升云南省边境县（市）公共服务供给水平，有助于解决边境县（市）教育、医疗、卫生水平普遍偏低的问题。要抓好以下几项事业的发展工作：一要加快教育事业发展。一方面，可依据云南省边境县（市）的教育发展情况，出台有利于提高民族教育水平的扶持政策，帮助当地教育部门继续做好提高入学率、控制辍学率的工作。另一方面，可以通过加强对学校师资力量的培训，帮助教师提高教育教学水平。二要加快公共医疗卫生事业发展。一方面，应加大财政投入力度，资助当地购买先进的医疗设备。另一方面，应加大对医护人员的培训力度，提高他们的医疗技术水平，努力减少医疗事故的发生。再一方面，应帮助当地在贫困山区增设医疗服务点，让各民族群众在患有小病时在居所附近就能够得到及时治疗。三要加大省级政府对边境县（市）的支持力度。主要是省级政府部门要加大对边境地区财政转移支付力度，优先安排基础设施项目、特色优势产业布局、重点资源开发项目和义务教育、基本医疗卫生、文化广播、科技普及、安全饮水、生态建设、保障性安居工程等公共服务项目，不断完善边境地区经济社会发展的基础条件。四要加强与高校的联系与合作，为边境县（市）定向培养教科文卫体等专业技术人才。应根据云南省边境县（市）人才队伍建设发展规划及实际需求状况，通过与高校签订合作协议的方式，委托高校为边境地区专项招收、定向培养相关专业本科生，以切实帮助云南省边境县（市）培养少数民族人才。

四、建立健全基础设施建设投入机制

建立健全基础设施建设投入机制，是加快乡村经济社会发展的需要，既有助于边境县（市）缩小城乡差距，又有助于边境山寨加快对外开放。要加强以下几方面的基础设施建设。一是加快农村乡村公路的等级建设步伐。主要是提高县乡公路、乡村公路的等级，逐渐减少境内土路里程和数量，不断增强公路的通行速度和能力，努力改变“晴通雨阻”的落后面貌。二是加快农村水利设施建设步伐。主要是以实施小水窖建设为突破口，积极引导村民因地制宜兴建小型蓄水、引水、提水、集雨设施，大力发展以小水窖、小坝塘、小水池、小水沟、小抽水站为主的山区“五小水利”工程，努力解决边境县（市）部分山区、半山区的人畜饮水困难问题。三是加快农村通信网络的建设步伐。主要是通过电网改造和升级换代，实现当地通信、网络的全覆盖，以增强当地山区、半山区与外界的通信和联络能力。

建立健全基础设施建设投入机制，加强云南省边境县（市）农村基础设施建设，关键是在发扬自力更生精神的基础上，积极争取各方面资金支持和帮助。既可以向中央财政、省、市财政提出资金补助，也可以向对口支援单位和定点扶持部门寻求帮助，还可以吸收民间资本和社会力量参与进来。一是加强边境县（市）自然村村内户外道路、人畜饮水、文化体育设施、小型水利、环卫设施、村内绿化亮化、村容村貌整治等基础设施建设，可以根据《云南省村级公益事业建设一事一议财政奖补资金管理暂行办法》（云财农改〔2012〕19号）文件精神，向中央、省、州、县财政部门积极申请用于项目建设的资金支持；二是加强跨行政村以及行政村以上范围的基础设施建设，主要由各级政府分级负责，可以继续通过现有资金渠道解决项目建设的资金问题；三是村民在房前屋后修路、建厕、打井、植树等，既可以由村民投资投劳自己负责，也可以争取社会各界的帮助。总之，在新的形势下，加强云南省边境县（市）农村基础设施建设，要建立健全政府补助、部门扶持、社会捐赠、村组自筹和村民筹资筹劳相结合的投入机制。

五、建立健全流动人口管控机制

建立健全云南省边境县（市）流动人口管控机制，关键是建立健全云南省边境县（市）实有流动人口动态管理机制，完善特殊人群管理和服务。具体来说，云南省边境县（市）人口管理部门，一要建立健全流动人口信息网络互联系统，通过人口信息网络及时更新和掌握流动人口动态，协助有关部门及时检查和发现可疑人员，防范风险；二要通过云南省边境县（市）流动人口服务管理站，及时了解流动人口的生活困境和需求，帮助其解决子女教育、个人就业、医疗保障等方面的问题，消除损害流动人口合法权益的制度性障碍；三要加强对流动人口中孤寡老人、残疾人等特殊人群的管理和服务，通过社会保障、法律援助、再就业指导、帮扶帮教等工作，有针对性地为特殊人群提供无偿服务；四要加强对来自境外的“三非”人员的调查、登记与管理。这就既需要加强入境前对外籍人员信息资料的登记，加强入境过程中对外籍人员的边防治理，也要加强入境之后对外籍人员的流动控制，发现问题及时解决。对于已经产生的境外“三非人员”，边境相关管理部门必须加强联络和信息沟通，相互支持和配合，形成边境综合治理模式。

六、建立健全跨境婚姻管理机制

建立健全跨境婚姻管理机制，解决云南省边境地区跨境非法通婚问题，有助于巩固与邻国的友好关系，加深与邻国的民间交流。按照我国有关法律规定，对于非法入境、非法居留的外国人，县级以上公安机关可以遣送出境。但由于云南省边境县（市）具有较长的边界线，通往邻国的边境小通道很多，一些邻国非法通婚人员早上才被遣送回国，到了晚上又悄悄跑来。同时，云南省边境县（市）许多与邻国边民通婚的农民法律意识淡薄，对强制遣返抱有抵触情绪，认为政府是在拆散他们的家庭，因此，公安、边防等部门采取的强制遣返措施，执行起来比较困难。为此，建立健全跨境婚姻管理机制，解决云南省边境地区跨境非法通婚问题，应做好以下工作：一是当地民政部门应当认真清查和登记既成事实的跨境非法婚姻家庭，流动下乡指导跨境非法婚姻的外方人士，按照《中国边民与毗邻国边民婚姻登记办法》的要求，回国申请补办与我方人士结婚登记的相关证明材料，说服婚姻双方依法办理结婚登记手续。二是当地公安、边防、民政、外事等部门应当积极主动地与外籍方办理涉外婚姻登记的政府部门取得联系并进行沟通协调，努力为外籍方人士回国补办相关证明材料提供外事服务。三是当地公安、民政、社保等相关部门，应当帮助已经补办结婚登记手续的跨境合法婚姻家庭解决其子女落户、上学以及就业、就医等社会保障问题。四是当地医疗卫生部门应当免费为跨境婚姻家庭成员提供生殖健康检查并建立医学档案，当地社区组织应当随时了解和掌握跨境婚姻家庭成员的生产生活状况，一旦发现问题，应及时帮助加以解决。五是应当本着睦邻友好的原则，与外方一起建立跨境婚姻合作治理长效机制，通过双方会晤、会谈，明确双方在跨境婚姻治理中的责任和义务，共同维护好双方边境地区的和谐、稳定和发展。

七、建立健全社会治安管理机制

建立健全云南省边境县（市）社会治安管理机制，一是打击非法集资、传销、集团犯罪、跨境犯罪、黑恶势力犯罪、严重暴力犯罪和“两抢一盗”等多发性侵财犯罪，研究发案规律，总结经验教训，建立长效机制。二是加强枪支安全管理，对私制、私藏和贩卖枪支的违法犯罪行为进行严厉打击。三是深入开展“未成年人保护行动”，做好闲散青少年的教育、管理和服务工作。四是有计划地对少数民族妇女和儿童开展教育培训，以增强其自我保护意识，掌握自我保护方法，最大限度地减少拐卖人口犯罪案件的诱因及其发生机会。五是坚决铲除“黄赌毒”滋生蔓延的土壤。

做好以上工作，关键是按照“打防结合、预防为主，干群结合、依靠群众”的方针，建立健全云南省边境县（市）公安机关主导的由基层治安信息员、综合治理特派员、治安志愿者所组成的社会治安联防联打工作网络，加强“扫黄打非”和禁毒禁赌等常规工作，广泛开展形式多样的以创建平安和谐的云南省边境县（市）为目的的联防、联打活动。整合人民调解、行政调解、司法调解在少数民族群众利益纠纷中的调处功能，最大限度地消除云南省边境县（市）社会治安隐患。

八、建立健全非法宗教渗透管控机制

建立健全非法宗教渗透管控机制，有助于保护云南省边境县（市）各民族的正常宗教活动，促进宗教信仰自由政策的健康发展。面对非法宗教渗透与反渗透的复杂斗争，云南省边境地区必须采取措施，建立管控机制，进行有效抵御，以确保边境地区的政治稳定。一是要不断加大民族宗教政策的宣传力度，继续贯彻落实好党的民族宗教政策，既要充分尊重群众宗教信仰自由，又要建立健全云南省边境县（市）政府管理非法宗教渗透活动的专门机构，培养一支人员稳定、技术过硬的反非法宗教渗透活动的专业队伍，帮助云南省边境县（市）信教群众认清境外反华势力利用民族宗教“分化”和“西化”中国的险恶用心，提高自觉抵制和防范境外非法宗教渗透活动的思想觉悟，不断增强辨别境外非法宗教渗透活动与正常宗教活动的能力。二是要充分发挥边境县民族宗教事务管理部门的作用，对当地宗教组织和信教群众开展经常性宣传教育活动，帮助他们认清非法宗教势力渗透的本质是意识形态的渗透，是带有政治图谋的渗透，以提高他们对于正常宗教活动与非法宗教渗透活动的鉴别力，增强他们抵御非法宗教势力渗透的自觉性，引导他们爱国爱教，增强独立自主、自办教会的信念，使正常宗教活动与社会主义事业相适应。三是不断根据云南省边境县（市）新的情况完善民族宗教政策，积极引导和鼓励宗教团体特别是跨境民族地区的基层宗教组织和爱国爱教的宗教上层人士，带领信教群众发展经济、改善民生，推动宗教力量融入云南省边境县（市）经济社会建设当中，共同为云南省边境县（市）的繁荣和稳定做贡献。四是当地政府部门既要依法保护国内宗教界与境外宗教组织开展正常交往和交流，又要紧密团结国内宗教协会和宗教界上层人士，本着“打击非法，保护合法，抵制渗透，防止危害”的依法管理宗教事务要旨，依照《宗教事务条例》《中华人民共和国境内外国人宗教活动管理规定》以及《中华人民共和国境内外国人宗教活动管理规定实施细则》等法规，依法取缔境内非法宗教组织及其活动场所，及时制止相关人员的渗透行为，以确保国家安全和边疆稳定。五是边境县（市）的党员干部必须采取切实措施，进一步落实好以民生为本的“兴边富民”政策，积极帮助各民族群众，特别是贫困群众发展经济，改善生活，解决他们所面临的教育、医疗、卫生等问题，逐步缩小与内地和发达地区的发展差距，提升云南省边境县（市）跨境民族的幸福指数。

九、健全公共安全保障机制

健全云南省边境县（市）公共安全保障机制，是解决公共安全问题之需要。健全云南省边境县（市）公共安全保障机制，一是健全云南省边境县

（市）政府部门安全生产监管职责，实行“分级抓、分层管、分类查”的安全监管模式，建立安全生产监管机制，重点对不符合安全生产条件和标准的生产性企业、云南省边境县（市）资源开发型企业进行严格检查，该整改的要整改，该关闭的要坚决予以关闭；二是云南省边境县（市）政府要在积极改善道路交通等级状况的同时，帮助各族群众增强交通安全意识，自觉遵守道路交通法规，消除安全隐患，做到文明行驶，安全驾车，减少交通事故；三是云南省边境县（市）政府要加大人力、物力、财力的投入，加强对食品药品生产和销售环节的监督力度，充分履行政府的监管职能，全面落实食品药品安全法律法规和政策措施，加强云南边境县（市）政府食品药品综合协调管理机制建设，建立健全食品药品安全责任制和责任追究制，形成云南省边境县（市）政府负总责、有关部门各负其责，企业履行主体责任的责任体系。

十、健全突发事件管理机制

健全云南省边境县（市）突发事件管理机制，是解决突发事件应对任务繁重之需要。针对云南省边境县（市）突发事件多发的特点，必须依据2007年11月1日开始施行的《中华人民共和国突发事件应对法》，结合云南省边境县（市）实际，建立健全“统一管理、综合协调、分类管理、分级负责、属地管理为主的应急管理体制”，形成统一指挥、反应灵敏、协调有序、运转高效的应急管理机制，有效应对各种自然灾害、事故灾难、群体突发性事件，尽力保护少数民族群众的生命财产及人身安全。为此，云南省边境县（市）有关部门必须做好以下工作：一是根据有关法律、法规、规章以及云南省边境县（市）的实际情况，制定相应的突发事件应急预案，做好必要的应急物资储备；二是建立健全云南省边境县（市）突发事件应急管理培训制度，对负有处置突发事件职责的工作人员定期进行培训；三是根据云南省边境县（市）政府的要求，各单位要结合各自的实际情况，开展有关突发事件应急知识的宣传普及活动和必要的应急演练；四是根据云南省边境县（市）自然灾害、事故灾难和其他突发事件的种类和特点，建立健全基础数据库，完善监测网络，划分监测区域，确定监测点，明确监测项目，提供必要的设备、设施，配备专职或者兼职人员，对可能发生的突发事件进行监测；五是建立健全云南省边境县（市）突发事件预警制度，可以预警的自然灾害、事故灾难或者公共卫生事件即将发生或者发生的可能性增大时，应当根据有关法律规定的权限和程序，发布相应级别的警报；六是云南省边境县（市）在突发事件发生后，针对其性质、特点和危害程度，立即组织有关部门，调动应急救援队伍和社会力量，依照有关规定采取应急处置措施；七是云南省边境县（市）在突发事件的威胁和危害得到控制或者消除后，采取必要措施，防止发生次生灾害、衍生事件或者重新引发社会安全事件；八是云南省边境县（市）及时组织和协调公安、交通、铁路、民航、邮电等有关部门恢复社会治安秩序，尽快修复被损坏的公共设施；九是云南省边境县（市）及时查明突发事件的发生经过和原因，总结突发事件应急处置工作的经验教训，并依法追究应急处置中违反法律规定、不履行法定职责的单位和个人的法律责任。

十一、健全生态环境保护机制

健全云南省边境县（市）生态环境保护机制，是解决生态环境保护压力较大之需要。健全云南省边境县（市）生态环境保护机制，一要云南省边境县（市）各级领导增强生态环境保护意识，正确处理好经济发展和生态环境保护之间的关系，确保在生态环境得以保护的前提下使经济发展水平稳中求进，走可持续发展的生态环保路子；二要云南省边境县（市）各级领导树立正确的政绩观，强化经济效益、社会效益、生态效益同步发展的综合效益意识，反对一切以牺牲环境和破坏生态为代价换取一时经济发展的短期行为和片面政绩观；三要云南省边境县（市）各级组织人事部门在考核领导干部时，将经济发展水平和生态环境保护同时纳入当地干部的政绩考核指标体系当中，同时考核，缺一不可，考核结果与干部的提拔使用相挂钩；四要云南省边境县（市）各级政府部门加大监管力度，依法查处破坏生态、污染环境的个人和组织，对一切有悖生态环境保护的违法行为，坚决予以打击，绝不姑息迁就；五要云南省边境县（市）整合各种监督力量，加大对生态环保部门执法者的监督力度，依法检举或举报在执法活动中利用职权谋取私利的腐败行为，严惩无视或者纵容生态环境破坏者的公职人员；六要加强对云南省边境县（市）大江大河源头、重点流域上游、重点湿地等地区的保护，加大对矿冶开发生态破坏的整治和恢复，开展水污染和工业污染的综合治理，加大对城乡污水、垃圾处理设施的建设，提倡生活能源清洁化，同时要深入开展村庄环境综合整治，保护清洁水源，确保当地少数民族群众喝上干净清洁的饮用水；七要提高云南省边境县（市）农业科技水平，淘汰落后生产方式，用足用够退耕还林政策，切实保护好现有耕地和山林，大力发展生态养殖业和高效生态农业，逐步实现化肥农药的减量增效，以减少化肥农药的污染程度；八要充分发挥云南省边境县（市）大多数少数民族对大自然和野生动植物心存敬畏、视为心中神灵的传统习俗的作用，引导云南边境县（市）推进生物多样性的保护和发展，切实加强自然保护区、森林公园、风景名胜区的建设和保护工作；九要建立云南省边境县（市）生态建设和资源开发补偿机制，坚持开发者付费、受益者补偿、破坏者赔偿的原则，对因保护野生动植物、建设自然保护区和执行环境保护政策而造成财政减收、增支以及影响到群众生产生活的云南省边境县（市），由上级财政通过转移支付、项目支持等方式给予合理补偿。

十二、建立健全社会保障供给机制

建立健全社会保障供给机制，是拓宽云南省边境县（市）社会保障覆盖面，提高社会保障能力和水平的客观需要。健全社会保障供给机制，必须抓好以下两项关键性工作：一是建立健全边境县（市）社会保障体系。建立健全边境县（市）社会保障体系，主要是建立健全边境县（市）失业保险、工伤保险、生育保险、社会救助、社会福利、社会优抚等制度，切实解决边境县（市）失地农民、空巢老人、留守妇女、留守儿童等社会保障问题。建立健全边境县（市）失业保险制度，主要是建立健全有助于拓宽失业保险覆盖范围、多渠道筹集失业保险基金、对享受失业保险资格条件进行严格审核的制度体系。建立健全边境县（市）工伤保险制度，主要是健全工伤预防、经济补偿、职业康复相结合的工伤保险制度体系。建立健全边境县（市）生育保险制度，主要是建立健全与生育相关的享受生育待遇对象、享受生育待遇时限、享受生育津贴标准和及时调整缴费费率的制度体系。建立健全边境县（市）社会救助制度，主要是健全农村五保户、特困户、城乡零就业家庭和残疾人的救助制度。建立健全边境县（市）社会福利制度，主要是健全包括老年人福利、残障人福利、儿童福利等在内的制度体系，建立健全边境县（市）社会优抚制度，主要是健全边境县（市）提高部分优抚对象抚恤和生活补助标准的制度体系。二是完善边境县（市）社会保障制度。主要是完善边境县（市）城镇职工基本养老保险制度、城镇居民社会养老保险制度、新型农村养老保险制度、城乡基本医疗保险制度、城乡居民最低生活保障制度。完善边境县（市）城镇职工基本养老保险制度、城镇居民社会养老保险制度以及新型农村养老保险制度，主要是根据国务院（国发〔2014〕8 号）文件精神，建立统一的城乡居民基本养老保险制度，实现养老保险关系的转移接续。完善城乡基本医疗保险制度，主要是完善逐步提高财政补助标准和个人缴费标准的规定。完善边境县（市）城乡居民最低生活保障制度，一方面，要求省级政府加大对边境县（市）的财政转移支付力度，进一步扩大边境地区最低生活保障的覆盖面；要求边境县（市）上级政府增加社会保障方面的公共支出，依据不同边境县（市）的发展状况，设立不同的救助补助标准，普遍提高边境地区城乡居民的保障水平。另一方面，要求完善享受最低生活保障人员的认定办法，客观精准地确定低保对象和范围，以避免实际工作中的主观性和随意性，真正把需要救助的困难群众纳入救助范围。再一方面，要求运用网络平台对低保对象实行动态管理，随时跟踪困难群众的家庭、工作、经济收入变化情况，以便依据实际情况及时为低保人员和对象办理增发、减发或停发最低生活保障金的相关手续，切实将边境县（市）社会保障制度落到实处。

第二章

地方政府网格化治理研究

——以 H 省 Y 市为例

第一节 H 省 Y 市政府网格化治理现状描述

一、Y 市政府网格化治理的实践探索

（一）合理划分与适时调整社区网格

1. 网格划分

按照城市不同区域的地理结构及布局，以街巷为边界，以无缝化为要求，同时针对城市不同区域出现的变化提出动态调整的原则，按 300 户左右居民的规模为一个网格，把 Y 市城区 121 个社区划分为 1110 个网格，网格边界明晰，管辖范围责任明确。

2. 网格调整

根据城市建设变化情况，按照总体稳定、适度调整的原则，各区人民政府每年提出社区网格调整建议方案。由市民政局牵头，会同市规划、公安、城管、财政、电子政务办、社区网格治理监管中心等部门对各区提出的调整方案进行审查论证，报市综治委批准后实施。

（二）建立网格化治理的组织机构

为统一管理全市社区网格管理员队伍，在 Y 市政府下设立“市网格管理

监管中心”，各城区成立“社区网格管理监管分中心”，在街道和社区分别成立“网格管理中心（站）”。

社区网格管理站站长由社区居委会副主任兼任，副站长在社区网格管理员中民主推荐产生，任免事项由街道网格管理中心负责。网格管理站的党团、工会、妇联组织关系归属所在社区。

市社区网格管理监管中心对社区网格管理员实行统一管理，履行任务指派、综合协调和监督督办的工作职能。各社区网格管理监管分中心与街道网格管理中心具体负责辖区内网格管理员的综合人事管理，协助市监管中心监督各项任务的落实。社区网格管理站负责网格管理员的日常管理。

（三）明确网格化治理工作职责

1. 网格管理中心工作职责

根据城市建设与发展变化，适时提出辖区网格划分调整意见，上报市、区两级审定后，实施动态管理；将培训合格的社区网格管理员配置到社区网格岗位上，并根据工作需要和网格管理员的年度考核情况适时调整；统一管理辖区内网格管理员的聘用、人员经费和工作经费；负责实施网格管理员的日常培训工作，着重提高网格管理员的思想政治素质、工作水平、专业技能和服务群众的能力；负责组织实施辖区内网格管理员的年度考核工作。

2. 网格管理站工作职责

负责网格管理员的日常管理工作，建立健全工作考勤、服务承诺、工作例会、巡查排查等各项工作制度，并认真组织实施；在网格管理中心和区直相关职能部门的指导下，组织网格管理员综合履行信息采集等六项职能；负责建立社区“新八大员”队伍①，在网格管理站和网格管理员的统一组织下参与社区综合服务管理；指导社区网格管理员建立各类工作台账，建立网格管理员工作实绩档案；在网格管理中心指导下，组织社区居民和驻社区单位，开展对网格管理员的民主评议工作；其他网格综合服务管理工作。

---

① 社区“新八大员”队伍：主要由综合信息员、环卫监督员、治安巡逻员、民间调解员、劳动保障服务员、社会养老服务员、计生服务员、心理咨询员构成。

3. 社区网格管理员工作职责和要求

（1）网格管理员工作职责

社区网格管理实行定人、定格、定责。按照“一人一格、综合履职”要求，综合履行信息采集、综合治理、劳动保障、民政服务、计划生育、城市管理、食品安全等服务职责。根据工作需要，适时确定网格管理员的阶段性工作重点。

（2）网格管理员工作要求

社区网格管理员要合理安排入户调查时间，实行错时工作制。注意方式方法，对服务管理对象的个人隐私和个人信息严格保密。主动与社区居民交流沟通、增进感情，及时了解社情民意、收集各类社区综合信息。网格管理员在网格内履行职责时，应当主动出示工作证等有效证件，辖区单位和居民应当积极支持网格管理员开展日常巡查和信息收集工作，主动配合完成相关工作任务。任何单位和个人不得无故阻挠网格管理员开展综合服务管理工作。网格管理站要建立网格管理员应急替补制度，防止因生病、休假等出现网格管理真空，可试行相邻近的两个网格的网管员互为AB角。

（3）责任追究

社区网格管理员在工作中因不作为或滥作为，引发集体上访、聚众闹事等不良影响社会事件的，视情节轻重予以批评教育、解除合同，触犯法律法规和违反工作纪律的，追究相应责任。有关网格管理员纪律规定，由市社区网格管理监管中心制定。

（四）制定网格化治理的运行机制

网格化治理的运行流程分为信息上行通道和任务下行通道。信息上行通道的终端以网格员的“社区e通”为主要平台，将网格员采集的各种信息通过移动3G网络上传到网格监管中心，网格监管中心一方面自动将各种不同的信息传送到不同的数据库，一方面将该类信息传送到相关职能部门，比如：公安、消防、城市自来水公司、城建局、城管、卫生等部门。上行终端的另一部分是市政府的消费者热线“12315”、畅通热线“12351”，市长专线“12345”平台的信息。网格员是在一线接触基层人民的政府工作人员，他们了解和掌握本网格的各类信息，很多工作可以通过网格员去完成，这有助于提高工作效率。

(五) 建立网格化治理工作事项准入制度

不是任何部门的任何事情都能下发给网格员来完成，任务能否交给网格员，需要上报网格监管中心，通过相关部门进行判断形成决议后才能由市网格监管中心统一协调指挥、下达网格任务清单。已经纳入网格服务管理的内容，经市直各部门提出具体工作任务申请，由市网格管理监管中心牵头下达工作指令，市电子政务办提供技术支持。拟新纳入网格服务管理的工作事项，由市直各部门和各区人民政府提出申请，经市社区网格管理监管中心审核，报市政府批准后方可实施。任何单位或组织未经批准不得直接安排网格管理员协助、代办有关工作事项，不得安排网格管理员从事其职责外的工作。

(六) 加强网格化治理队伍建设

1. 确定社区网格管理员配备原则

全市网格管理员实行统一编制管理，现阶段按照“一格一员”原则配备，实行总量控制。根据政府购买服务量的变化，网格管理员配备数量可作相应调整。市社区网格管理监管中心提出配备计划，报市政府审定配备名额。市人社局按照公开、平等、竞争、择优的要求，统一招录社区网格管理员，并建立社区网格管理员后备人员储备库，完善网格管理员适时择优递补机制。

2. 制定社区网格管理员招录保障措施

Y 市成立市社区网格管理员招录工作领导小组。市委常委、副市长任组长，领导小组办公室设在市人力资源和社会保障局，市人力资源和社会保障局局长任办公室主任，各区分管劳动保障工作的副区长任副主任。成员单位由市人力资源和社会保障局、市综治办、市财政局、市民政局、市公安局、市人口计生委、市总工会、各区人民政府等组成。市内各新闻媒体和市政府门户网站、市人力资源和社会保障局政务公开网大力宣传报道社区网格管理员招录工作。市区人力资源市场、街道、社区同步进行招聘工作。

3. 明确社区网格管理员招录条件

政治素质好，有一定的政治理论水平；未受过党纪、政纪处分；具有良好的品行，个人信用报告无不良记录；作风正派；品行端正；热爱基层工作；遵纪守法；有一定政策理论水平，有较好的口头表达和沟通能力，善于计算机操作，具有一定的社会工作能力；具有正常履行职责的身体条件；Y市城区户口、35周岁以下、大学专科以上文化程度。

4. 颁布社区网格管理员招聘办法

按照公开、公平、自愿、择优的原则进行招聘。社区网格管理人员招聘工作实行统一领导、统一报名、统一考试、统一录用的办法。考试分为笔试和面试，实行百分制，其中笔试占总成绩的60%，面试占总成绩的40%。招聘程序如下：报名及资格审查、招聘考试、面试及公示、体检、确定录用人员。

5. 掌握社区网格管理员的详细信息

掌握社区网格管理员的详细信息对管理好网格员队伍显得尤为重要，市网格监管中心在信息平台上对社区每一名网格管理员的详细信息用表格的形式做了详细记载，在市网格监管中心的平台上能一目了然地了解每个网格员的基本情况。

6. 开展社区网格管理员的教育培训

有计划地对社区网格管理员开展政策法规、业务知识、职业道德等方面的培训。市社区网格管理监管中心负责制订网格管理员岗前培训和继续教育规划。各区网格管理监管分中心负责组织实施网格管理员的综合培训。专业培训由市直相关部门申请市网格管理监管中心后提出计划，并负责组织实施。鼓励和引导社区网格管理员参加社会工作师等各种职业资格考试和学历教育考试。其培训目的是加强网格管理员的岗位培训，提高社区网格管理员的执行力和服务能力。

7. 建立社区网格管理员考核细则

（1）考核责任划分原则

对网格管理员实行“两结合”的考核制度，即平时考核和年度考核相结合、街道社区考核和市、区直部门考核相结合。网格管理员的考核办法由市社区网格管理监管中心负责制定，平时考核和年度考核的奖金基数由市人社局确定。

（2）考核内容

考核内容重点突出政府购买服务工作事项完成情况。考核方式为百分制量化考核，平时考核每月进行一次。平时考核达标即完成当月各项工作任务和出满勤的，获全额奖金，否则扣减相应奖金数额。年度考核以平时考核情况为基础，实行主管部门考核与群众意见相结合、定性与定量相结合，按照规定的权限、条件、标准和程序进行。全年达标的，获全额奖金；未达标的，扣减相应奖金数额。

(3) 考核办法

年度考核按一定比例分为优秀、合格、基本合格、不合格四个等次。对核定为合格以上的网格管理员，获全额奖金；对核定为优秀的网格管理员可进行相关表彰推荐；对核定为基本合格的网格管理员视情况进行警示并扣减相应奖金数额；对核定为年度考核不合格的网格管理员，扣发年终奖，并按照相关规定处理。

（七）建立网格化治理平台

1. 平台设计原则

网格化治理充分发挥现代信息技术在社会治理创新中的基础性、关键性作用，全面推进以网格为基础的整个社会治理服务信息数字化，建立城区动态更新、联通共享、功能齐全的“电子地图”和“数字网格”。

2. 网格化治理平台系统架构

(1) 基础设施层

基础信息系统的基础设施层充分利用Y市电子政务基础设施平台，包括中心机房、网络平台、应用支撑平台、安全管理平台、集中运维等。

(2) 基础平台层

主要包括基础空间地理信息服务平台、数据交换与共享平台、网格综合数据采集核查平台。

(3) 数据支撑层

数据支撑层既是数据层又是支撑层，是通过基层平台层汇集的三大基础数据（空间地理、部门专业、网格采集），在形成三大基础数据库（基础空间地理信息库、人口数据交换共享库、网格采集核查库）基础上，通过两个服务处理平台（数字网格服务平台和人口数据处理平台）对三大基础数据进行处理加工，形成七大应用数据库（人口基础数据库、房屋门牌地址数据库、房户人关联数据库、人口变动数据库、人口出生数据库、人口死亡数据库、特殊人群数据库)。

(4) 应用平台层

主要包括基础应用、扩展应用两个方面。

二、H 省 Y 市政府网格化治理的价值分析

(一) 提升了政府安全服务水平

一是通过大胆探索网格运营机制，有效融合政府管理职能，形成网格治理系统和公安管理系统对接，在安全保卫方面提升政府的服务水平。二是政府公安部门通过与网格化治理对接，实现了信息全收集、事态全掌握、管理全覆盖、信息全共享，大大提升了政府对人民的安全保障，为构建和谐社会做出了贡献。

(二) 促进了社区和谐的警民关系

Y 市实行网格化治理后，努力将政府服务送到居民身边，努力将公安机关管理事权延伸到社区，做到工作前移、管理前移、服务前移，改变了过去“坐堂候诊”被动管理模式。充分利用市电子政务平台，将居住证、出入境首次预申请和港澳二次签注、印章刻字业、旅馆业办证，技术防范资质审查和出生、死亡登记注销等公安管理业务全部延伸到社区，实行网上受理审核，社区发证。让广大居民在社区办理相关手续和证件，最大限度地提供便民服务，真正做到了服务人民、方便人民，促进了社区和谐的警民关系。

(三) 推动了维权维稳工作的开展

网格员针对曾经出现过集体停工、集体上访、越级上访等群体性事件的地区，强化信息采集和社会维稳工作，掌握职工群众的思想动态。当出现职工群众在就业、分配、社会保障、职业安全卫生等方面反映较为强烈的问题时，当职工队伍出现影响稳定的苗头性问题时，网格员及时将不稳定因素上报给相关部门，使政府能及时了解和掌握基层情况，有的放矢地做好维权维稳工作。

(四) 规范了重点人群的管控工作

网格管理员通过网上比对核查，准确及时地掌握出生、死亡、迁入、迁出等人口基本信息；通过人口信息系统比对核查，对外来人员在原户籍地基

本信息不准确、有误的退回重新核查；通过在逃人员信息库比对核查，凡是负案在逃人员及时布控抓捕；通过违法犯罪人员信息库比对核查，凡是有违法犯罪前科的，及时列为重点人员进行管控，并按照分类、分级、分块、分线的要求，提交相关警种进行管控。

（五）提升了人口计生工作的服务水平

一是网格化治理对接了计生服务工作，增强了政府对社会的服务职能，强化了计生网格管理，形成了以人口信息为依托的社区人口计生管理服务新机制，较好地推动了人口计生主动融入社会治理创新之中。二是网格管理中心和全省人口基础信息系统共享基础数据，实现了与卫生、民政等部门的信息交换，实现了人口信息从静态管控到动态掌控，从单一管理到综合管理利用，进一步提高了人口计生信息质量，大大提升了人口计生服务的效率。

（六）加大了食品卫生安全的监管力度

通过社区网格化管理，充分利用社区网格员强大的社区信息采集能力，以流通环节食品安全监管为切入点，跟进管理与服务，实施了流通环节食品安全网格化管理，提升了流通环节食品安全监管效能。具体通过工商巡查网格与社区网格对接，让社区网格管理员和基层工商巡查员进行工作对接，形成了网格管理和工商部门无缝结合的工作格局，监管触角延伸到社区，监督力度扩大了多倍。对未经登记的违法经营者，以及销售过期变质食品的经营者，能够做到早发现早查处，不让小问题变成大问题，执法反应更加快捷，职能履行更加到位。

（七）提升了消防安全工作的管理水平

网格员在社区重点关注老弱病残寡幼、精神病人、建筑工地民工等人员，重点落实所管辖网格内公共消防基础设施的情况；在辖区内每日开展防火安全巡查、消防安全提醒；同时对网格内存在的火灾隐患和消防违法行为当场督促其整改；在现场督促整改无效的情况下，通过与辖区消防员、基层派出所片警联系，由消防干警依法责令其整改火灾隐患、纠正消防违法行为；网格管理员深入居民家中提醒群众要安全用火、用电、用气；在元旦等重要节日，广泛开展有针对性的防火灭火和火场逃生自救知识的消防宣传活动，提高公民自防自救能力；网格员带领网格内群众积极参与消防工作，共同维护网格内消防安全，提升了公共消防安全管理水平，达到构建和谐社区的目的。

三、H 省 Y 市政府网格化治理的基本经验

（一）网格管理，动态采集

社会治理网格化是 Y 市社会服务管理创新综合试点工作的重大创新，它借鉴网格化城市治理的理念，并将网格化首次运用于社会治理。通过将社区划分若干网格，每个网格配备一名网格管理员，在志愿者的协助下，网格员履行以信息采集为主的综合职能。由网格员通过“社区 E 通”3G 无线采集系统将人口基本和变动信息实时上传。通过建立综合采集、多方共享，动态采集、实时处理的人口信息采集新机制，同时通过建立网格和部门之间、部门和部门之间人口信息的关联和比对核查新机制，实现了人口底数清楚、人口流动状况清楚、人房关联清楚，解决了部门重复多头采集、数据相互矛盾、不能动态管理的问题。

（二）资源整合，部门联动

网格化治理进一步改变了过去部门各自为政、各自进行的线性管理方式。网格化治理通过网格综合信息平台实施电子政务，通过体制改革和技术攻关将公安、工商、房管、民政、卫生、工商等职能部门的管理流程和信息资料进行整合和流程再造。① 网格化治理的信息化、快速化，实现了各部门管理层级缩减、管理线条缩短、全程监督体制的形成。通过部门联动，提升政府管理效能和服务水平，实现了政府管理由单一线条管理转向动态化的平台管理。

（三）全程服务，提升管理

网格化治理最突出的特点是可以实现全程化服务，网格化治理在常住人口的生命全过程和流动人口在社区中的进出期间，均可实现及时、准确的服务，实现了服务的全程化。全程化服务以网格综合信息系统为平台，建设部门专业服务管理系统，建立以人口基础信息以及人口变动信息为“指挥棒”，

---

① 行业信息化专家．构建三大系统创新社会服务管理［EB/OL］．http：//blog. sina. com. cn/s/blog_ 550d8ac901010zen. html.

部门按照各自业务职能，开展跟进服务和跟进管理的人口服务管理新机制，在服务中实施管理，在管理中体现服务。实现了部门工作相互支撑、相互衔接、相互促进，管理全覆盖、服务全方位，形成社会治理“大联动”、服务群众“大合唱”的工作格局，大大提升了社会治理和服务的针对性、主动性、实效性。

（四）高度重视，强力推动

市政府在网格治理推进之前，充分认识到网格治理的重要性。只有市政府的高度重视和强有力的推动，才能避免有些基层单位对网格治理的重要性认识不够、将网格员挪用到非网格治理岗位、安排在岗的网格员从事职责外工作等现象。通过政府的强力推动，才能加快公安、工商、城管等部门的改革，使其从管理和技术上均达到无缝连接，再造管理流程，提高管理效率。只有各级各部门统一思想，提高认识，才能切实加大网格治理专职化、规范化建设力度，真正将社区网格打造成为服务广大居民群众、化解社会矛盾的前沿和创新社会治理的重要方法。

（五）建立三项制度，推进网格管理制度化

一是建立网络管理工作事项“准入制”。积极探索市、区两级政府向网格管理员队伍统一购买服务的新机制。拟新纳入网格服务管理的工作事项，由市直各部门和各区人民政府提出申请，经市社区网格管理监管中心审核，报市政府批准后方可实施。任何单位或组织未经批准不得直接安排，网格管理员协助、代办有关工作事项，不得安排网格管理员从事其规定职责外的工作。二是建立非准入工作事项“回绝制”。对于未按照网格管理工作事项“准入制”审核、批准的工作事项，社区居委会、社区网格管理员有权拒绝，并及时向市（区）网格管理监管中心（分中心）举报。三是建立社区网格管理“否决制”。对于有关部门不按规定程序申报网格服务管理事项、社区居委会安排网格员从事与其职责无关工作的，一经查实，对该部门或社区实行社会管理综合治理“一票否决”。

（六）在工作流程融合中提升服务效能

政府通过网格化治理积极引导和推动了职能部门的管理创新，实现了政府条块管理向平台化管理的转变；通过政府部门的机制调整，实现了政府工作方式的创新，工作流程的优化，提高了管理效能，提升了政府服务水平，形成政府各部门之间的无缝衔接，使基层网格管理员、警员、城管等与政府管理部门之间形成了信息良性循环和管理扁平化格局；通过工作流程的转变，实现了由管理为重转向以服务为重，切实把服务送到社区和家庭；通过消防系统和网格信息管理平台的融合，提升了消防管理应急处置的准确性和效能；通过网格化治理，实现了由多级管理体系向扁平化管理体系转变，减少了管理环节，提升了社会矛盾的基层化解率。

（七）在信息资源融合中实现系统集成

网格管理员工作规定，网格员必须每周有三天时间深入社区采集信息，每月有 8 小时的加班时间，通过网格信息综合管理系统和专业部门的关联对比，融合、形成了一套准确的信息系统。为了配合社会治理工作的实际需要，网格管理综合信息平台形成了人口采集数据库、房屋数据库、新生儿登记数据系统、流动人口数据库、消防设施数据库、企业管理数据库等 13 个大类的详细信息系统。目前基本实现了网格化治理社区的人口统计工作。在网格化综合信息管理系统融合后，政府工作的效率得到了极大的提高。

第二节 H 省 Y 市政府网格化治理中存在的问题及原因

一、H 省 Y 市政府网格化治理中存在的问题

（一）思想认识存在偏差

网格化治理是社会治理的创新模式，部分政府工作人员、社区居民对它缺乏了解，或者有的了解但不够深入，甚至在思想认识上存在偏差。有些政府工作人员不仅没有意识到应用移动信息技术手段在当今和未来的社会治理中的作用，反而认为推进网格化治理模式成本高、作用小，浪费物力、财力，没有必要；有些人则不顾现实情况及社会中存在的实际问题，在推广网格化治理模式过程中过于激进；还有一些人认为，网格化治理就是简单划片

区管理，还是以前的老方法，只不过换了管理说法而已。

（二）政府职能部门改革滞后

网格化治理不是单一的部门管理和线条管理，而是政府服务流程的再塑造，必须厘清责任、明确工作范围，缩短政府部门管理层级，将政府职能部门改革和网格化治理同步推行。但有的政府职能部门不易于接受新的管理模式导致改革有些滞后；有的政府部门领导人一揽独大，将权力牢牢掌控在手中，有利益就上、有责任就避，影响了相应的职能部门的同步改革。

（三）职能部门间信息共享障碍

网格化治理就是要打破条块管理，迈向平台式的管理模式。就是要打破部门之间的壁垒，实现管理链接和信息共享，将政府的资源高效地应用于社区服务。传统管理体系中政府部门的权力一部分来自于其拥有的信息资源，信息资源一定程度上会影响其权力。由于网格化治理，要求资源共享、资源整合，突破了传统管理模式和观念，牵动了一些职能部门的利益，在网格化治理中有些职能部门为了保障小集体利益，往往设置各种障碍，防止部门信息外传，不支持网格化治理的推行，从而使政府各类信息库独立运行，各部门重复建设、重复统计，造成人力、物力和资源的浪费和信息共享障碍。

（四）职能部门存在推卸责任现象

网格化治理充分发挥了网格员深入社区、深入人民群众的优势，有助于网格员及时将政策和信息进行传递。虽然政府部分部门融入网格化治理后提升了服务水平和管理效率，但有的政府职能部门借此机会转移责任。有的网格员深入居民社区，发现无照经营或经营过期的商家后，及时将信息反映到信息系统，有的工商部门领导通过社区领导，把取缔违法商家的任务又交还给网格员，实在是强人所难。

（五）部分网格员办事效率低下

按照政府对社区网格员的工作要求，每个网格中配备的网格员在自己所管辖的网格范围内，负责巡查和发现各种问题，并分别上报网格信息平台的各职能部门，并及时解决。但是，在实际工作中，部分网格员并不能准确、及时地发现所存在的各类问题。并且每个网格员对所存在的问题认定标准也不统一、不规范，不清楚各部门的职能权限，不知道上报给哪个部门。有的问题就算网格员及时发现了也无法及时解决。这些在实际工作中出现的各类问题，需要进一步提高网格员的综合能力才能及时解决。

（六）网格员入户开展工作难度大

网格员只有进入所管辖社区网格中的每家每户，才能对每一个社区居民的详细情况进行了解，才能更好地开展工作，这就需要网格员经常入户访谈。当今社会由于人与人之间的信任度降低，使得网格员入户开展工作难度非常大。很多网格员在开展工作期间需要用很多时间和精力进行沟通和以取得社区居民的信任、理解和配合。

（七）网格员存在大量流失现象

在实施网格化治理工作中，很大一部分工作都需要网格员来完成，但是网格管理员队伍不稳定，有的社区第一批录用的11个网格员，到第二年年底只有3个人还在继续工作，其他均以不同的原因离职。由于新招录的网格员缺乏工作经验，需要时间去积累，这就需要政府相关职能部门和市网格管理中心投入大量的精力和财力，对新招录的网格员进行培训。由于“老”网格员的离职和“新”网格员的入职，没能很好衔接做好交接工作，使得很多工作无法按时按量完成，影响了政府的管理效率。

二、H省Y市政府网格化治理中存在问题的原因

（一）新旧管理体制的摩擦

网格化治理是一种新型的社会治理模式，与传统管理模式相比，网格化治理在很多方面都有自己的特点。Y市的网格化治理模式仍在不断探索和完善阶段，政府未来还有新的业务需要加入网格化治理体系之中。新旧管理体制在变化、融合中的摩擦都是不可避免的。① 实施网格化治理后政府的权力变化、监督体制变化、人员变化、部门合并，均会与传统的管理体制产生各种各样的摩擦。

（二）考核制度和监督机制不完善

基层政府在实施网格化治理工作中，出现职能部门推卸责任、网格员工

① 魏涛. 城市社区网格化管理模式研究［D］. 大连：大连理工大学，2011.

作效率低、积极性不高等现象，主要是缺乏一套完善的考核制度对各层级网格监管中心和网格化治理工作人员加以激励。由于监督机制不完善，有职能部门不能很好地和网格化治理相融合，有的职能部门在实际工作中不按新的要求开展工作，一方面不放手既得利益，另一方面把责任推给网格管理中心，使得实际开展工作时出现责权不分，工作流程不清，办事效率低下等情况。由于监督机制不完善，有部分网格员偷懒怠工，工作运转缓慢低效。

（三）网格管理机构职能权限不清

在网格化的治理工作中，社区居民委员会和政府定位不清，职能权限不明晰，导致社区居民委员会承担了很多政府职能和政府服务工作，很多社区居民委员会也未完全按照群众自治来开展管理工作。网格员受聘于政府，管理却放在社区，使得网格员同时承担了政府的工作和社区的工作。Y 市网格化治理推广到全市范围之后，网格员的职能不断扩大，责任越来越多，网格员对未来自我的定位无法有清晰的认知。网格管理中心在 Y 市政府定位为正处级职能部门，而有的地方定位仍然模糊，协调相关部门困难重重。

（四）网格管理员的素质参差不齐

实施网格化治理以后，需要网格管理员承担多项社会事务，要求网格员要全面了解和掌握就业、救助、安全、科教文体、社会保障、卫生和计生、流动人口、老龄人口、党员服务等方面的法律、法规和方针政策。一部分网格员为原有政府的公用事业服务人员，另一部分为社会新招大专学历人员。原有政府公用事业服务人员有一定的政府和社会工作经验，但有的学历较低，对于现代管理工具运用、信息平台维护，学习起来慢，难于全面掌握，面对网格管理员的高要求、高工作强度，部分人员难以适应。而社会新招大专学历人员，学习能力强，但面对社会各方面出现的复杂问题，缺乏工作经验。此外，还有部分网格管理员对党和国家的方针政策缺乏系统的学习和理解，对群众反映的问题不能及时解答，阻碍了社区居民和网格管理员的沟通和信任，影响了网格化治理的效果。

（五）网格管理员的培训机制尚未健全

网格管理员分担着政府多项下移服务工作，包括人口统计、计生、公安、消防、城管、工商和社会维权维稳等等，以往这些工作均由各相关部门的专业人员来完成，由于实施网格化管理，部门联动融合，市网格监管中心统一管理，所以对网格管理员有了更高的要求，要求多专多能，但现实尚未健全网格管理员培训的长效机制，也就难以形成一支专业水平较高的网格管理队伍。

（六）宣传网格管理的途径和方法不恰当

为了全面推行网格化治理，Y 市政府运用 Y 电视台、广播台进行了宣传，在政府部门、街道办、社区进行板报宣传、发送传单，但是收效并不明显。主要原因是许多家庭基本不看电视，更不看本地电视台；对于政府宣传栏，认真浏览的居民也很少；由于商业社会传单泛滥，传单的宣传效果不佳。面对网络用户、手机用户以及社区老人和妇女群体，政府需要创新宣传方法，另辟宣传途径，有针对性地开展宣传，这样才能让市民对网格化治理加深认识，改变社区居民对网格员的冷漠态度，并理解和信任网格员走进千家万户开展工作。

（七）网格管理员的薪酬激励机制缺失

薪酬激励是推动网格化治理工作的重要手段。网格化治理对网格员的要求是全方位的，要想留住优秀的网格员，就需建立合理的薪酬激励机制。网格员工作量大，要求高，很多工作都需要晚上或周末走访完成，加班时间多且不固定，很多工作无法量化，网格员的很多工作成绩没有从薪酬上得到充分肯定。由于薪酬激励机制缺失，结果很难留住优秀人才。

第三节　完善地方政府网格化治理的对策措施

（一）以转变观念为先导，提高思想认识

地方政府网格化治理不仅仅是在管理流程上要有所转变，更重要的是管理理念上的转变。政府从高高在上的管理角度，转变为“以人为本”的服务理念，这是一种管理理念上的创新。地方政府网格化治理是一种深入居民之中、了解居民需求、切实服务居民的管理体系。其核心是以人为本，强调关注人本身的需求、人与人之间的关系、人与社会之间的关系、人面临的各种问题和居住空间的各种事物等等。在地方政府网格化治理中，从政府职能部门负责人到基层的网格管理员都要转变观念，将管理融入服务之中，在服务之中实现管理。

政府主要部门领导必须带领全体基层政府工作人员对网格化治理模式进行深入系统的学习，从思想上充分认识到网格化治理模式是顺应工业化、城市化、信息化、现代化进程发展需要的创新管理，符合国情及社会现实，符合科学发展的新路子。网格化治理是政府实现全程化服务社会的重要落脚点之一，必须全面推进、循序渐进、稳打稳扎。只有让大家在思想上对网格化治理有了全面的认识，才能使网格化治理模式顺利推行。

（二）以转变管理方式为契机，塑造新的管理流程

根据科学发展观的要求，国家提出“管理方式由粗放向精细转变、管理方法由突击性、专项性整治向日常规范管理转变、管理手段由传统向现代化转变”。① 网格化治理的实施正是政府按照科学发展观的要求，积极探索和创新政府管理模式的结果。网格化管理模式通过现代信息网络技术和电子政务平台技术，将管理由传统管理方式向信息化、现代化管理方式转变，逐步实现了管理的精细化，降低了地方政府管理工作中的专项性、突击性工作，于日常管理中体现出精心化管理。

（三）以融合工作流程为途径，实现高效管理

地方政府实施网格化治理，最根本的目的就是要提高社会治理效率，更好地服务于广大社区居民，那么怎样才能实现高效管理？这是一个值得深入探究的问题。按照管理学的观念，一个人对其他人的管理一般以十个人为限，太多就可能管理不过来了，一般一个团队中管理人员占全部人员的10%左右，整个管理模型呈现金字塔结构。网格化治理通过信息技术，实现了对管理理念的突破，通过网络和电子政务平台实现了一个人对上百人、甚至更多人员的管理。网格化治理减少了管理层级、管理人员、管理环节，形成了管理结构扁平化，实现了高效管理。

---

① 网格化管理的现状、存在的问题及对策［EB/OL］. http：//www. doc88. com/p－7734040832344. html.

地方政府在推行网格化治理过程中，必须通过部门工作流程融合、部门扁平化改革，实现和网格化治理系统的对接。通过部门人员对接，同步推动公安、工商和城管等部门的管理结构和工作流程与网格化治理的对接。通过减少部门管理层级及管理人员，将管理人员下放一线，充实一线工作人员队伍，并与网格管理员形成对接。通过网络信息对接，将网格管理系统和公安系统、工商系统、城管系统、人口统计系统等进行信息化对接。通过对接，各部门共享数据库，再造部门工作流程，使部门工作流程满足地方政府网格化治理的需要，实现部门管理精细化、扁平化。

（四）以融合信息资源为手段，实现综合集成

以融合信息资源为手段，不仅要跨越各层级网格监管中心和职能部门之间的限制，而且要实现基础设施共享、基础平台共享、数据支撑共享、应用平台共享和用户层共享，等等。只有将信息资源进行共享与融合，才能使地方政府在实施网格化治理工作中做到统一筹划、系统组织，并根据各项事务的实际情况动态调用相应的网格信息进行优化组合，避免政府各层级和各部门之间各自为政、封闭管理、资源浪费，以便提高政府处理各项事务的效率。

实现信息的综合集成，就是通过网格管理员，采集社会治理中所需要的各种信息，按不同的类别记录在网格信息平台，然后再通过网格化综合信息系统，将这些信息与各专业系统的信息库进行对接、融合，明确信息的准确性、保证信息的时效性。实现信息的一次采集，多方应用的功能，从而达到节约人力物力、提高工作效率的目地。

（五）以完善考核和监督体系为重点，优化管理模式

政府应对各层级网格监管中心和职能部门进行考核，建立相对应的考核制度及考核细则，定期进行考核，并把综合考核结果作为各层级网格监管中心和各职能部门主要负责人及社区网格员的工作绩效。通过网格化治理考核和岗位日常工作考核相结合，年终考核与月考核、季度考核相结合，对管理人员的工作实绩作出客观公正的评价，并把它作为奖惩、推荐、提拔干部的依据。

政府应建立内部监督和外部监督相结合的监督体系。内部监督要依托网

格化治理的信息平台，根据信息平台记录的实时数据，如已完成的工作量、未完成的工作量、未及时处理的工作量，对各部门及工作人员的工作进行监督；外部监督要依靠广大居民对各层级网格监管中心和职能部门及网格员的工作表现作出评价，包括现场征求意见、网上测评等。只有从内外两方面完善监督体系，网格化治理模式才能更好地服务于群众。

（六）以建立长效机制为目标，丰富培训手段

政府实施网格化治理，各职能部门之间必须联动融合，这就对网格员提出了更高的要求。同时要求建立一套完整的教育培训体系，在网格员培训方面形成一套长效机制，为提高网格员管理队伍的整体素质及工作能力打下坚实的基础。为此，政府必须成立专门的网格员培训机构。网格监管中心必须和相关职能部门配合，建立兼职网格管理员培训体系，实现网格员培训的标准化和制度化。首先，政府必须培养专门的网格员培训师，各部门必须指定相应的业务骨干成为兼职网格员培训师，确保培训师队伍的相对稳定。其次，网格管理中心必须组织培训师制作合乎要求的培训课件和教材，培训内容成熟后还可制作成培训视频教材。

（七）以找准宣传方向为切口，加大宣传力度

网格化治理的宣传工作需要找准方向。要发动群众加大宣传力度，使广大群众充分理解网格化治理和自身的关系：一是要在社区开展一些活动，广泛邀请离退休的老年人和家庭妇女参加，在活动中对居民进行网格化治理知识的宣讲，以便加强社区居民对网格化治理工作的认同；二是对于一些经常不在家的年轻居民，可以通过网络、论坛等途径进行宣传或通过移动短信推送的方式，将网格化治理的概念和工作内容发送到每一位市民手中，让市民对网格化治理有种初步认识；三是对于经常支持和协助网格员工作的居民，要给予鼓励和表扬，使其成为其他居民的榜样；四是在社区的宣传栏张贴海报，吸引居民学习和了解；五是发动社区志愿者在社区中进行宣传。只有不断拓宽宣传渠道，进行全方位多层次的宣传，才能使群众对网格化治理的概念、理念和工作方法的认识进一步深入，也才能更好使群众配合网格管理员做好服务工作。

（八）以提高经济待遇为方法，完善激励机制

良好的激励制度是提高工作人员积极性的保障，缺乏必要的经济手段是

难以留住优秀人才的，缺乏激励机制也很难长期调动网格管理员工作主观能动性。① 因此，政府必须加大投入，建立物质和精神相结合的激励机制，在原有的工资结构上进行适当的调整，对优秀的网格管理员要从物质、精神等方面给予奖励，对不能胜任工作、得过且过、影响团队的管理人员要进行淘汰。

（九）以信息技术为支撑，完善平台建设

网格化治理的核心特征是信息化、网络化和电子化。目前，网格化治理综合信息平台整合了公安系统、计生系统、社保系统、食品卫生系统、消防系统、计生系统和医疗系统等方面的功能，实现了各部门和网格化治理的流程整合和联动管理。随着社会的发展和电子政务的普及，可以预见，到未来会有更多的政府管理服务功能集成到网格化管理中。不断完善信息平台是推行网格化治理不断深入的基础，其是政府及时了解人民疾苦、社会动态的工具，因此，既要考虑信息平台技术的先进性，也要兼顾可操作性和实用性。只有这样，才能更好地使网格化治理在政府的社会治理中发挥不可替代的作用。

① 网格化管理的现状、存在的问题及对策［EB/OL］. http：//www. doc88. com/p－7734040832344. html.

第三章

地方政府社会治理中的问题及对策研究

——以H省H市为例

第一节　H省H市政府社会治理的现状

一、H省H市政府社会治理的具体实践

（一）提升流动人口管理水平

1. 流出地建协会，打造流出人口计生服务管理平台

在分析研判流动人口发展趋势的基础上，结合H市流动人口分布广、流动性强等特征，总结推广流出人口建协会的典型经验，在流出人口集聚地建立计生协会，完善了会长—理事—小组长“三位一体”的协会组织网络，充分发挥群众团体在政府与流动人口间的桥梁作用，对流出人口实行跟进式服务管理，搭建了政策服务、孕情服务、健康服务、民生服务、维权服务等五大服务平台，形成流出人口自我教育、自我管理、自我服务的良好氛围。

2. 推行计警联合，打造流入人口计生服务管理平台

抓住所有村（居）设立警务室的有利契机，探索流动人口计警联合工作法，实现基层流动人口计划生育管理的制度化。计生工作人员和治安管理员共同建立起流动人口计划生育基本情况登记制度，与房屋租赁人和流动人口实行联签制度，做到了管理职责明确，权利义务清晰，确保管理工作有章可循。

3. 配备专职人员，打造新建住宅小区流动人口服务管理平台

针对住宅小区流动人口服务管理的难题，开动思路、因地制宜、创新机制，明确了归口负责的部门和物业公司的责任，建立起专业的小区计生队伍和完善的工作机制，严格考核，奖罚分明，公开、公正，有效破解了小区流动人口计生服务管理这个大难题，收到了多方共赢的综合效益。

4. 加强区域协作，打造流动人口“双向”服务管理平台

H市按照构建流动人口管理“一盘棋”的格局，加强区域协作，通过强化区域协作，更好地落实流出地和流入地的服务责任，实现双向服务，双向管理，建立两地或多地相互协调，齐抓共管的流动人口计划生育区域协作机制。在此基础上，为了确保省际间信息反馈及时和两地协作相关信息接收，进一步明确了流动人口信息管理人员职责，建立了月报制度、通报制度，为流动人口服务奠定了制度基础。

5. 引入科技手段，打造流动人口个案信息采集平台

为加强流动人口信息采集，及时掌握流动人口人群的生育节育等情况，在全市推广手机信息管理技术，为村级计生人员配备手机信息终端，打造新型信息采集平台，大大提高了个案信息采集及时性和准确性，强化信息动态管理，特别是在清理流动已婚育龄妇女人口生育、避孕节育、婚育证明发放等方面，发挥了重要作用，实现了信息无缝隙监测、时时反馈、管理高效的总体要求。

（二）大力推进义务教育工作

1. 加大统筹力度，确保教育资源配置均衡

加强资源统筹是实现义务教育均衡发展的基本保证。H市深入贯彻党的教育方针，认真执行《义务教育法》，按照教育部《关于进一步推进义务教育均衡发展的若干意见》的要求，注重统筹配置教育资源、教育均衡发展，有效缩小城乡之间、学校之间教育差距。

2. 大力利用优质资源，推进城区义务教育率先均衡

一个时期以来，随着H市经济社会的快速发展和城市规模的迅速扩张，城区义务教育与城市发展不同步的问题日益突出。主要表现为：一是学校占地面积小、发展空间受限。二是学校数量少、班容量超标。三是布局不合理、择校之风难遏制。针对这一现状，该市大力推进义务教育均衡发展，认

为只有充分利用优质教育资源，认真查找薄弱环节，制定和落实发展措施，才能实现真正意义上的高度均衡。

3. 适时调整布局，实现农村义务教育均衡化

随着H市人口出生率下降和办学要求的提高，农村中小学布点多、规模小的问题日益突出。这种“散、小、弱”的格局造成了课程开不齐、课时开不足，专用教室及教师严重不足，素质教育无法全面实施，教育质量长期徘徊在较低层次。针对这一现状，H市适时调整布局，极力实现农村义务教育均衡化。

（三）全面加强警务室建设

1. 依照职责，结合区情，整合资源，设立大警务室

H市本着“依照职责、合理设置、整合资源、一专多能”的工作思路，创新载体，延伸内涵，将警务、政务和服务“三务合一”，以警务带政务促服务，设置了“4+X”大警务室模式，以大警务室建设统领社区管理：“4”，即社区警务室一般下设4个室，即治安管理室、矛盾纠纷调处室、便民服务室和新市民服务管理室；“X”，即有条件的社区，可以根据社区情况增设多个服务室。

2. 配齐装备，充实人员，提高待遇，强化工作保障

基础条件差、人员力量不足、工资待遇偏低是社区普遍存在的现状。H市按照“人往基层走、劲往基层使、钱往基层花”的要求，下大力改善办公条件，多渠道选配人员和提高工资待遇。

3. 健全机制，完善制度，规范运行，提高服务水平

为做好社区警务室与社区整体工作运行的有效衔接，该市按照“工作规范化、管理制度化、运行常态化”的要求，建立健全了警务室管理运行机制。

（四）建立农村互助养老模式

2008年8月，在H省H市F县的倡导下，Q村将闲置的小学校舍改建，免费供独居老人集中居住，老人们在这里相互照顾、共享晚年，由此产生了第一家互助幸福院。这种“离家不离村、离亲不离情”的互助养老模式一经推出，迅速得到广泛响应。

1. 村级主办。明确互助幸福院是村民自治组织为本村老年人提供服务的具体形式，村集体是兴办主体，是建设者、组织者、管理者。村集体筹资建造或利用闲置房屋改造建设互助幸福院，承担水、电、暖等日常开支。从实际情况看，互助幸福院每年需要基本运行费用1－2万元。

2. 互助服务。互助幸福院不设专职服务人员，老人们通过互助实现自我服务、自我管理。按照子女申请、老人自愿原则，凡年满60周岁、生活能够自理的独居老人，由其子女或本人申请，与村委会签订协议后免费入住。老人的生活和医疗费用由子女承担，一日三餐每月基本花费20元。

3. 群众参与。动员农村群众和社会各界参与互助幸福院的建设和运行，鼓励有实力、有爱心的单位和个人为互助幸福院捐款捐物，社会各界对此表现出很高的热情。

4. 政府支持。把推广互助幸福院养老模式列为民生工作的重要内容，鼓励农村利用集体闲置资产兴办互助幸福院，鼓励新民居建设示范村配套建设互助幸福院，在用水、用电、取暖等方面按非营利性对待，在立项、用地、税费等方面实行优惠政策，并将互助幸福院管理列入村“两委”班子工作范畴。

（五）全力治理大气污染

1. 抓好五大工程为。一是能源结构调整工程。削减煤炭消费总量，严格控制耗煤建设项目，加快清洁能源替代利用，淘汰每小时10蒸吨及以下燃煤锅炉。二是淘汰落后和化解过剩产能工程。大力淘汰落后产能，压减炼铁、粗钢等过剩产能。三是污染减排工程。四是扬尘污染综合整治工程。五是机动车尾气污染治理工程。

2. 实施八项专项行动。包括拆锅炉拔烟囱“百日攻坚”行动、建筑扬尘整治行动、道路扬尘整治行动、黄标车淘汰行动、企业环境卫生清洁行动、秸秆禁烧和综合利用行动、市区环境卫生清洁专项行动、油气治理行动。

（六）完善信息网络管理

1. 建立网络与信息管理机构。（1）成立了以市政府办公室为主管的电子政务办公室。（2）招聘具有计算机专业知识的技术管理人员。（3）成立安全监督防控小组。

2. 不断完善网络与信息管理制度。(1) 制定各级网络管理人员责任制，明确各岗位职责，责任到人。(2) 强化网络定期专业培训制度。(3) 根据功能建立专用网络服务器系统制度。(4) 严格网络使用权限审批和调整制度。(5) 制定网络与信息突发应急预案和措施。(6) 建立网络管理月度绩效考核制度。

3. 完善网络及信息系统设置。为了确保门户网站和政务办公的安全，H 市政府专门对不同的用途建立不同网络系统：(1) 办公内网；(2) 外网；(3) 专用服务器；(4) 电子政务专线。

4. 制定网络与信息发生突发事件的应急预案和措施。为了防止黑客和病毒攻击网络系统，电子政务办公室制定了应急预案

二、H 省 H 市政府社会治理的主要成效

(一) 流动人口计划生育方面的成效

1. 政府提供了优质服务。H 市以流动人口管理与服务为重点，通过与社保、房管、民政等部门多方联系，积极为流动人口及子女搜集住房、用工、就学、就业等各类信息，设置流动人口服务窗口，积极为流动人口解决了在租赁房屋、子女上学、择业和就医等方面的问题和困难，使他们安心工作和生活，得到了群众的大力支持和配合，有效提高了流动人口管理水平。

2. 政府改进了管理方法。一是管理模式由管理型向服务型转变。二是管理方法由单一型向系统型转变。计生和相关职能部门紧密配合，为流动人口生产、生活提供全面服务，彻底解除他们的后顾之忧。

3. 政府形成综合治理。一是制度和管理相结合，依靠制度加强管理。二是服务和管理相结合，依靠服务加强管理。三是宣传和教育相结合，依靠宣传加强管理。结合流动人口的特点，积极开展形式多样的宣传活动，坚持宣传与管理相结合，以宣传促管理。

(二) 义务教育方面取得的成效

1. 实现科学规划，进一步明确了农村中小学均衡发展的新格局。一是确定了农村义务教育均衡发展格局；二是通过将撤并的农村小学校舍改造为幼儿园，既避免了校产流失，又加快了学前三年教育基本普及；三是将“中西

部农村初中校舍改造工程”“校舍维修改造工程”“新农村卫生新校园工程”等专项工程融入标准化学校建设之中。

2. 做到了合力攻坚，进一步推进农村标准化的学校建设。H 市政府成立主管领导任组长，教育、财政、发改委、建设、规划、国土等部门负责同志为成员的领导小组，印发了《关于农村中小学布局调整暨标准化学校建设的意见》，明确了各县（市、区）中小学布局调整和标准化学校建设具体任务、工作进度、资金来源等，为布局调整和标准化学校建设提供了有力的政策保障。

3. 完善体制，逐步深化了学区管理体制改革。H 市制定了《学区建设规划》，全面打破县域内乡（镇）行政区划界限，综合考虑到经济、文化、人口分布和学校位置等因素，将全市从原 220 个乡镇学校撤消、合并为 141 个学区中心校，学区中心校还设置了学区研训室，由县级教育行政部门直接管辖。

（三）社会安全方面取得的成效

1. 社情民意及时搜集上来，公安基层基础信息更实了。治安管理员把入户走访作为“基本功”，深入千家万户、田间地头，全面了解掌握辖区的人口、治安、生活以及地理环境、民风民俗等情况，深入搜集辖区各类影响社会安定的情报信息，并及时反馈给警务室民警。

2. 涉稳隐患及时排查发现，矛盾纠纷化解在基层的更多了。按照“全面覆盖、一个不漏”的原则，治安管理员深入群众，全方位摸排辖区发生的各类矛盾纠纷隐患和苗头，逐一登记上报，并在民警指导下，积极配合党委政府做好化解工作，切实做到了“小事不出村、大事不出乡、矛盾不上交”。

3. 组织发动群防群治，基层安全防范工作有人管了。治安管理员积极开展安全防范宣传，组织发动辖区群众开展治安联防和护院联防，努力创建平安乡村、平安社区。

4. 积极开展便民利民服务，群众的事情有人办了。治安管理员主动上门，积极开展多种形式的便民利民服务，帮办户口、居住证、身份证、驾照、护照，办好送回群众手中，真正做到“群众动嘴、自己跑腿”。

（四）特殊人群管理方面的成效

1. 提高了老人的生活水平，实现了老有所养。在幸福院，冬有暖气、夏有空调，老人们做饭互帮互助、吃饭互相关照、小病相互照应、急病及时通报，生活质量明显提高，意外风险大大降低。

2. 丰富了老人的精神生活，实现了老有所乐。互助幸福院配备了电视机、象棋、乐器、健身器材等文体设施，有的还购买了影碟机和戏曲光盘，开辟了花圃、菜地，老人们在这里可以聊天、下棋、听戏、扭秧歌，实现了“抱团养老、就是享福”。

3. 满足了老人的心理需求，实现了老有所为。在互助幸福院，老人们各有分工，设一名院长、若干副院长，还设不少小组长，几乎每个老人都是“官”。年轻的照顾年老的，体格好的照顾体格差的，大家各负其责、各司其职、各尽所能。

4. 促进了社会和谐稳定，实现了老有所用。老人们同住在互助幸福院里，晚辈看望多少、给钱多少、送东西多少，大家看得着、说得多，无形中为子女孝敬父母提供了平台，使尽孝之风更加浓厚。

（五）环境保护与治理方面的成效

H 市城市大气污染通过高强度综合整治，全市上下行动，突出重点，重拳出击，合力攻坚，通过强化组织领导、深化重点污染企业治理、加大城市环境综合整治力度、加强生态环境保护建设等多项措施，全市空气质量得到明显好转，主城区大气环境质量呈现继续好转的趋势。

（六）信息网络管理方面的成效

H 市政府在网络与信息管理上，管理机构完善，责任制落实明确。实现了标准化和系统化管理，网络系统完整清晰，实现了政府对外门户网络安全、信息快捷畅通，保障了公民获取政府信息的权利，提高了政府行政透明度，展现了政府执政为民的良好形象。同时极大提高办公效率，降低办公成本，实现无纸化办公，提高了社会的经济效益。

第二节　H省H市政府社会治理中存在的问题

一、社会治理的主体单一

（一）社会协调主体的缺乏

新社会组织是构成社会治理协同主体的主要部分。新社会组织的诞生，发挥了劳动者、公民、居民与政府和社会联系的纽带作用，充当着社会稳定器和缓冲器的角色，这些功能和作用是党和政府无法替代的。新社会组织的构成包括①：社会团体、民办非企业单位、基金会、社区社会组织以及市场中介机构。近年来，我国出台的一些法律法规，对民间组织的发展产生了积极作用，民间组织在数量上也有明显的增多。然而，表现于现实中能真正适应市场经济环境，并能及时回应和满足民间需求，充分利用社会资源和民间资源的新社会组织所占比重太小。

（二）公民参与社会治理的缺失

考察地方社会治理，不难发现地方政府社会治理注重政府责任而忽视公民参与的现象较为突出。地方政府总是不自觉地将政府作为社会治理的主要或是唯一责任主体，使得政府在社会治理中一直以“家长”的形象统领着所有管理权力。虽然一些地方强调社会治理要注重公民参与，然而在制度的制定和执行等方面，民众还是无法真正地进行参与，仍未形成政府与公民良好互动的新格局。

二、社会建设与经济建设不协调

（一）政府对经济建设的过分追求

H省H市在社会治理上取得了巨大的成就已经是不争的事实，然而如何

① 陈志卫，戴志伟等．新社会组织实践与研究［M］．北京：中国社会出版社，2008：14－15.

改变过去政府过分地追求经济增长率、忽视社会建设的发展以及经济与社会协调发展的局面，使更多的人能公平地享受到经济、社会改革的成果，依然需要地方政府更加注重社会建设，完善社会治理，在经济建设和社会建设之间找到平衡点。

（二）经济发展与社会保障的比率不协调

改革开放以来，我国经济增长创造了世界奇迹，特别自1997年以后，即使在亚洲金融危机的影响下，我国经济不但没有衰落，反而保持了较高的增长速度。即便在世界金融危机种种不利因素的影响下，我国经济的增长势头依然坚挺。然而，我国劳动争议案件持续增加，全国享受低保范畴的社会指标增长率赶不上经济增长的比率。

（三）社会建设及创新实践缺乏持续性

由于地方政府的社会治理缺乏必要的激励机制，不仅没有使实践主体能够从中获得成就感和社会认同感，反而使创新实践处于一种收益和成本不相匹配的状态，甚至出现了创新实践夭折或者难以持续下去的局面。在我国“下级服从上级”的基本制度框架下，上级领导的态度在很大程度上决定了下级工作人员做出的行为、反应。而且，上级政府掌控着下级进行创新活动的资源，只有得到上级领导的支持和允许，创新实践活动才有可能得以实现。

三、社会治理的方式单一

（一）社会治理方式形式化严重

H市政府在履行社会治理职能的过程中仍然存在着计划经济体制下形成的习惯，以单一的行政化手段来治理日渐多元化和复杂化的社会问题，治理方式和手段存在着许多过时的现象，行政人员经常将“中国国情”和“中国特色”视为借口，忽视经济手段和法律手段，不注重程序，社会治理效率低下。

（二）社会治理方式创新仅存于技术层面

地方社会治理方式的创新必须在现有政治体制框架和制度安排下进行。尽管地方政府对社会治理方式的改革抱有热情和信心，社会治理方式的创新也只能存在于行政运作过程中的各种技术层面。例如，通过行政审批程序的简化以及行政服务流程的调整来提高政府运作的效率；通过建立新的服务和交流平台，扩大公共物品的投入和供给来满足新时期市场主体和社会公众对公共服务的需要。

（三）社会治理方式上缺乏双向回应

随着国家的发展，多样化的利益诉求、价值取向以及社会阶层不断涌现，社会治理的方式也需要作出相应变化。但这种变化不只是体制和机制的变化，更要注重现有的社会治理部门回应社会诉求能力和水平的提升，而这方面做得恰恰不够。

四、政府社会治理职能转变不到位

（一）社会治理职能的越位和缺位

从 H 市政府社会治理现状来看，政府在企业经营等经济活动方面参与过多，职能越位现象严重。然而在环境治理和就业等许多本应该由政府重点管理的领域和环节上，却时常遇到资金缺乏、政策执行力不足的问题，表现出明显的滞后和弱化。在地区和地区之间，地方政府缺乏相互配合以及协作，以致形成地方政府社会治理职能上的缺位。

（二）社会组织作用的缺失

在社会治理中，政府要“有所不为”。有所不为就是说在政府不该管、应该交权的时候果断退出，把管理事务的权利和责任交给企业、市场和日渐成熟的社会组织，充分发挥其在社会治理中的作用，政府更多要做的是对社会和资源的宏观调控和配置，至于那些微观方面的事务，就应该放权，交由社会组织或是群众自己解决，政府要做的是对社会组织和群众进行正确引导和管理，保证社会组织能充分显示出自身在处理社会事务方面的优势和特点。然而，在社会治理的很多方面，社会组织的作用并未发挥出来。

（三）用于改善公共服务的资金投入不足

由于省级以上的公共财政投入数量明显不足，导致用于改善公共服务的资金投入也相应缺乏。再加上地方财政支出中不对称的财权和事权，造成一些与百姓生活息息相关的社会保障、公共安全、环境治理、就业服务、教育资源的配备、公共卫生等方面的支出满足不了人民群众日益增长的需要。

五、对社会治理效果比较淡漠

（一）社会治理中民情体察不足

H 市政府在社会治理方面并非不作为，而是没有把握好公众真正的需要和热切的期盼，在采取措施之前未真正放下身段，深入群众中间体察民情，了解事态的急缓情况，挖掘事情的根源以及分析问题的深层原因，从而导致资源的浪费，加深了公众对地方政府的不信任和误解。

（二）社会治理后期跟踪不够

H 市政府社会治理工作不是一蹴而就的，这就需要行政人员对阶段性的成果进行总结和把握，对于处理问题的方向进行监督和指导，尽量使事情的发展掌握在可控的范围内。而在现实的社会治理过程中，由于政府的工作量大，涉及社会生活的方方面面，导致 H 市政府对社会治理后期效果的关注度低，后续跟踪调查不够，造成了 H 市政府进行社会治理时“头重脚轻”和重过程而轻结果的情况。

第三节　H 省 H 市政府社会治理存在问题的原因

一、社会治理法治不健全

推进地方政府社会治理法治化进程，是建设中国特色社会主义社会治理体系的必然要求。社会治理需要推进法治化进程的方面有很多，涉及政府管理职能的法治化进程、社会治理与服务的法治化进程、公民及社会组织参与社会治理的法治化进程等等。由于缺乏法治的约束，地方政府在社会治理中往往处于强势地位，以致公民及社会组织参与社会治理充满了局限性和象征性。政府的强势行为，不仅降低了公众对政府的认同，而且使政府社会治理的法治化和民主化进程难以推进。

二、社会治理理念不科学

地方政府过分看中自己在社会发展中的经济角色，而淡化了自己是服务者、指导者、监督者的角色，把本该由地方政府投资和提供的公共产品和公共服务推向了市场、推向了社会。在观念上仍然习惯把自己看作是社会的治理者而不是服务者，社会治理在很大程度上变成了地方政府对社会的控制和管制。这不仅给地方政府自身的机构、财政、人员造成了很大的压力，也不利于公共物品和公共服务的有效、合理供给。

三、社会治理模式转变不彻底

计划经济时期，我国采取的是全能控制型社会治理模式，这在当时的确促进了经济和社会的发展。但是，随着我国向市场经济体制转型，这种社会治理模式已不再适应社会的发展，必须尽快由全能控制型的社会治理模式彻底地转向引导型的社会治理模式。引导型的社会治理模式又被称作柔性社会治理，这种社会治理模式主要有舆论导向、思想政治教育、典型示范、沟通协商等治理方式，具有对公众进行引导的作用，便于化解社会矛盾。然而从现实实践情况来看，地方政府全能控制型的社会治理模式并未实现彻底转变。

四、社会治理职能界定不清

在社会治理过程中，不论是H市政府，还是其他省市地方政府，其职能履行都会出现“越位”和“缺位”的现象。造成地方政府社会治理职能“越位”和“缺位”现象的原因，是尚未对地方政府社会治理职能进行科学界定，尚未科学合理地划分地方政府在社会治理中的职责权限。这就很容易造成地方政府在处理社会事务中强权“越位”，或者是政府各部门相互推诿的“缺位”现象的发生。为此，在地方政府应该治理的诸如卫生、环境、教育、就业、治安和社会保障等领域，应该有相应的法律准则对其职能进行规范，保障地方政府内部各部门协调合作，优化公共资源配置，促进社会公平正义。

五、社会治理绩效考核制度不科学

“为政之要，唯在得人”。干部考核制度对地方政府及其官员的工作具有较强的导向性作用。虽然政府机关内部考核考评很多，但是大多检查评比太多太滥，每个政府部门都强调自己工作职能在社会治理中的地位和作用，制定出了许多考核考评指标，基层人员有时要应付上级几十个政府机构的考核，造成基层人员苦不堪言，考核考评也失去了它自身的意义。现有的干部考核制度不科学，主要表现：一方面，考核通常都集中在年终，缺少日常考核，造成“近因效应”；另一方面，评价主体单一，评价的主体不是被管理的群众和企业，而是考核者所在的机关单位同事或者同级干部，造成考核结果失真；再一方面，则是考核结果运用的缺位，考核结果与干部任用存在着严重脱节。只要没有造成恶劣的社会影响，考核结果在干部任免、奖惩方面都不会与之挂钩。

第四节　加强和完善地方政府社会治理的对策措施

一、完善多元化的社会治理格局

（一）加强党委对社会治理的领导

1. 提高党对社会治理全面领导的本领。着力从增强和激发社会创造力、管理社会事务、协调人民内部矛盾和利益关系以及开展群众工作、维护社会稳定等方面来提高党的领导本领。

2. 充分发挥基层党组织和共产党员的凝聚力和服务群众的作用。基层党组织要在各种社会组织中发挥领导作用，并能够做到支持和保证各种社会组织依法行使职权。

（二）强化政府社会治理的职能

重点以提高公共服务效率、质量为核心，更好地整合各类资源。优化公共资源配置，切实履行好政府在社会治理、市场监管、经济调节、公共服务方面的职能，做到以较低的行政成本提供充足、优质、高效的公共服务。

（三）发挥社会组织的协同作用

1. 强化企事业单位在社会治理和服务中的职责，正确引导各类社会组织、人民团体参与到社会治理和公共服务中去。

2. 发挥出城乡基层自治组织在协调利益、化解矛盾、排忧解难等方面的自身优势。

3. 突出社会团体及中介组织在规范社会行为、提供资源配置等方面的职能和作用。

（四）发动公众参与社会治理

必须坚持贯彻全心全意为人民服务的根本宗旨，从人们最关心、最直接、最现实的利益问题出发，为民谋利益。从创新群众工作方法、方式等方面加强党性修养和能力的锻炼，以正确的权利观、正确的事业观做事，在群众工作中充分发挥示范引导作用，以实际行动带动群众积极、正确地参与社会治理。

二、重新明确社会治理的重心

（一）强化领导干部为民服务的理念

在安排和组织社会治理工作中，如何让政府的领导干部时刻以重民生为最高工作标准和出发点，关键在于理念的问题。这就要不断加深其群众观念，强化其为人民服务的治理理念。让其在考虑如何发展经济的同时，也要多考虑如何把政府社会治理工作水平提升上去。社会治理的重心如果不在群众身上，政府的工作不是一切为了群众，那么创新政府社会治理也就毫无意义。所以，推进地方社会管治理，首先要强化政府领导为民服务理念，在社会治理工作中真正树立起以人为本、执政为民的理念

（二）更加注重保障和改善民生

社会治理更加注重保障和改善民生，涉及的问题很多，可以从以下几个方面来进行改进。一要把就业放在地方社会治理优先发展的位置，实施积极的就业政策、多渠道开发就业岗位、促进充分就业，加强政策上的支持和就

业指导；二要解决好收入分配问题，合理的收入分配不仅可以提高人民生活水平，而且能有效地扭转由于收入差距、贫富差距不断拉大引起的社会矛盾；三要坚持优先发展教育，重视教育公平，使每个公民都有机会享受教育资源；四要更加深入地把握公共医疗卫生公益事业的性质，加快医疗卫生事业的改革和发展，建立和健全覆盖全国城乡的基本医疗卫生制度；五要把提供保障性住房工作更科学、更人性化地进行下去，有效地解决城乡低收入家庭以及棚户区家庭的住房问题；六要完善城镇居民医疗、养老保险事业以及工伤等保险制度，建立健全农村社会保险的各项制度，扩大社会保险的覆盖面，提高社会保障的水平；七要做好流动人口工作，加快户籍制度改革，解决流动人口的户口问题；八要处理好特殊人群的生存、生活问题，特别是残疾人、老年人、孤寡老人的照顾问题，以及妇女儿童合法权益的保障问题。

（三）完善改善民生的制度安排

在切实保障民生以及进一步改善民生的过程中，社会保障制度无疑是一项根本性的制度安排。究竟什么样的社会保障制度才算是完善的呢？第一，社会救助制度的完善。这项制度就是要做到能够真正免除全体国民的生存危机，让任何人不会因为生活的困难而陷入绝望的境地；第二，解除劳动者后顾之忧的制度，即能够化解劳动者的养老、疾病医疗、工伤和失业等风险方面的社会保险制度；第三，不同的社会群体能够通过社会福利制度或者其他的社会保障制度的安排，能够切实地分享到国家经济的发展和社会进步的成果，保证所需要的生活服务能够得到很好的满足。当然，还有一个更高的判断指标，那就是国民的福利不断增多，与经济、社会的发展同步。如果说以上目标在社会保障制度安排上都能够实现，那么我们就可以说我们的社会保障体系比较完善了。

三、构建社会治理的有效机制

社会主义和谐社会建设必须构建社会治理的有效机制，特别是逐步建立起有效的诉求表达机制、利益协调机制、矛盾调处机制以及权益保障机制。

（一）建立诉求表达机制

建立诉求表达机制，须把群众的利益诉求纳入法治化的轨道，扫除民意表达渠道上的一切障碍，逐渐建立起党和政府主导的维护群众权益机制。具体要求如下：

1. 注意引导利益主体合理合法地进行利益诉求。一是通过立法和引导，规范利益的表达，要通过一定的表达程序来达到各利益群体之间的沟通、交涉，从而化解冲突、减少矛盾；二是关注弱势群体和特殊人群的利益诉求，贯彻平等参与原则；三是加强利益表达渠道建设，包括增加表达渠道的数量、种类以及延长开放时间。

2. 扫清一切诉讼表达的障碍并拓宽诉讼渠道。政协与人大在利益表达方面的作用就在于能有效地反映人民群众的意见和要求；同时也要加强社会团体、行业协会以及社会中介组织的利益表达能力，发挥广大传媒的利益表达优势。

3. 搭建起多渠道、灵活有效的诉求平台。在公平、公正的基础上加快完善公民的诉求机制，让社会各阶层有更多的制度性的诉讼表达平台，并促使那些合法的、正当的诉求表达能及时传递给决策者。企业要尊重职工的诉求，社区要围绕居民诉求改进服务水平，满足群众的合理要求，让社区成为区民真正温馨、和谐的家园。①

4. 高速回应群众的利益诉求。对于群众提出的意见和愿望要主动听取，主动解决群众反映的突出问题，尽快办理群众提出的合理诉求。群众诉求合理的要求要解决到位，做到事事响应、件件回应。②

（二）建立利益协调机制

马克思曾指出："人们奋斗所争取的一切，都同他们的利益有关。"③ 体现出利益追求是人类一切社会活动的动因，利益关系是构成社会矛盾最直接的根源。建立利益协调机制，调整各利益群体间的利益关系，对我国经济社会的协调发展具有重要的意义。

利益协调机制有政治协调机制、法律协调机制、道德协调机制和经济协调机制。经济协调机制主要发挥市场在社会利益调节中的作用，并通过加强

① 梁忠明，李金才．推进和谐社会建设应着力完善社会机制［J］．学习论坛，2010，(8)：65.

② 田作庆等．着力完善群众诉求表达机制［J］．党政论坛，2011，(10)：35.

③ 马克思恩格斯全集（第1卷）［M］．北京：人民出版社，1956：82.

政府宏观调控来克服市场失灵。政治协调机制则是利用国家的职能、政治制度、政策制定等各类政治手段进行协调。法律协调机制，则可以超出政治的范围，通过规定人们的权利和义务来协调群体间的利益关系，维持社会秩序。道德协调机制主要是依靠社会舆论、信念、习惯、传统和教育的力量达到协调的目的。共同的道德规范构成了人类公共生活中利益协调的基本准则。①

（三）建立矛盾调处机制

1. 建立起多元化的矛盾纠纷化解机制。通过建立人民调解、行政调解、司法调解等各种调节相互协同、相互配合的调处机制，让不同性质的纠纷能够通过不同的途经得以解决。在发生交集时，能够相互协调、相互支持、相互补充。相关调解机构在相互协同时，还需进行资源整合，包括在调解原则与程序、调解协议效力的确认等方面进行统一协调，并制定规则。②

2. 积极预防和妥善处理群体性事件。群体性事件的出现大多反映的是我国在经济变革以及社会转型过程中的各种问题和矛盾，大体上是人民内部的矛盾。社会的转型不仅使人们在生活及生产方式上发生改变，而且带来了经济、社会、利益关系的变动。地方政府须把责任落到实处，妥善处理好突发的群体性事件。在群体性事件发生后，要广泛收集社会舆论信息，并对其进行分析和处理，建立健全政府以及社会的应急机制和预警体系，构建控制机制、处置机制，做好善后工作，坚决防止群体性事件的反复出现。

四、优化社会治理职能转变的环境

（一）为地方政府的经济职能减负

由于地方政府对经济职能的片面理解以及将经济目标作为政府工作的核心，对 GDP 的增长率进行盲目的追求，造成地方政府在经济领域内时常出现“越位”的现象，而在其他本应政府加强管理的领域却出现了“缺位”现象。要扭转这一现象，单一的强调政府要对自己进行准确定位、端正服务理念是

---

① 官景辉．以科学发展观统领经济社会发展全局（下）［M］．北京：新华出版社，2006：1022－1024.

② 白志刚．利益公平与社会和谐．［M］．北京：中国社会出版社，2008：63－64.

起不到实际效果的。只有在政策和法律的规范下，取消或削减政府的部分经济职能，才能对政府职能的越位进行约束和纠正。

（二）多方支持地方政府社会治理职能的转变

在加快推进地方政府社会治理职能转变的过程中，国家和中央既要加大资金、财政的投入，也要在制度安排以及政策供给上给予支持，并且重视社会治理人员的配备，为地方政府社会治理职能的转变营造良好的环境。既要为地方政府社会治理职能的转变进指导和规划，保障地方政府社会治理职能平稳、及时转变，又要尊重各地方区域特点，支持和保护具有地方特色的社会治理职能的配置。

（三）加大地方政府社会治理的问责力度

长期以来，遇到群众性事故的处理方式一般都是直接惩罚事故的负责人，而对有关群众性事故的政府官员的过失行为则往往避重就轻。尤其在重大的公共安全事故中，存在着政府官员行为过失或不当的现象，本该受到严肃的问责。然而在实际工作中，由于政府官员并不存在触犯法律或党纪政纪的行为，因此，通常情况下无法追究政府官员的法律责任，导致政府领导干部凌驾于事故责任之上，问责制成了一纸空文。为此，在问责中要规范政府领导的责任制并划清职责范围，从而在发生群众性事故时，能够对政府领导进行相应问责或处罚。

五、严格落实地方政府社会治理绩效考核制度

（一）重视以服务为导向的干部政绩考核

1. 增加社会治理工作在干部政绩考核中的比重。现行的干部政绩考核制度已经很难适应不断强化的社会治理职能的需要。由于一些地方政府只重视经济增长率而忽视公共服务的提供，因此地方政府应尽快将提供社会服务、社会资源投入的数量与质量作为社会治理的标准纳入干部政绩考核体系当中，并根据各地的实际情况逐步增加考核比重。

2. 将群众对社会工作和对社会治理成果的满意度作为干部政绩考核的重要标准。在政府领导干部履行社会治理职能过程中，为了预防和阻止地方政府在进行社会治理时滥用公共财政搞形式主义、形象工程、政绩工程等情况

的出现，应当采取将公众对政府行为的满意度纳入干部政绩的考核体系当中，以广大人民群众的评价来决定干部的政绩。

（二）提高社会治理绩效考核的科学化水平

要保证绩效考核的科学性与客观性，既要注重结果，又要重视在取得政绩时包括物力、财力等方面的付出，由此才能评判出真正意义上的好的政绩；在评判的过程中，不单要对地方政府领导在经济方面的政绩进行考核，还要重视对地方政府领导社会治理等方面的政绩进行考核；考核指标要尽可能的细化、量化，要提高考评数据的真实性和合理性，使考评数据有迹可循；由于领导班子成员有主次之分，领导干部间有级别之分，因此要坚持考评的分层原则和考评主体多元化原则；要提高绩效考评的群众参与度，打破考评体系的封闭性，使考评过程能在群众的监督下更加合理地进行。

（三）注重考核制度与奖惩制度相结合

奖惩制度是考核制度的延伸，地方政府领导要严格执行奖惩制度。一套完整科学的考核体系，就应该有配套的奖惩机制。有考核而无赏罚，考核往往是无效的。科学合理的干部绩效考核制度若缺少了明确的奖惩办法的配套，那么考核也就失去了原有的意义。因此考核结束后，对于表现优秀、政绩突出的干部，应该受到应有的嘉奖，或给予荣誉，或给予升职提薪，使其在群众和社会中的价值得到肯定，激发其继续创新社会治理工作的热情。而对于那些不听取人民群众呼声、忽视人民利益、亵渎党员名誉的政府官员就要进行严肃处罚，或者降职降薪；对于那些失职、渎职或是违法乱纪的领导干部，要给予党纪、政纪处分甚至追究其法律责任。

第四章

地方公安机关社会治理创新研究

——以G省G市为例

第一节 G省G市公安机关社会治理实践现状

一、转变警务工作理念，推进社会治理工作

（一）加强警务信息化建设，不断提高自身治理水平

G省G市公安机关在社会治理创新中对警务信息投入了较多的关注，将信息警务作为发展目标，对各类资源进行整合和优化，构建了完善的信息平台，使资源实现了共享，提高了资源的使用效率。

（二）加强打、防、管、控结合，不断提高警务工作效率

G省G市公安机关在社会治理创新中将主动警务作为一个发展要求，同时将打击、预防、管理、控制等环节联系在一起，积极开展预防工作，并集中力量对重要犯罪问题进行打击和治理，及时找出防控中的缺陷和漏洞，采取措施改正和完善内部管理行为。

（三）促进警务工作由静态向动态转变，不断提高控制和预防水平

G省G市公安机关在社会治理创新中努力向动态警务发展，同时对基层工作投入了较多的关注，使警务资源得到了最大化的应用，并将各环节的工作结合起来，使管理、控制做到了全天候、全方位，从整体上构建了预防控

制和治理体系。

二、依托警务信息平台，构建动态治安安全网络

（一）建立多道防线，布控合理科学，响应机制完善

近年来，G 省 G 市公安机关采取一系列措施推动治安布控体系的建立，该体系已经覆盖了该市的所有交通出入口，能够对车辆进行严密的监控和排查，可在第一时间追究嫌疑车辆。使用该系统构建的安全防线能够有效打击犯罪，维护城市的安定团结，为全市人民创造良好和谐的居住环境。自该系统投入使用以来，产生了良好的社会效果。其在查扣嫌疑机动车、抓获违法犯罪嫌疑人等方面发挥了巨大的作用。

（二）构建科学完善、点面结合的治安管理网络

一是实现了社区治安网络信息化。将社区的出口和入口都列入网络之中，采用先进的管理方法，加强社区的治安防范，实现围院式管理，使整个社区不存在任何漏洞，切实维护社区人员的财产、生命安全。二是构建了科学的路面巡逻控制网。按照街面治安情况，为相关警力划分巡逻区，使全市道路都有相关人员负责，每天出警巡逻车超过一千台，这些车辆在各交通要道巡逻检查，能够及时了解各区域的治安情况和警员分布情况，当警情出现时，能够在第一时间出警。三是构建科学的防控网。将企事业单位作为重点，采取措施做好物防、技防、人防工作，建立健全责任制，加强社区和街面的联系。四是建立标准化的电子监控网。近年来，G 省 G 市安装了 30 多万个监视器，这些监视器能够对全市的每一个重点目标、交通要道和特殊区域进行监控。电子巡逻系统的建立和实施，使公安机关在治理路面时获得了有效帮助，加强了各类防控力量的合作，使治安管理水平得到了显著提高。

（三）治安管理体系实现了信息化

近年来，G 省 G 市公安机关在开展治安管理工作时积极引进先进的信息技术，对一些重点场所和区域实施全面的监管，提高了预警能力，并建立了问责机制，对黄、赌、毒进行严厉的打击和惩处。此外，该市公安局针对流动人口制定了一些制度，不仅为他们提供各类公共服务，还解决了他们遇到的诸多问题，并将出租屋作为重点，对出租屋和流动人口进行分类管理，对

犯罪分子的活动范围和藏匿空间进行挤压，有效遏制了当地的违法犯罪活动，让全市人民拥有了和谐、安定的生存空间。

（四）建立了新的外国人管理工作格局

按照G省G市外国人口的特点，建立了新的外国人管理格局。一是在该格局中，市领导负责指挥工作，公安机关积极履行职责，多个职能部门加强了合作与交流，构建了梯级管理模式，使社区、街道、区域、市联系在一起。二是建立了执法队，在外国人较多的场所、街道等建立了外国人服务工作站。三是采用志愿者和专职的方式，努力推动和谐家园的建立。并针对外国人设计了“证件通”，使外管服务水平得到了提高。四是涉外执法队和三级公安机关紧密联系在一起，对外国人进行全面的管理，同时让他们获得了良好的公共管理服务。

三、建立新型警务协作联动模式，形成整体防控格局

（一）建立区域协作联动机制，构筑城市外围治安防线

近年来，跨区流动的犯罪现象不断增多，G省公安厅为了打击这些犯罪现象，制定了专门的管理制度，G省G市公安局和周边区域的城市建立了协作机制，各区域的信息实现了共享，不同区域的警力加强了联系与交流。此外，G市和近邻地加强了警务交流与合作，相互及时传递和交流信息，共同开展打击犯罪活动，不仅提高了警务效能，而且使各区域的治安管理工作得到了显著改善。

（二）加强社会各界协作联动，建立专业的群防队伍

G省G市公安局按照相关部门的要求和指导，积极开展治理工作，通过一些专项活动，对重点行业、场所和区域进行严格治理。在治理过程中，加强社会各界协作，对群防力量进行整合，加强治安联防、保安、辅警的联系与配合，政府为其投入财政支持，公安部门进行管理，使资源分配到各地，一线民警在开展治安管理工作时发挥了重要的作用，其队伍战斗力不断提高。

（三）实施警种联动，有效遏制违法犯罪

在开展防控工作时，G省G市公安局以夜间勤务机制作为基础，对其进

行改进和完善，对一些警种进行优化协调，包括效能、社区、治安、便衣等，确保各警种在处理突发事件时可获得其他警种的帮助，加强彼此之间的合作与交流，对各类犯罪活动进行严厉的打击。为了提高反恐应急能力，对警务模块进行优化组合，按照指令要求及时集结特警，能够在最短的时间内处理各类大型群体事件。

四、倡导科技警务，以网络信息化建设促进社会治理

（一）建立健全网上警务室

过去，社区民警在开展工作时，每天都需要在街道巡逻检查。近几年，G省G市人口数量不断增多，社区民警采用传统的治理方式已经无法提高治安管理水平，旧的治理方式难以适应新时代的发展需求。为了解决这些问题，G省G市公安机关建立了“网上警务室”，警务室的建立加强了警民的联系与合作。一方面，通过网上警务室，公民可以了解社区治安情况、各类犯罪事件和作案方法，可以随时向警务室反映各类案情，提出意见或建议。另一方面，利用网络警务室，警员们列出了一些防护技能和知识，有利于提高公民的安全意识。再一方面，网络警务室还能让社区居民及时享受各类便民服务，例如办理出入境手续、入户手续等，使公安部门的服务效率得到了提高。

（二）建立了G市公安微博，采用了多种工作方式

G省G市公安机关在建立网络警务室之后相继开通了“G市公安”微博。微博的开通为警员和公众提供了新的沟通渠道，网民对G市公安微博投入了较多的关注。此外，G市公安机关还采用一些新的工作方式，解决各类社会治安问题。主要采用先进的警务技术，将决策、预警、分析、联动等结合在一起，使网络平台发挥多种功能。信息手段的利用，推动了管理工作，加强了警民合作，提高了治安管理效率。

（三）利用信息系统，为全市居民提供便利的服务

G省G市公安机关在加强信息化建设时，不断采取新措施、新方法，结合本市居民的实际情况构建了新的服务机制，让社区居民享受到了各类服务。一是对网上审批、申报、查询等业务流程进行改进，利用各类平台减少

服务项目审批时间，如短信、电话、网络等，近年来还增加了许多新的项目，G市居民在家中利用网络就可办理多项公安行政业务。二是对G市金盾网进行升级和优化，使服务水平得到了提高，使多种业务实现了一网通。户政部门为群众提供了“一网办”服务，其他各类服务设施也不断增多，包括“前台通”“办证易”等，这些服务设施的涌现，使G市居民获得了便捷的服务，同时也减轻了公安人员的工作压力。

第二节 G省G市公安机关社会治理实践中存在的问题

一、对协同警务重要性认识不足

近几年，G省G市公安机关按照现代警务要求，加快信息化建设，提高警务效能，为公众提供了良好的公共服务，但G市公安机关在吸引社会组织和公众力量参与社会治理工作方面，部分领导者缺乏足够的勇气和魄力，缺乏对协同警务重要性的认同。在基层以及民警队伍中，许多人未能及时转变思想，只会按照上级规定开展各项工作，缺少创新精神；部分领导对一些问题缺少深入具体的了解和认识，采用的管理方法缺少科学性、合理性，管理未能实现精细化。

二、社会组织和公众参与度不高

G省G市公安机关在近几年的社会治理工作中，加强各部门的联系与配合，构建了防控新格局，提高了管理水平。但在吸纳社会力量参与公安机关社会治理工作中，G市公安机关主要在社会防控方面向社会借力，而在其他方面还没有充分吸纳社会组织和公众的参与，主要还是依靠公安机关自身力量。

三、社会治理缺乏及时有效的协作和保障机制

从外部环境上看，G省G市公安机关在与社会力量协同治理方面还没建

立起完善的协作机制和沟通制度，还没建立起社会各界共同参与的管理制度，尚未形成良好的治理格局。从内部情况来看，G市公安机关在建立组织框架、配备警务资源、开展治理工作时尚未做好各方的协调工作，导致多头管理现象频频发生。同时，在推动公安机关社会治理社会化的道路上，缺乏有效的保障机制。其他社会主体参加公安机关社会治理工作遇到的困难主要是经费不足；同时其他社会主体参加公安机关社会治理工作遇到的障碍还包括设备、人员配置、技术信息等方面，这充分反映了其他社会主体参加公安机关社会治理工作的主要障碍是软硬件设施不完善。

四、社会治理缺乏多元化的参与方式

如前所述，近几年，在拓展社会组织、社会公众参与公安机关开展社会治理方面，G省G市公安局积极利用现代科学技术，充分挖掘网络信息化建设的积极作用，建立了网上警务室、G市公安微博等，促进了单位和个人积极参与到公安工作中来，并取得了较好效果，但其存在的弱点是过分依赖网络功能，结果导致公众的参与方式过于单一。

第三节　G省G市公安机关社会治理中存在问题的原因

一、社会治理观念和思维模式相对固化

随着公安工作的全面改革，各级公安机关在对社会治理发展趋势要有新的认识。然而，G省G市公安机关部分单位和人员尚未准确把握经济建设和社会治理领域出现的新情况、新问题，仍然以过去的“管控”观念和思维模式来对待时下的社会治理，习惯用旧的思路和办法解决新形势下出现的新问题，而不善于紧跟时代发展的步伐，综合运用政策手段、法律手段、经济手段、民主协商手段等来处理各类问题。思维较僵化，缺少灵活的处事手段，遇到新问题无从下手。不善于充分利用社会各方力量来解决复杂问题，不会

借鉴和吸收国内外先进经验，观念陈旧，措施落后，应对能力不强，极大地制约了公安机关社会治理创新的步伐。

二、受传统单向压力型公安行政模式的影响

由于受传统单向压力型行政模式的影响，地方政府开展工作经常采用从上级到下级层层实施政令的方法对公安机关进行控制。在这种行政模式下，虽然公安机关在解决社会问题方面发挥了重要作用，但同时也对公安机关的一些具体事务进行了干预。一些本不属于公安机关的事务，上级政府也进行干预，导致公安机关大包大揽现象严重。在民警的工作任务中，超过50%的工作是非警务活动，民警的工作压力较大。由于公安机关的事务过杂，无法有效提升治理水平，同时影响了社会自治能力和创造力的发挥。此外，一些地方没有明确定位公安机关的职能，公安机关在开展工作时受到的限制较多，许多中介组织和其他政府部门的工作都交由公安机关负责，例如计划生育、禁犬、征地等，这使公安机关出现了错位管理问题，致使公安机关不仅无法做好自己的分内工作，还对其他部门的工作进行了干预和限制，不利于建立良好的警民关系，给公安机关的良好形象带来了损害，这在一定程度上制约了G市公安机关的社会治理创新水平。

三、社会治理的制度规范及机制建设相对滞后

G省G市公安机关社会治理存在问题与制度规范及机制建设相对滞后息息相关。表现在社会治理过程中尚未健全基层警务工作制度规范、情报信息工作制度规范、治安防控工作制度规范、警务检查监督工作制度规范、应急管理工作制度规范、绩效考核评估工作制度规范、绩效奖惩与后勤保障工作制度规范，等等；尚未健全长效的源头治理机制、动态协调机制、相互联系、相互支持的协作机制。

四、参与社会治理的社会力量的能力薄弱

在G省G市社会中，虽然经济发展速度不断加快，城镇化建设取得了显著的成效，人民的生活质量有了明显的改善，但人们的公共参与、权利维护等水平较低。G市虽然有大量的社会组织存在，但其力量是比较分散，还未

强大到可以代替公安机关分担一部分社会治理职能的程度。虽然G市市民参与公安机关社会治理的愿望是强烈的，但其能力和水平尚未发展到足以承担起相应责任的程度。可以说，公众参与公安机关社会治理的素养还需不断培育和提升。

五、完善的社会治理体系及格局尚未形成

G省G市公安机关在开展社会治理工作时必须结合实际对各类社会治理主体进行统一协调，加强彼此之间的合作与交流，按照公众的需求建立良好的治理体系，促使社会各界共同发挥作用，形成多元化、多层次的社会治理格局。然而，G市完善的社会治理体系还未形成，社会治理合力尚未真正发挥。城乡自治组织无法解决各类矛盾，难以协调好各方利益，无法解决一些困难和问题，政府在开展工作时无法从自治组织中获得有效帮助，社区自我管理和行政管理未结合在一起，未形成良好的自治格局。G市有关政府部门没有对社会组织投入足够的关注，各项制度未得到落实和贯彻。

第四节　推动G省G市公安机关社会治理创新的对策

一、树立社会治理的科学理念

（一）树立“有限公安、无限社会”的治理理念

在新的历史条件下，G省G市公安机关必须主动适应社会变革需要，按照经济发展要求和人民的需求，转变社会治理理念，将服务型管理作为发展目标；必须突破传统行政模式的限制和束缚，在社会治理机制上进行创新和发展；必须改变过去“大包大揽”的工作方式，树立“有限公安、无限社会”的治理理念，提高社会治理能力。

（二）树立“多元社会、专业公安”的治理理念

随着社会的不断发展，社会事务不断增多，公安机关的职能也随之发生

了变化，职能有所增加。在新的历史条件下，公安机关要树立“多元社会、专业公安”的治理理念，在开展社会治理工作时，必须明确自身的职能，只在自己管理范围内行使权力，不对管理范围以外的事务进行干预，这样才能推动自身实现公安机关工作的专业化。公安机关要让各部门了解自身职责的基础上，与其他社会组织加强交流与合作，能简化管理程序的就尽最大可能简化下来，使公安管理部门尽可能只做专业性工作。

（三）树立“公安主导、社会组织协同配合”的治理理念

在今后的较长时期内，G省G市公安机关必须完善自身的职责，明确各部门之间的关系，在开展社会治理工作时，必须树立“公安主导、社会组织协同配合”的治理理念，坚持公安主导地位，优化和整合社会资源，健全社会组织，引导自治组织发挥作用，为自治组织的发展提供帮助，推动自主、自律性社会的发展。加强与社会各界的交流与联系，形成良好的协同治理局面，

二、建立社会力量参与社会治理机制

（一）转变思路，强调社会治理主体的多元性

随着我国城市化步伐的加快，公安机关必须转变社会治理思路和自身职能，加强与社会各界的交流与合作。G省G市公安机关近几年开展了许多活动，加强了流动人口的管理，特别是“清网行动”的实施，极大地改善了当地的社会治安情况。这些社会治理工作如果没有群众的广泛参与和支持是不可能顺利完成的。正是因为有了G市公安机关与当地居民的合作与交流，最后才取得了显著的成效。

（二）准确定位，倡导治理主体间的平等关系

由于受传统行政治理模式的影响，公安机关在开展社会治理工作时往往采用集权式管理和政治统治的方式进行，影响了公安机关社会治理工作的效果。为此，在社会治理工作中，公安机关必须准确定位自己，坚持民主、平等原则，做到包容、谦虚，主动加强与其他社会治理主体之间的沟通，加强与各部门之间的交流，发挥各类社会治理主体的作用，形成社会治理的强大合力，从整体上提升社会治理水平，促进社会组织的健康发展。

（三）强化宣传，夯实社会治理的群众基础

公众既是社会治理和服务的对象，也是参与社会治理的主体之一。G市

公安机关要想推动社会治理创新，促进社会治理能力现代化，就必须提高公众参与社会治理的能力。这就需要加大宣传力度，将公安机关社会治理的相关政策和实时信息公之于众。这样既能满足公众的知情权，推动政务信息公开，又能使公安机关得到民众的支持，更好地吸引社会公众主动参与到公安机关社会治理工作中来，从而获得扎实的群众基础和民意支持。

三、构建网络化的社会治理协作机制

（一）构建网络化的信息沟通机制

从宏观角度来讲，G 省 G 市公安机关建立网络化信息警务体系，构建网络化的信息沟通机制，有助于及时收集各类社会治理情报，便于做出科学决策，进而提高管理水平。通过构建网络信息平台，有助于加强各方之间的协作与交流，促进警务工作向着规范化、标准化发展。从微观角度来讲，构建网络化的信息沟通机制，促进了不同警种、不同警务机构彼此之间的合作，有助于扩大警务范围，及时解决各类社会矛盾和冲突。

（二）构建网络化的社会动员与资源整合机制

在公安机关社会治理过程中，加强与社会各界的联系，动员一切可以动员的力量。对各类社会资源进行整合，通过宣传、推广、激励的方式，增强社会公众参与社会治理的责任感。加强与社会各界的合作与交流，协调各方利益关系和矛盾，以赢得公众的信赖和支持。以社区为例，一是以社区警务为基础，构建社区警务体系，制定协作交流制度，促进社区管理委员会、志愿者组织、辅助警察、管理组织之间的合作，共同分析社区各阶段治安情况，制定处置方案；二是完善应急指挥联动协同机制，公安机关必须明确社区治理不同参与主体的协同责任，加强与社区保安组织、志愿者等组织的合作，提高协同处理案件的效率。

（三）构建网络化的社会治理监督机制

G 省 G 市公安机关在开展社会治理工作时，一要通过信息网络加强与不同社会主体的沟通，为各类社会主体提供引导和服务；二要通过信息网络监督各类社会主体开展工作，确保工作方法和手段正确，以便正确地履行社会责任；三要建立完善的问责机制，强调社会治理过程中社会公众和社会组织对公安机关的监督作用，形成一个既相互配合而又相互制约的社会治理工作监督机制。

四、搭建社会治理的多元参与平台

（一）挖掘和拓展社会治理中社会参与的项目

近几年，公众参与G省G市公安机关社会治理的领域主要集中在维护公共秩序方面，而在特种行业管理、消防监督、户籍管理等项目中的参与比例相对较少。在有机会参与公安机关社会治理工作的前提下，广大公众对公安机关社会治理的内容都感兴趣，这就要求G市公安机关认真研究在社会治理中可以吸纳社会公众和组织参与的项目。特别在公安机关社会治理决策、实施、监督等方面要向社会广开门路，积极听取社会的声音。在特种行业管理、消防监督以及户籍管理等方面也要考虑吸纳其他社会主体参与治理。

（二）提供多元的社会力量参与治理的渠道

近几年，G省G市社会公众和社会组织参与社会治理的渠道主要是通过志愿组织、上级任命、公开聘任和部门委托等方式实现的，显得相对比较集中，这不利于社会力量的挖掘和发挥。今后G市公安机关还需要在拓展参与渠道方面很下功夫，如建立社会监督员、听证会等都可以作为参与社会治理的方式，同时还要发挥社会公众通过网络参与社会治理的作用。

（三）提供公众参与社会治理的信息平台

在G省G市公安机关进行社会治理的过程中，通过通信设备获取工作信息和参与渠道的公众居多，其余的大都通过组织网站、书面文件、会议传达才得到参与信息，年纪偏大的公众在获取参与信息方面则显得比较困难。这说明能否快速准确地让社会公众获得相关参与信息直接影响着公众参与的效果。为此，G市警方必须为公众搭建获取参与社会治理的信息平台，可以通过指定的网站发布参与信息，或者通过委托街道社区定期发布参与信息。

五、建立健全有关社会治理的规章制度

（一）修订法律，促使公安机关社会治理行为规范化

社会治理工作涉及方方面面，具有一定的复杂性，与许多法律制度都有

密切联系。当前，有些法律制度已经无法满足社会治理工作的需要。为此，立法部门应通过修订法律将G市公安机关的社会治理要求、内容、权限等纳入相关的法律体系当中，让公安机关在开展社会治理工作时从中获得明确的指导，公正地维护公众的合法权益。

（二）建立制度，规范社会力量参与社会治理的行为

公安机关在引导公众参与社会治理活动时，可以通过建立制度确保公众参与行为的规范化，以便更好地维护社会秩序。在G省G市公安机关社会治理走向协同治理模式过程中，必须把个人自律、公众互律结合起来，使公民和社会组织的行为符合法律制度的规范和要求。

六、完善社会力量参与社会治理的运行保障体系

（一）加大经费投入并扩大经费来源

G省G市公安局要把社会治理社会化的经费投入当作提升社会治理水平的一项重要工作来抓，在年度预算中列入该项经费，拨出专项资金用于此项工作，使社会治理社会化工作有基本的资金保障。同时G市公安局要积极开辟多种渠道如建立社区共建基金等，以引导社会力量投入到社会治理创新工作中来。

（二）完善各类软、硬件设施的建设

在推进社会协同治理工作中，公安机关要为各类社会组织和社会公众提供必要的软硬件设施，公安部门要注重这方面的投入和建设，要以社区为基本单位，在原有社区警务的基础上，为社区参与公安机关社会治理提供更加完善的办公设施和办事设备，最大限度地激发社会公众的参与热情。

（三）提高社会治理业务培训的质量

适度、科学、专业的培训，是确保社会组织和公众有序高效参与公安机关社会治理工作的前提条件。为此，G省G市公安局必须注重社会治理业务培训及其培训质量的提升，根据不同群体开展有针对性的培训，并设置相应的监督检查制度，以确保业务培训取得实效。

第五章

基层政府社会治安综合治理研究

——以B市X区为例

第一节　B市X区政府社会治安综合治理现状

一、B市X区概况

X区，是B市的一个行政区，下辖14个镇和5个街道办事处，总面积1000多平方千米，居民总计80多万人，流动人口达到70万人左右。X区经济发展速度快，给当地的居民带来了不少“经济红利”。当地居民生活水平得到进一步提高，精神生活也得到极大丰富。经济发展自始至终都是一把“双刃剑”，经济发展迅速带来的流动人口增多，也给当地社会治理带来巨大压力与挑战，直接影响了基层社会的稳定性。

二、B市X区政府社会治安综合治理现状

（一）B市X区政府社会治安综合治理实践

1. 建立党委领导政府负责制

上到区委，下到乡镇，建立统一的党委领导政府负责制。在发挥党委领导、政府负责的作用的同时，还要达到社会协同、公众参与的大综治状态。一方面，党委通过对自己的严格要求，起到模范带头作用，然后逐级效仿；

另一方面，党委领导政府负责制对开展工作、协调相关综治事项具有促进作用。

2. 设立“多站一中心”工作台

为将矛盾抑制或消除在萌芽期，在区级单位设立“矛盾调处中心”，隶属于区政府管辖，并在各镇设立“矛盾调处站”，及时调处公民之间以及公民与行政部门之间的矛盾或冲突；对于相关民众被侵权的行为，“矛盾调处中心”帮助相关民众进行法律知识讲解，鼓励民众通过合法途径维护合法权益。同时，在具有规模化的工厂成立独立综治办，做到小事不出厂，大事镇级解决。

3. 动员人民群众积极参与

X 区一直秉承发动群众、共同治理的理念，X 区先后建立了“联防队”和镇消防队伍，多数职员均是各村、各地方志愿者。以 X 区 B 村为例，此村已成立“联防队”，是本村村民自发组建组织，镇政府拨款给予一定的经济补贴。由于村民对本地的地理、文化、习俗较熟悉，在工作过程中减少了不少阻力，在本村产生了积极效应。

4. 定期开展集中整治活动

集中整治始于我国80年代，有其自身的局限性，治标不治本，但若配合其他相关措施，效果事半功倍。B 市 X 区每年年底以及“十一”等重大节日，定期进行几轮专项整治活动，犯罪率明显下降，对有犯罪倾向的人员具有震慑作用。

5. 开展“干警包村”活动

每个村级单位设立警务办公室，使各个派出所警力下沉，一方面提升了出警速度和出警效率，另一方面密切了警民关系。警民关系是连接警察组织和社会的重要桥梁，通过加强警民关系，使广大民众更加理解和支持公安工作，从而提高了公安机关的工作效率，有效维护了社会的稳定。

6. 24 小时全区巡逻防控

X 区采取了技术防控与人员巡逻防控相结合的方式对全区进行治安问题防范。区镇两级在各辖区单位安装高清摄像头进行监控，并责令专人负责。监控过程中一旦发现问题，及时上报属地派出所及区分局并联系巡逻队，有效提升了综合治理与处理突发事件的能力，增强了综合治理的水平。

7. 建立流动人口信息管理系统

建立流动人口信息管理系统，对本区流动人口进行详细登记。在乡镇级政府设立“流动人口办公室”，在村级组织中设置“流动人口管理中心”，对本辖区流动人口进行摸底盘查，了解掌握相关信息，录入流动人口信息系统。此系统在了解流动人口动向及防控方面发挥了重要作用。

8. 建立宣传教育防范工作站

社会治安综合治理归根到底是对人的管理。只有切实提高民众的法治意识，才能从根本上解决问题。X 区在一些人员集聚区设立了宣传教育防范工作站，由司法所工作人员及聘请的专业人员以讲座形式定期开展宣传教育，并编发通俗易懂的宣传资料，向广大民众普及法律知识，增强基层民众的安全意识，使广大民众在遇到问题时，知道如何通过合法途径进行维权。

（二）B 市 X 区政府社会治安综合治理经验

1. 群众参与是社会治安综合治理的基础

群众参与社会治安综合治理，是对治理工作的支持，也使综合治理工作有了群众基础。参与的形式是多种多样的。譬如，自愿发起的村联防队开展巡逻活动、各种专职或兼职的其他预防组织对青少年进行宣传教育等，都会有效地参与到综合治理之中，为工作的顺利开展提供了不竭的动力。

2. 领导责任制是社会治安综合治理的保证

各级党政领导的考核指标、晋升、奖罚、晋级同社会治安综合治理工作挂钩。在实际的工作中，X 区在实施领导责任制以来，有效地促进了综合治理工作的顺利开展，尤其在统一部署相关工作，协调各种矛盾中发挥了重要作用，X 区将继续贯彻落实这一制度，并将进一步优化该项制度。

3. 集中整治是社会治安综合治理的保障

集中整治活动是综合治理的重要形式。以集中整治震慑犯罪分子，以集中整治促进社会的公平正义，使广大人民群众对社会治安有信心，从而增强群众参与综合治理的积极性。集中整治不是目的而是手段，社会治理目的的实现必须依靠有效手段进行。

4. 创新载体是社会治安综合治理的新途径

充分利用新技术是时代的发展趋势，也是创新载体的必然要求。“技防”在综合治理过程中发挥着重要的作用，新形势下各级综治单位强化互联网思维、善用互联网技术，一方面有效节约了人力、物力和财力，另一方面也提高了工作效率。

5. 综合执法是社会治安综合治理的优势

一是工作任务的综合，包括“打击、防范、教育、管理、建设和改造”六个方面，将工作综合化、系统化，能使社会治安工作更加完备；二是执法手段的综合，包括政治、经济、行政、法律、文化、教育等各种手段；三是执法力量的综合，由党委领导、政府主导的各部门共同协作，各有关方面积极协调，同时调动广大群众参与其中。① 综合执法具有效率高、力量大的特点，能集中力量办大事。

第二节　B市X区政府社会治安综合治理中存在的问题

一、基层政府服务理念不到位

（一）基层政府服务理念有误区

基层社会矛盾较以往有了明显的下降，但问题还是存在的。主要是部分基层干部服务理念出现了偏差。部分领导干部倾向于地区经济发展，热衷于搞城市建设，而对广大群众的意愿考虑较少，基层政府服务理念存在误区。

（二）基层政府服务意识不够强

随着基层经济社会的发展，部分干部难以经受金钱的诱惑。“小官巨贪”近年来成为家喻户晓的代名词，刨其本源是部分领导在职业道德、生活作风与工作作风上出现了问题，享乐主义抬头，“全心全意为人民服务”及“做人民公仆”意识淡薄。部分民众对基层干部不信任、有抵触情绪，不利于治理工作的开展。

---

① 肖金明．社会治安综合治理法治研究［M］．济南：山东大学出版社，2015.

二、社会治安综合治理体制机制不健全

（一）部门之间未能建立协调长效机制

在社会治安综合治理中，相关部门建立统一的协调长效机制具有重要的作用，但在部分领导干部中存在认识不到位，思想上重视不够。各综治机关虽然重视案件侦破率和降低治安事件数量，但轻视相互配合、相互协调的体系建设，导致“打，打不完”“防，防不尽”的被动局面。

（二）人防、物防、技防未能有效衔接

X区目前综合治理体制机制建设不容乐观，主要表现在两个方面：一是由于基层综治部门工作繁忙、任务重，有的防控部门工作积极性不高，人防、技防和物防未能做到有机结合，防控网络覆盖率低，未能达到“天网恢恢，疏而不漏”的状态，容易滋生违法犯罪活动；二是综合治理体制机制的建设离不开基础设施建设，但硬件设备滞后，物防、技防能力较差，已不能适应新形势下的防控工作。

三、社会治安防控体系不完善

（一）各部门未形成防控合力

建设社会治安综合治理防控体系是一项系统工程，党委、政府应结合实际情况进行统筹考虑，实现整体防控。在社会治安防控体系中，公安机关是关键的职能部门，同时需要社会等各方力量的支持和配合。在具体实践中，各相关单位配合的积极性不高，社会力量协同不足，形成公安机关一家独自应对防控工作的被动局面。

（二）社会治安巡防水平较低

社会治安巡防水平的高低，直接影响到防控工作的效果。社会治安巡防水平较低，主要有两方面的原因：一方面是未充分发挥巡防指挥平台的作用，尤其是对防控警情指导不到位，指挥调度反应不及时；另一方面是防控队伍建设滞后，财力跟不上，防控工作的规章制度缺乏创新，不具有可操作性。

（三）社会治理公众参与度不高

X 区虽然在公众参与治理方面取得了一些成绩，但工作力度还不够。由于基层政府有的职能部门存在行政不作为、乱作为等现象，伤害了人民群众的感情、失去了人民群众的信任，从而导致干群关系紧张，一些民众不愿参与到社会治理中来。

四、复杂性的社会治理问题多发

（一）治安刑事案件多发、侦破率低

随着 X 区新农村建设不断推进，当地社会得到了极大发展，但一些治安案件频发。一是侵犯合法权益的案件频发。由于基层民众法律意识淡薄，文化水平不高，当合法权益被侵害时，不知所措，无法做到合情合理合法维权，容易导致冲突扩大化，小矛盾演变成严重的刑事案件。二是普通治安案件突出，尤其是打架斗殴、赌博、色情服务等治安案件严重损害社会风气。由于 X 区基层警力不足，无法全面顾及，最终影响侦破率，对犯罪分子未形成强有力的威慑，基层民众安全指数较低。

（二）群体性事件凸显、影响基层稳定

在我国社会转型的背景下，原有的利益格局被打破，并将触碰部分人的利益。在农村，征地、拆迁、土地承包往往会触及农民的切身利益。在处理过程中，由于部分基层干部知识储备不足、工作水平较低、与群众的关系比较紧张，加之基层社会矛盾调控机制不完善，弱势群体的利益未能完全落到实处，也会间接地导致各类群体性事件的发生。① 此外，在价值观多元化的社会背景下，基层民众思想活跃，加之文化水平低，个别人法治意识淡薄，对事情认知能力较差，行事容易冲动，以致一些利益矛盾演变成集体上访、静坐等群体性事件。

（三）基层社会交通事故、火灾事件频发

随着基层社会车辆的增多，不仅加大了交通道路的压力，而且交通道路

---

① 刘振华．我国农村地区突出的社会治安问题及其防治对策［J］．行政与法，2006，(11)：55.

违章行为也随之增加，如超载超员、疲劳驾驶、酒后驾驶等。另外，基层社会对火灾的认识和重视度不够，防范意识淡薄，防控火灾的基础性设施建设滞后，一旦发生火灾，得不到及时救助，对人生命和财产安全构成了严重威胁。X 区虽然定期对辖区内民众进行宣传教育，并配备了镇消防队，但仍然存在防控效果不佳的问题。

五、部分民众民生问题未妥善解决

（一）征地拆迁引发的赔偿补偿问题凸显

近年来，随着 B 市城市扩建和改造不断向外延伸以及房地产企业在 X 区投资，地处 B 市五环方位的 X 区的建设项目越来越多，不可避免地产生了征地与房屋拆迁的问题。在征地与房屋拆迁赔偿和补偿过程中，有的政府和企业未按相关规定办理手续，只是在征得被征地农户同意后与村集体经济组织私下订立土地征用协议，导致基层政府与民众之间以及开发商与民众之间矛盾突出。据不完全统计，X 区 2015 年因强拆强征引发的冲突事件多达十几起。因此，征地拆迁引发的民生问题是当前 X 区综合治理面临的突出问题。

（二）流动人口子女教育问题突出

X 区流动人口的大量流入，过多地占用了当地的公共产品和服务，对当地财政预算和公共资源的承载力提出了挑战。X 区目前的公共产品和服务的供应能力，未能满足所有外来人员的需求。尤其是流动人口子女受教育问题已经成为我国转型期社会公平的一个标记。① 当前流动人口的教育现状不容乐观，问题主要表现在流动人口子女的受教育机会、学业成绩、心理状况以及民工子弟学校的师资和教育教学设施等方面。② 将流动人口子女义务教育纳入九年义务教育的工作范畴是当地政府应尽的责任，但现实中流动人口子女享受的教育资源还未达到当地居民子女的水平。

（三）流动人口异地医疗问题突出

虽然大部分流动人口都参加户籍所在地的新农合，但新农合尚未全国联

① 陈信勇，蓝邓骏．流动人口子女平等受教育权的应然与实然［J］．浙江大学学报（人文社会科学版）．2007（6）：120.

② 蒋国河，闫广芬．流动人口子女教育问题：现状与反思［J］．河北师范大学学报（教育科学版）．2006（2）：76.

网，不支持异地看病的、拿药的报销，流动人口异地看病贵的问题突出。新农合规定的相关优惠政策无法惠及在外务工人员，流动人口更不能享受与当地居民相同的医疗卫生权利。

第三节 B市X区政府社会治安综合治理存在问题的原因

一、政府未能实现职能的彻底转变

（一）公共产品供给职能体现不充分

公共产品的供给，决定这个地方的公共服务水平。而公共产品的供给情况取决于这个地区的经济发展水平。农村经济虽然得到了较快发展，但农村生产力水平相对落后的状况依然没有改变，农业物质技术装备水平还比较低。[①] 基础设施建设相对于城市比较滞后。一是道路质量差，交通安全设施存在隐患。道路质量不达标，路基、路况差；警示性交通标志欠缺、未安装防护杆、隔离带等等。二是乡村公路维护不足，缺乏对乡村公路的科学规划。乡村公路在修建时，没有做到科学施工，缺乏科学评估。三是消防安全工作薄弱，配套设施滞后，消防设备落后，一些消防设备年久失修，部分地方或单位灭火器超出使用期限，消防网络覆盖率低，消防通道不畅通。

（二）“无限政府”状态较为突出

“无限政府”就是政府的管辖范围太宽泛，缺乏界限意识，存在越位、越权等问题。政府该管的没管好，本应交给社会、市场处理的又干预得太多。究其原因，一是有些干部搞“个人专断”，不善于听取广大民众的建议，致使基层政府与基层群众关系不融洽；二是有些干部思维僵化，工作方式陈旧，适应不了新形势下的工作需要。这些问题的存在都不利于政府职能的转

① 王芳．当代中国农村社会治安问题研究［D］．长春：吉林大学，2012.

变，不利于社会治安综合治理职能的转变。

二、基层政权组织功能发挥较弱

（一）受运动式治理模式的影响

目前，X区尚未形成系统性的社会治安综合治理长效机制，采取运动式的集中整治仍是X区社会治安综合治理的重要模式。每年定期采取运动式专项集中整治行动，虽能保持整治的高压态势，威慑犯罪分子，创造良好的社会治安环境。但集中整治一旦结束以后，社会治安问题又会出现严重反弹。实际上，社会治安综合治理不能只依靠运动式集中整治来完成，重要的是形成系统的长效治理机制。

（二）受干部队伍建设滞后的影响

干部队伍建设的好坏直接影响着基层政府的良好形象。加强干部队伍建设，抓好关键的少数，是社会治安综合治理工作顺利进行的保障。目前X区干部队伍建设存在严重的滞后性。其一，部分干部为民服务观念淡薄，工作水平低下，存在"门难进、脸难看"的情况。其二，部分干部参加培训次数少，业务素质不高，工作随意性强，缺乏规则意识。其三，部分干部受教育程度低，文化素质不高，影响了治理工作的开展。其四，基层干部普遍对现行法律法规不熟悉，法治意识淡薄，工作中无力运用法治思维指导工作。

（三）受腐败和滥用权力行为的影响

有的基层政府干部腐败和滥用权力行为，极大地影响了社会治安综合治理工作成效。一是有的基层政府干部存在官僚主义、享乐主义思想，甚至向群众"吃拿卡要"，办事要送礼品，影响恶劣。二是有的基层政府干部脱离广大群众，办事无视规章制度，不讲政治、不讲规矩、不讲原则。三是有的基层政府干部在管理中经常出现行政不作为、乱作为现象。四是有的基层政府干部不注重学习，政策水平与理论水平低，在调处矛盾过程中能力水平不足。

三、二元对立的社会结构引发社会矛盾

（一）强弱群体二元对立引发社会矛盾

强弱群体二元对立是我国经济发展和社会变革过程中各种矛盾和问题的

综合反映。强弱群体二元对立的产生原因如下：一方面是部分企业下岗职工再就业困难，收入水平底，基本生活难以保障；部分企业拖欠农民工工资现象时有发生。另一方面是部分基层干部为人民服务观念不强。强弱群体二元对立情况的存在容易引发社会矛盾甚至群体性事件。

（二）弱势群体利益诉求渠道不畅

弱势群体生活在社会底层，由于诉求渠道不畅，难以发声，所以利益难以保障。在弱势群体与利益相关者的博弈过程中，由于存在能力差异、资金差别等，因此利益博弈的公平性也难以保障。尽管工会组织可以承担维权责任，但工会组织作用的发挥还是有限。

（三）弱势群体社会保障有待完善

弱势群体结构复杂，分布广泛，对社会保障问题高度关注。社会保障水平关乎这个群体的切身利益，关乎他们能否劳有所得、病有所医、老有所养、住有所居、学有所教的根本性问题。由于我国社会保障整体水平不高，目前弱势群体社会保障水平低，有待进一步完善。

四、防范教育和法律制度不完善

（一）社会治安防范教育缺失

社会治安防范教育，是治安管理的基本内容，是以治安管理法律法规和安全防范知识为主要内容的普及性社会传播活动。在X区，社会治安防范教育工作严重不足，辖区内的学校、医院以及流动人口聚集地的社会治安防范教育流于形式，每年开展次数少、教育力度不够，老百姓法治观念淡薄，部分公民常常把“取保候审”看成“花钱消灾”，把行政处罚中的罚款看成“执法为钱”。

（二）相关法律法规不够健全

在我国现行法律法规中，对农民合法权益保障方面不健全。尤其在土地流转与征用过程中的赔偿问题、土地产权问题、房屋拆除补偿等问题上，没有全国统一性、权威性法律，一般各地都依照本地的“土政策”加以解决。

我国现行的法律规定对农村居民并不公平，① 法律本应是公平正义的分水岭，也是维护合法权益的坚强后盾，但在涉农法律中对于以上问题的解决并未做出明晰规定，这对做好社会治安综合治理工作极为不利。

第四节　完善基层社会治安综合治理的对策

一、加快基层政府职能转变

（一）向有限政府转变

现代公共管理，尤其是基层政府的管理，必须实现从全能政府向有限政府的转变。政府的能力本身就有其局限性，社会治安综合治理只靠基层政府已经适应不了社会发展的需要，也满足不了基层民众多元化的需求。该政府管的政府要管好，该社会自己管的要交还给社会，该发挥市场作用的领域要交还给市场，只有将政府、市场、社会三者紧密结合起来，才能促进社会治安综合治理走向善治。为此，作为基层政府，要有权力清单意识、责任清单界限，要从以前一味追求经济指标、固化管理模式，逐渐向公共综合治理转变，从什么都管但什么都没管好的政府向有限政府转变。

（二）向服务型政府转变

服务型政府要求一切从人民群众的根本利益和现实需求出发，全心全意为人民服务，必须以人为本，促进人的全面发展；必须创新工作方式，不断提高社会治安综合治理的人性化、多样性和服务水平，注重创建赋有“人情味”的调解方式。基层政府各相关部门要以服务理念解决社会治理问题，在提供服务过程中寻求基层民众的合作以解决社会矛盾，将服务与管理深度融合，以柔性执法取代刚性治理。

---

① 黄飞剑，王二典．论我国农村群体性事件的成因及对策［J］．黑河学刊，2007（3）：25.

二、强化“治理”理念和领导责任

（一）强化“治理”理念

社会治安综合治理的重要特征在于其综合性，这种综合性主要表现在努力动员各种力量，运用社会各种手段开展社会治安工作，综合性被认为是社会治安综合治理的优点，也是其科学性体现。① 社会治安综合治理的重要特征决定了必须强化基层政府的治理理念，弱化“管理”理念，增强社会治安综合治理能力和水平。

（二）健全领导责任制度

领导责任制在基层社会治安综合治理中起着重要作用，得到了广泛应用。社会治安综合治理工作开展20年来，经过不断探索和实践，积累了许多行之有效的宝贵经验。其中，最根本的一条就是狠抓领导责任制的落实，保证了“谁主管，谁负责”原则的进一步贯彻实施，促进了齐抓共管格局的形成。② 在今后的综合治理过程中须继续坚持使用并健全这一制度。为此，必须不断创新责任形式和承担责任的方式，可按照责任片区、责任范围，签订党政领导年度、月度综合治理工作责任书，并由综治委监督执行。

三、构建社会治安综合治理防控体系

（一）加强宏观统筹

构建社会治安综合治理防控体系需要协调各相关部门，发挥各部门的合力，共同推动综合治理工作稳定发展。由于防控工作涉及面广、任务重，要统筹建设、宏观协调。基层政府应纠正“重打轻防”思想，增强防控工作的责任感与使命感。首先，要加强顶层设计。基层政府要以综治委为中心，增强“核心意识”，建立统一协调机制，确保协调有力，顺利开展工作。其次，要将人防、技防、物防相统一。做到人防、技防、物防相辅相成，共同发

① 杨正鸣，姚建龙．转型社会中的社会治安综合治理体系改革［J］．政治与法律，2004（2）：67.

② 中国社会治安综治20年：打造社会安全“铜墙铁壁”［EB/OL］．http://news.xinhuanet.com/politics/2011-03/01/c_121133494_6.htm.

力，将防控体系建设得更加完善，达到“天网恢恢、疏而不漏”的效果。再次，要加大对防控工作的财政支持力度，做好相关保障工作。

（二）加强队伍建设

1. 加强基层执法队伍建设

一是开展法律知识培训，提高执法水平和能力。通过法律学习、模拟演练等方式，切实提高民警执法水平，增强民警执法能力。二是加强民警执法规范化建设，提高民警业务素养。要牢固树立法治观念和人权保障思想，切实端正执法思想，摒弃特权观念，严格按照有关规定规范性执法，使民警的警务工作严格按照程序进行。三是加强民警自身道德修养，促进民警公正文明执法。人民警察作为国家重要的行政执法力量，其个人是否具有良好的道德素养，对于警察做到公正执法、文明执法具有重要意义。

2. 加强群防群治队伍建设

在新的历史条件下，社会治安问题的解决，单靠政府已经不能适应社会发展的需要，这就要求动员全社会各方面力量，整合社会各种资源，借助法律、政治、经济、文化、教育等手段进行综合治理。群防群治队伍建设体现了社会治安综合治理主体的多元化和多中心化，需要基层政府统筹设置群防群治组织，因地制宜组建群防群治队伍，尤其在重点地区、各商业聚集区、集市区要重点设防。需要基层政府依据具体情况确定群防群治队伍规模，创新群防群治队伍工作方式，实现执法队伍与群防群治队伍的有效结合。

（三）夯实物质技术基础

1. 提高执法队伍物资装备水平

一方面，对一些破旧的、过时的执法设备必须及时更新换代，确保执法设备能够正常使用。另一方面，各级政府必须将社会治安防控工作经费纳入财政预算，适时加大资金投入，加大防控工作硬件设备的投入力度。

2. 建设统一的综合治理信息系统

统一的综合治理信息系统将公安执法信息、工商执法信息、城市管理执法信息、税务管理信息、民政部门管理信息、流动人口管理信息等汇总到统一的信息管理平台。综治委既可以直观地观察和监督相关的执法情况，确保执法的时效性、规范性，又可以对突发事件起到很好的应急管理作用。“只有依靠科技信息化，才能解决许多传统手段难以解决甚至无法解决的问题，不断提升治安工作水平。"①

（四）加强对特殊人群的服务和管理

1. 加强对流动人员的服务和管理

一是设立流动人口工作协会。流动人口管理办公室以及流动人口管理中心是基层政府组织的末梢，其使命就是掌握流动人口信息，加强外来人口管理。应成立流动人口工作协会，协助政府开展流动人口的走访、谈心、矛盾调处等活动。使其积极参与到宣传教育、精神文明建设、提升流动人口人文素质活动中，及时准确地掌握流动人口的思想倾向、意愿，及时化解流动人口的矛盾和纠纷。二是设立流动人口党支部。我国现有大量亿流动人口，其中大多数是外来务工人员。在一些经济较发达的市县，外来务工人员人数超过了当地户籍人口。② 为此，应建立健全外来务工人员党支部。流动人口党支部的设立要灵活、务实，以切实发挥其作用为目的。流动人口党支部要加强与当地党组织的联系，时刻站在流动人口的立场，维护其合法权益。

2. 加强对刑释人员的服务和管理

一是加强监管工作，明确服务机关的属地监管职责，严格执行责任区内刑释人员的日常管理、帮教工作；二是加强帮扶工作，对刑释人员就业困难进行帮助，让刑释人员免费享受公共就业服务机构提供的职业指导；三是制定和完善支持刑释人员自主创业的具体办法，落实好就业和再就业税收优惠政策；四是加强心理矫正工作。

3. 加强青少年群体的服务和管理

一是加强青少年法制教育，通过举办法律知识讲座、模拟法庭、参观监狱、看守所等活动，逐渐增强青少年的法律意识；二是优化家庭教育环境，父母应以平等、民主、尊重的态度来对待孩子，及时了解孩子的行为动向、心理变化。同时要勤于与孩子沟通，给予孩子亲情关怀，使孩子能在家庭的平等互动中养成积极向上的生活态度。

---

① 谭和平．社会治安治理现代化的内涵及推进路径［J］．铁道警察学院学报，2015（1）：22.

② 吴锦良．基层社会治理［M］．北京：中国人民大学出版社，2014.

（五）注重提高公民素质和能力

1. 加强公民思想道德素质教育

加强公民思想道德素质教育，重在大力弘扬中华优秀传统文化，继承传统文化中的优秀品质。一要通过弘扬传统文化，使公民懂得自我评价、自我反省来净化人格心灵，培养良好的道德品质和理想追求，从而调节和控制自己的行为，使之符合社会需要。① 二要净化文化环境，充分利用大众传播媒介，通过社会舆论的力量，使道德评价成为真正的“道德法庭”。

2. 培育公民参与基层治理的能力

若要在综治工作中得到群众的支持，就必须创造性地开展工作。可以通过各种途径积极宣传正面案例，传播正能量。比如可以在辖区内开展“社区是我家，安全靠大家”为主题的活动，定期推送辖区内的好人好事、好干部。

四、创新基层社会治安综合治理方式

（一）加大法律、政策宣传力度

一是在人员聚集区设立宣传平台，加大宣传力度，可以深入“田间地头”宣讲，让广大民众知晓相关法律知识，增强通过合法途径解决问题的意识。二是宣传方针政策要突出重点，关乎广大民众切实利益的方针政策，特别是有关农村、农业、农民的“三农”政策要多宣讲、多解释。三是对宣讲人员进行专业培训，宣讲能力和水平合格以后才能上岗。

（二）畅通民众利益诉求渠道

民众利益诉求渠道是否畅通，直接关乎社会治安综合治理效果。一要确保信访接待工作畅通，特别要增加领导接待信访群众的时间。二要高度重视民众反映上来的利益诉求问题，遇到重大事项及时向上级报告，避免贻误解决问题的最佳时机。三要深入信访群众，不“踢皮球”不拖拉，努力把矛盾和问题解决在萌芽期，把负面影响降到最低。

（三）切实解决好就业问题

首先，建立就业保障协调机制，在稳定现有就业水平的同时，鼓励民营

---

① 刘惠恕．社会治安综合治理论［M］．上海：上海社会科学院出版社，2006.

经济、小微企业创造更多的就业岗位，扩大就业规模。其次，在国家鼓励“双创”背景下，落实好创业政策，特别是创业减免税政策。再次，要增强劳动者特别是青年人的创业意识，努力营造良好的创业氛围，形成政府激励创业、社会支持创业、劳动者勇于创业的新机制，促进大众创业、万众创新。①

（四）完善交通、消防等基础设施

基层政府部门要划分责任主体，养护好、完善好现有的交通设施，确保路况保持良好状态。特别对现有道路要进行严格检查，对于质量不合格路段要重建；对于事故高发路段要及时改进；要增添道路防护栏，适当增加道路中间隔离带，降低交通事故发生率。消防工作关系到广大民众人身安全和财产安全，要高度重视，改变消防基础设施较为落后等问题，要积极打造消防通道工程，争取消防车的全覆盖。

五、发挥社会治安综合治理合力

（一）推动公共服务社会化的发展

一是加大政府向社会组织购买公共服务的力度，适时向社会救助、残疾人服务、社区卫生、社区教育等领域推进。二是建立专业社会工作融入社区服务机制，鼓励社区工作者参加社会工作，在社区设立社会工作室，开展社区社会工作案例征集、评选。

（二）推动社会组织参与社会治理

1. 发挥社会组织辅助功能

基层政府日常行政事务多，社会组织可以与基层政府开展合作，辅助基层政府开展日常管理工作，在文化传播、宣传教育、环境保护、养老服务等方面扮演重要的角色，为基层政府社会治安综合治理工作尽一份力。

2. 提高社会组织治理能力

基层政府要合理引导社会组织的发展，并进行监督、检查。社会组织要遵循政府制定的相关规范，避免“我行我素”。这样有利于社会组织向着制

① 尹蔚民．贯彻民生工作思路，更好保障和改善民生［EB/OL］．http://dangjian.people.com.cn/n/2015/0916/c117092-27593984.html.

度化、专业化方向发展，增强自身的建设，提高参与社会治理的能力。

（三）推动政社合作、网格化治理

一是发挥多元社会治理主体的作用，让党员骨干、社区居民、辖区企业积极参与社会治理，有效推进民生工作，形成多层架构、网状联接、功能融合、优势互补的新型治理主体结构。二是细化服务领域，强化网格化管理，形成覆盖城乡、条块结合的市、县（区）、乡镇（街道）、社区（村）的五级管理服务体系，实现管理服务结构由条状向网状转变。

六、完善社会治安综合治理法律法规

（一）制定专门的社会治安综合治理法

1. 立法原则

社会治安综合治理法应符合中国特色社会主义法律体系的特点，与其他法律体系相统一、相协调，与其他涉及社会治安综合治理的法律不冲突。

2. 立法内容

社会治安综合治理法可分为总则部分、分则部分和附则部分。总则部分可规定立法目的是什么、该法适用于哪些范围、该法具有哪些基本功能、该法遵循的基本原则是什么以及社会治安综合治理的手段和方法等。分则部分应规定社会治安综合治理的组织体系和治理体制。组织体制中应明确决策机关、主管机关、参管机关、辅助机关及其性质、职责、权限，明确各职能部门之间的协调、沟通机制。附则部分应注明具体的实施日期和关于此法的立法说明。①

（二）加强配套立法

加强配套立法需要对社会治安综合治理工作某些治理方面单独立法。随着我国社会治安综合治理工作的不断推进，在基层的社会治安综合治理实践过程中出现了一些常态制度和一些制度的创新运用，但立法工作并没有把它们制定为成文的法律法规。如一些地方对流动人口的管理探索了不少行之有效的措施，由于缺乏法律作为依据和支撑，在实际工作中既有权限大小不明

---

① 王洁．社会治安综合治理立法研究［D］．济南：山东大学，2014.

的问题，也有是否合法合规的问题，影响流动人口管理工作的不断推进。要解决这个问题，就需要出台流动人口管理的专门法律，增强流动人口的管理和服务力度。实践表明，将某些方面进行单独立法，并纳入社会治安综合治理法律体系，这对完善社会治理法律法规，促进社会治理工作长远发展具有重要意义。

（三）提高立法质量

提高立法质量，要注重实地调研。首先，要倾听广大民众的意见、多开展形式多样的座谈会、茶话会等活动，采纳民意，集中民智；其次，要注重立法技术的运用，切莫“主观”立法；最后，针对不同的实际情况、不同的社会矛盾，立法重点也要有所侧重。

提高立法质量，要建立第三方评估机构。通过第三方评估机构对立法的内容进行监督。第三方评估机构可以通过对已出台的相关法律法规适时进行执行情况的分析，发现立法中存在的问题，进而为修改立法提供依据，也为滞后的立法工作总结出更为有效的立法技术。第三方评估机构对于社会治安综合治理工作的立法评估，有利于提高立法质量、法规效力和执法水平，促进工作的常态化、制度化建设。①

① 王洁．社会治安综合治理立法研究［D］．济南：山东大学，2014.

第六章

镇政府社会治理向服务型转变研究

——以H省C镇为例

第一节　H省C镇政府社会治理由管制型向服务型转变的现状

一、H省C镇基本情况概述

C镇位于H省省会城市西南45公里处。全镇总面积70平方公里，其中耕地面积41510亩，人均耕地面积0.55亩。共有24个行政村，285个村民组，居民总数为9.38万人，其中农村人口6.96万人，驻镇人口1.3万人，流动人口1.02万人，城镇化水平46%。1991年C镇被批准为建制镇，1994年被国家建设部列为小城镇改革试点镇，2000年被H省确定为重点镇。

C镇产业优势突出。境内气候温润，农业生产得天独厚，产品畅销国内外。C镇在“工业立镇，工业强镇”的总体思路引领下，形成了以煤炭、耐火材料为主导，以建材、食品加工为辅的多种发展格局。自从1994年国家建设部把C镇列为小城镇改革试点镇以来，通过镇党委、政府的积极努力，同时还有各级领导和兄弟部门的共同支持，C镇的经济和社会各项事业得到了迅速发展。

二、H省C镇政府社会治理由管制型向服务型转变的必要性

（一）C镇政府社会治理模式的转变是农村民生工作的需要

党的十六届五中全会提出建设社会主义新农村的重要任务，并对社会主

义新农村建设的目标和要求用了五点来总结概括，分别是“生产发展、生活宽裕、乡风文明、村容整洁、管理民主”，这一任务具有重大的历史和现实意义。镇政府作为国家最基层的政权机关，与农民群众零障碍接触，像桥梁和纽带一样把党中央和广大农民群众联系在一起，对建设农民群众满意的社会主义新农村起着至关重要的作用①。农业税废除后，镇政府的职能消减了许多，这些变化给镇政府的社会治理由管制型向服务型转变创造了条件。服务型的社会治理就是切实为农村农民提供社会公共服务、农业生产技术指导、法律咨询等。镇政府在促进农民生活水平提高、乡村文明的创建、居住环境干净整洁等方面发挥着重要作用。C镇政府的社会治理只有跟上时代步伐由管制型向服务型转变，以提供基本的公共产品和公共服务为目标，才能更有效地解决干部和群众之间的紧张关系，巩固党和政府在农村工作中的群众基础，加快促进农村民生建设，为C镇的新农村建设创造条件。

（二）C镇政府社会治理模式的转变是发展农村市场经济的要求

镇政府在构建和谐农村，发展农业生产，助农增收致富等方面发挥着难以替代的作用。新形势、新任务要求镇政府必须科学定位，加快推进职能转变，改变过去满足于听从行政命令、完成好指令性指标的简单工作模式，实现镇政府社会治理从“管制型”向“服务型”转变。服务型的社会治理能够按照法治社会和社会主义市场经济体制的要求，为C镇的发展提供良好的市场经济发展环境。C镇政府虽已取得较快发展，但镇政府在职能体制、法制建设和服务质量等方面还存在一些问题。把镇政府的社会治理模式由管制型向服务型转变，修正镇政府的不规范行为，使镇政府的工作重点向良好市场环境的营造和公共服务水平的提高等方面转移，从而使镇政府的社会治理能够符合市场经济体制的要求，才能促进C镇农村市场经济的发展。

（三）C镇政府社会治理模式的转变是加强党的执政能力建设的需要

中国共产党引领着我国社会主义事业的发展，只有通过社会治理创新，才能提高执政能力，使社会治理变得更加人性化、科学化；才能应对各种社会风险，解决各种社会问题和冲突，维护社会稳定，创造社会和谐；才能更

① 王悦．我国乡镇政府职能转变研究［D］．沈阳：辽宁大学，2011.

好地保障人民群众的根本利益，让人民群众感到无比幸福；才能把社会各界的力量聚集起来，以便创造良好的环境来发展党和国家的伟大事业。社会治理是以人为中心的管理和服务，其出发点和落脚点都是“以人为本”。社会治理与党执政的目标是一致的，就是要把最广大人民群众的根本利益放在第一位，通过社会治理创新，把人的工作做好，不断提高党的执政能力，从而实现执政为民的根本目标。C 镇政府只有通过转向服务型的社会治理模式，把农民群众的工作干好，才能巩固党在广大人民群众中的执政地位，建设一个以服务为执政理念的具有亲和力的镇政府。

（四）C 镇政府社会治理模式的转变是构建和谐社会的目标选择

党的十六届六中全会通过《中共中央关于构建社会主义和谐社会若干重大问题的决定》指出，中国特色社会主义最根本的特性是社会和谐。社会主义和谐社会就是要保证人与人之间、社会以及自然之间实现平衡、稳定、有序，相互依存，共同发展。当今国际竞争日趋激烈，社会主义和谐社会的建设面临着从未有过的机遇和挑战，主要表现在城乡区域经济发展不均衡、人口资源环境压力加大、就业保障、收入分配等问题突出等等，这些问题的解决与国家的安全以及社会的稳定密切相关①。和谐社会的构建要求各级政府转变职能、权力与责任相统一、加强服务的理念、改进管理的方式、提高工作的效能，深化行政管理体制的改革，优化机构设置，把进行社会管理和提供公共服务放在重要位置。② C 镇政府构建社会主义和谐社会，就是要加大社会建设力度，推进社会治理创新，保证经济社会协调发展。为此，只有实现社会治理模式由管制型向服务型转变，才能为构建整个社会的和谐做出贡献。

三、H 省 C 镇政府社会治理由管制型向服务型转变的实践探索

（一）网格化治理的推进

自 2011 年起，C 镇立足镇域实际，以推进网格化治理为抓手，通过规范

① 崔玉丽．我国乡镇政府在构建和谐社会中的社会管理职能探析［D］．开封：河南大学，2008.

② 中共中央关于构建社会主义和谐社会若干重大问题的决定［N］．人民日报，2006－10－19（1）

大服务平台，健全大服务机制，深化大服务活动，在全镇形成全方位、多角度、立体化的“大服务”格局。C 镇的网格化治理已经实现了“横向到边、纵向到底、全覆盖、无缝隙”的工作目标，村委、社区治理职能触角得到延伸，力量得到补充，初步形成了工作有人抓、问题有人管，小事不出村，大事不出镇的社会化联动机制，使政府的领导干部与农民群众密切地联系在一起，能够真实地了解到农民群众的“冷与暖”，真正地践行为人民服务的宗旨。

过去是政府干部坐在办公室里等百姓上门办事，等村民过来反映问题，现在通过网格化治理，国家工作人员都能主动到各自管理的村庄、企业里去帮助村民、工人做事，解决问题，帮村民、工人想办法、出点子。C 镇政府的社会治理由过去被动地处理问题转变为主动发现并解决问题，以及由过去事情发生后进行执法管制、追偿责任转变为事前的服务型管理，使农民群众的生产生活得到了改善。

（二）政务公开的全面推行

政务公开是公民参与社会治理的基础，扩大公民的知情权是政府向服务型社会治理转变的必然结果，也是政府履行公共服务职能的重要保障。在此方面，C 镇建立了“三务公开”制度，即定期公开该镇的党务、村务、财务，主要通过政府网等网上发布，通过 C 镇工作简报报道工作动态，对政府信息进行及时、有效的公布，以落实广大群众的知情权。政务公开涉及党务、政务、财务等多方面内容，为确保工作统筹推进，该镇成立领导小组，明确纪委书记为具体操作人，用健全的组织统筹协调各块工作，确保公开工作落到实处。同时，该镇年初制定政务公开目标责任书，把公开的内容、公开的事项逐一明确，与各村签订《C 镇村级党政务公开目标责任书》，与各职能站所签订《C 镇部门党政务公开目标责任书》。同时把党政务公开工作纳入对两委班子年度考核内容，将考核结果与村级组织评先挂钩，与村级干部绩效工资挂钩。自 2013 年以来，C 镇重点建立了聘请监督员制度，聘请老干部、党代表、人大代表、联户代表担任基层党政务公开监督员，负责对党务政务村务公开的情况进行监督。同时，建立了意见收集处理反馈、定期交流制度，季观摩、半年考核、年终总评的工作机制，确保了党政务公开工作的有序进展，使政府在阳光下活动。这样一来，政府的各项工作对村民老百姓来说就是透明的。

（三）民生保障和基层文化的改善

民生保障是实现社会和谐发展的根本前提，C镇政府处处为农民着想，在社会治理由管制型向服务型转变期间取得了明显的成效。在新农村建设的大力号召下，全镇24个行政村按照地域、产业、区位和人口规模等特点，已逐步建设6个社区，将居民集中安置，同时提供综合配套的基础设施和公共服务，实现居民的安居乐业。在教育、医疗卫生、社会保障等方面，农民群众普遍满意。在农村基层文化方面，C镇一是以镇文化站为依托，以各村文化大院（文化广场）为阵地，积极组织开展丰富多样的文化活动，编排一批能反映群众现实生活的文艺节目，增强了对群众的吸引力。二是尊重了农民的原创精神，积极鼓励农村乡土人才进行文艺创作。三是搞好文化信息的资源共享，创建省级农家书屋8个，并每月为每村放映一次电影，丰富群众文化生活，把农村文化建设纳入社会治理模式由管制型向服务型转变的重要方面。这些都使群众的生活质量得到了大幅度的提高和改善，以文化的大繁荣带动群众自身素质的大提高，促进社会和谐稳定。

（四）农村经济的全面发展

为提高该镇经济的全面发展，为群众提供良好的就业机会，镇政府把产业发展放在首要位置，在全镇6个中心社区中，建设了耐材产业集聚区，开发建设了森林公园和文化旅游景区，规划了3个高效农业示范园和4个工业创业园。耐材产业集聚区已入驻企业110家，产值达162亿元，安排劳动力就业35000人。“三农”问题一直是农民所关心的重点，为发展农业经济，C镇结合本镇实际采取一系列措施以确保农业增效、农民增收。该镇通过各种会议、短信平台、QQ群、印制宣传单等形式发放到千家万户，广泛宣传国家有关种植、养殖方面优惠政策，建立示范区、示范户，起到以点带面作用。同时开辟绿色快速审批通道，凡在该镇筹建农业项目中涉及土地使用、水、电、路、工农关系协调等问题时，镇政府都能帮助尽快解决，并架起了信用社、农行等银企与养殖户的桥梁。镇政府在技术方面对养殖户给予全力支持，每个村优选出一名有能力的养殖户到市畜牧局组织的各种养殖培训班学习，以提高他们各方面的能力。

（五）公众参与的不断扩大

加强社会治理需要全社会的广泛参与。C镇政府制定了重大行政决策征求意见制度、重大行政决策听证制度、“一事一议”制度，实现了社会治理模式由管制型向服务型的转变。重大行政决策征求意见制度要求一切与群众切身利益有关的公共政策的制定，都必须公开地征求社会公众的意见。重大行政决策征求意见制度使行政决策变得更加透明，公众参与程度变得更加广泛。重大行政决策听证制度要求对与群众利益息息相关的公共决策进行听证以保障基层群众的切身利益。要求按照法律规定公开地进行听证，对一些合理意见和建议要及时吸收、采纳并向社会公布。“一事一议”制度要求对村级范围内的集体生产、公共事业所需资金和劳务用工等事项采取“一事一议”的方式来最终决定。以上三种制度的实行，保证群众参与了与自身利益相关的重大事项的讨论和决定，既维护了村民的切身利益，又密切了干群关系，促进了基层社会的和谐稳定。

第二节　H省C镇政府社会治理由管制型向服务型转变过程中存在的问题及成因

一、H省C镇政府社会治理由管制型向服务型转变过程中存在的问题

（一）未建立行政服务中心

行政服务中心把多个行政部门集中在一起，使公众去不同的部门申请行政许可转变为在一个大厅内不同窗口即可完成，有助于政府由“管制型社会治理”向“服务型社会治理”的转变。C镇政府的机构包括政府办公室、财经办公室、农业服务中心、文化服务中心、村镇建设发展中心、计划生育技术服务中心以及劳动保障事务所等部门。然而C镇政府并没有设置统一的行政服务中心，这给老百姓办事带来了很多不便，影响了社会治理由管制型向服务型的转变。

（二）生态环境保护力度不够

保护生态环境是地方政府社会治理的重要职能。C镇作为“工业强镇”，它以耐材产业为主导，煤炭、化工、粮食加工等多业并存。许多文学作品生动记载了C镇优美的景色和人文底蕴。然而，煤矿的严重采掘，极大地影响了C镇村民的生产生活。

（三）农村配套基础设施不健全

农村良好的基础设施能够保障农民的生产生活。多年以来，广大农民群众强烈希望地方政府帮助改变基础设施落后的状态。目前，C镇虽然已建成设施齐全的新农村社区，但仍有部分村庄的基础设施较为落后。C镇虽然已经实现了村村通公路，但是乡村公交并未实现村村通，村民们从村庄到达镇区主要依靠自家交通工具，不会驾驶交通工具的老人妇女只有徒步才能到达镇区，若遇到下雨下雪非常危险。农村配套基础设施的不健全，已经严重影响了农民百姓的日常生活。

（四）社会治理政策执行力度不够

社会治理政策是为解决工业化、城市化、现代化发展过程中出现的社会问题而制定和实施的一系列行动准则或制度。它体现了公平公正的理念，其目标是解决社会问题、保证社会安全稳定。然而，我国社会治理政策过多关注了公共管理行为的“效率”，特别对投资商、开发商等强势群体的关注较多，而对弱势农民群众应有的权益进行保护的社会政策较少，即使有也没有公正有效地在基层农民群众中得以贯彻落实。作为基层政权组织的镇政府，是联系中央政府和农民群众的纽带和桥梁，在执行上级政策，维护党和政府形象方面发挥着极其重要的作用，在政策执行过程中应该做到全面宣传、正确落实，特别在扶农、惠农、帮扶等政策执行方面更应如此，但C镇村级组织在诸如确定享受“低保”和“独生子女补贴”的对象时常常有失公允。

（五）社会治理职能界限不清

几年来，我国镇政府在社会治理方面已经实现了一定的突破，服务意识和市场意识逐步增强，但是社会治理职能还比较混乱，仍然存在较大的转变空间①。C 镇政府社会治理职能问题主要表现在“错位”“越位”和“缺位”等方面。社会治理职能的错位，主要表现在有的县级职能部门往往通过下发文件的形式让镇政府来完成不属于自己职责范围内的事情。所谓“越位”，就是镇政府在指导村民自治过程中，越过“本职工作”范围干预了依法属于村民自治范围内的事项。政府社会治理职能“缺位”，就是对新时期、新形势下出现的各类问题的解决不到位，譬如环境资源保护、基础设施建设、农村食品安全管理等问题。

（六）法律手段未全面采用

传统的社会治理体制就是以政府为一元主体对社会实行全面管制，在这种社会治理模式下，政府实现其管制目标的手段是行政干预。政府在社会治理过程中，只是简单地采取以罚代管，以罚代法手段，毫无法治性可言，体现了地方政府社会治理存在的行政专制作风和经济处罚特征。多年来，C 镇政府的一些干部也习惯于运用行政的手段和经济处罚手段管理社会公共事务，而惟独不善于运用法律手段进行管理。这种缺乏法律手段的社会治理，有时不但不能化解社会矛盾和问题，反而会使矛盾激化，问题增生。有些干部的强制性管理手段经常会无意中侵犯了相对人的利益，造成政府与公民冲突事件的发生，从而降低了社会公众对基层政府的信任。

二、H 省 C 镇政府社会治理由管制型向服务型转变过程中存在问题的原因

（一）服务理念尚未完全确立

行政人员的行政行为是由政府的行政理念所支配的。服务型的社会治理强调以群众为基础，以公民的意愿为导向，强调政府对公民需求的满足。由于过去地方政府对经济社会实行的是全面管理，是以管理者、命令者自居，以政府为本位，因而导致地方政府的管制型社会治理理念较为严重。正因如此，在新的历史形势下，地方政府仍然习惯了传统的“管制模式”，服务理念未全面渗透在干部头脑之中，要求其在短时间内积极主动完全为民分忧，

---

① 崔青玲. X 镇政府职能转变中的问题及对策［D］. 郑州：郑州大学，2012.

想民之所想还有一些难度。C镇政府在开展社会治理活动中，存在着以政府的主观意志为出发点的现象，有的群众的利益问题尚未得到高度重视或妥善处理。总之，服务理念尚未完全渗透到干部心中，影响了C镇政府社会治理的效果。加快转变政府的社会治理模式，必须正视干部服务理念的树立，深化对服务型社会治理的认识。

（二）过分追求经济发展指标

十一届三中全会以后，我国工作重心转移到经济建设上来，我国人民的物质生活水平得到极大提高，国家综合实力得到明显增强。然而在实践中，有的地方政府为了追求经济增长指标，却淡化了基本的社会治理和公共服务。这种现象在C镇政府也存在。C镇政府根据本镇的能源优势，大力发展耐火材料、煤炭、造纸事业，推动了当地经济的快速发展，给农民群众提供了大量的就业机会，满足了群众的物质需求，赢得了经济的快速发展，获得了“工业强镇”的荣誉，但生态环境污染问题也日趋凸显。

（三）缺乏有效的监督措施

由于镇政府尚未形成完善的监督机制，因而在发挥公共服务职能，提供农村公共服务时容易产生腐败、寻租等行为。一是镇政府公共服务职能的发挥主要接受县（区）政府的监督，由于镇政府几乎沦为了县（区）政府的派出机关，因而县（区）政府对镇政府所发挥的监督效果有限。二是镇政府对农村公共服务资金筹措、使用等环节没有实行统一的管理，缺乏规范性的监督，容易滋生腐败行为。

（四）有些干部素质较低

在社会治理过程中，需要干部具有较高的素质作为保障。尽管我国行政体制改革都把提高干部队伍素质作为一项重要内容来抓，但由于改革过程中存在干部政策执行不严，编制意识不强，导致机关工作人员情况复杂，C镇政府的干部情况也不例外。C镇干部的整体文化素质参差不齐，大部分是通过县级、市级党校进修获得大专或本科在职学历的。在管理过程中领会上级政策时往往不够全面，思维狭窄。同时思想保守，接受新观念、新事物速度慢，竞争能力不强；工作方法有时简单，浮于表面，缺乏深入调研，凭感觉、凭经验进行决策。

（五）绩效考核指标不科学

绩效考核指标对政府行为起着导向作用。有什么样的考核指标，很大程度上决定着政府创造什么样的政绩。镇政府在确定考核指标体系时，注重以量化的经济指标为主，过多强调了经济总量的增长要求，主要关注的是招商引资和工业性投入产出、效益等，而对农民群众实际收入、就业比例、自然与生活环境指标关心较少。倘若在干部绩效考核中增加医疗保险报销率、青少年儿童入学率、青壮年就业率、教育投入率、公共卫生和安全保障率、生态环境保护状况等指标体系，那么镇政府干部的关注点就会转移到发展社会公益事业，保障和维护公民的合法权益，满足群众的公共需要等职能上来，这样有助于管制型社会治理向服务型社会治理的转变。

第三节 进一步推动镇政府社会治理由管制型向服务型转变的对策措施

一、转变传统的社会治理理念

（一）树立经济社会协调发展理念

改革开放以来，我国实施了“以经济建设为中心”的发展战略，只有经济发展了，社会治理和社会建设才有物质基础和保障。但社会治理问题的解决也不能完全依靠经济增长，如果只重经济增长，却轻视社会治理，那么必将导致社会发展与经济增长的不平衡和不协调。这不仅违背了构建社会主义和谐社会的目标和要求，而且还会阻碍经济的发展。所以，镇政府在进行社会治理过程中应树立经济与社会和谐发展的理念，在以经济发展为中心的同时兼顾加强社会治理，提供公共服务，发展社会事业，充分发挥镇政府为农业、农村和农民服务的功能，使农业社会化的服务体系得到进一步完善，以实现经济与社会的全面发展。

（二）树立服务型社会治理理念

当代政府的主要职能是满足社会公共需求，为全社会提供优质的公共产品与公共服务，因此，镇政府的社会治理活动要服从、服务于最广大人民群众的根本利益，始终把“为民富、帮民富、助民富”作为党和国家一切工作的出发点和落脚点。镇政府作为基层政府，要顺应时代发展要求，摈弃“全能管制”的理念，代之以服务型社会治理理念，在抓好经济发展、政治建设、文化宣传等工作的同时，抓好社会治理工作，做到真正关心群众的利益愿望和诉求，为群众提供全方位、高品质的服务，并承担相应责任，而且以群众的满意程度作为评判工作的最高标准①。

二、全面推行多样化的社会治理方式

（一）全面推行乡镇行政服务中心

随着公共服务理念在公共管理实践中的践行，1999 年，我国第一个综合性的集中办事大厅在浙江省金华市成立。与传统的管制型的社会治理模式相比，行政服务中心是以服务型政府为代表的社会治理新型模式，它把政府的社会治理与服务职能紧密联系在一起，为政府服务社会提供了平台。通过不同部门、不同工作人员同时同地的工作，使过去相互推卸责任的现象降到最低。行政服务中心贴近群众，为镇政府的社会治理由“管制型”向“服务型”转变提供了一条有效的路径。镇行政服务中心明显与过去管制型的“门难进、人难见、脸难看、事难办”的社会治理模式有很大的差别。行政服务中心遵循“立即办、限时办”的一体化工作理念，明确规定审批应需要的时间，同时向基层群众提供一体化的公共服务，极大地提高了工作效率，使他们在办理行政审批手续时不再像以前一样耗费大量时间和精力。

（二）全面推行电子政务

在网络技术大范围普及的今天，随着广大乡镇居民素质的不断提高，电子政务也被他们所广泛接受。电子政务使更多的农民群众知晓更多的政务信息，为农民群众提供了更加高效便捷的服务。通过电子政务，农民群众可以向政府表达自身诉求，对政府的有关行为发表自己的看法，为镇政府改进管理工作提出意见或建议。全面推行电子政务，为农民参政议政，表达自身诉求和发

---

① 罗忠桓．服务型政府模式：特征与趋势［M］．北京：人民出版社，2010.

表反馈意见提供了平台，有助于农民群众监督镇政府的行政行为，促使镇政府提高社会治理水平，推进镇政府的社会治理模式由管制型向服务型转变。

三、加大对镇政府的监督力度

服务型的社会治理，其重点在于服务。为了提高服务质量，必须加大对镇政府的监督力度。首先，镇政府公共服务财政预算应透明化，让农民群众清楚地了解镇政府资金的去向和使用的方式是否得当。其次，应进行多渠道的监督。通过发挥媒体、上级领导、社会中介机构、村民自治组织的作用，对镇政府的行政行为进行全方位的监督。再次，应进行行政问责。通过事前、事中、事后监督，落实为民服务的执政理念，降低镇政府干部玩忽职守、不尽职尽责现象的发生率。最后，应进行监督反馈。通过监督反馈以规范镇政府及其工作人员的社会治理行为，实现从“管制型”社会治理向服务型社会治理的转变。

四、提升镇政府干部的综合素质

镇政府的社会治理活动是由镇政府的工作人员完成的，工作人员的素质在某种程度上决定政策的执行效果，影响着镇政府服务型社会治理水平。农村社会能不能稳定，农业能不能发展，农民能不能富裕，关键在于基层政府干部的素质。因此，要想保证镇政府社会治理向服务型社会治理转变，必须提高镇政府干部的综合素质。一要加强思想政治理论学习。通过学习党的基本路线、方针、政策，培养镇政府干部强烈的事业心、高度的责任感。这是统筹城乡发展，增强农村基层政权组织战斗力的重要保障。二要加强党性修养，提高政策水平。通过鼓励镇政府干部继续学习深造，或定期派送到各级党校、行政院校以及高校进行培训，提高他们的政策水平和政治觉悟。三要提高干部的能力。通过日常工作的锻炼和培养，提高他们的人际交往和综合分析能力，增强为人民服务的本领，实现社会治理从强制到引导、从单向到互动、从单一到综合的转变，促进镇政府社会治理由管制型向服务型的转变。

五、完善绩效考核机制

（一）把群众的满意度作为绩效考核的首要指标

镇政府所承担的社会管理事务相对来说比较微观，主要对基层社会事务进行管理，对公共服务予以提供，回应农民群众的社会需求，提升社会治理的能力和效率。实现由“管制型社会治理”向“服务型社会治理”模式的转变是一项刻不容缓的任务。实现镇政府社会治理模式的转变，必须改革现行的政府绩效管理制度，应当把人民群众的满意度作为干部绩效考核的首要指标，这样在开展社会治理活动时，可以避免一些官员滥用权力，做表面工作糊弄上级领导而置农民群众的真实需求以不顾，同时也可以减少社会资源的浪费，彻底纠正干部片面追求经济增长指标的错误行为，使其自觉地投身到社会治理和提供公共服务之中，以达到群众满意的效果。

（二）让农民群众参与镇政府社会治理绩效考核

实现镇政府有效履行服务型的社会治理职能，离不开农民群众参与镇政府社会治理绩效考核。现行的镇政府绩效考核，主要是镇政府部门以及上级管理部门对下级的评估，对于镇政府干部的绩效考核，缺乏农民群众的参与。镇政府社会治理绩效，不能单由上级或者自己说了算，还必须有农民群众的有效参与。让农民群众从国家主人的身份和被服务者的视角对政府及其干部的社会治理行为进行评价和打分，有助于促使镇政府把农民群众的利益放在首要位置，建成服务型的镇政府。

六、提高镇政府社会治理的法治化水平

社会治理的目的是维护社会秩序，保障人民安居乐业，促进社会和谐，为党和国家的发展创造良好的社会环境。社会治理法治化是社会治理由管制型向服务型转变的重要环节。社会治理向服务型模式转型以及社会治理格局长期稳定，都离不开以法律法规作保障。协调社会关系、规范社会行为、解决社会问题、化解社会矛盾、促进社会公平、应对社会风险、保持社会稳定的社会治理任务的完成，也需要以法律的强制性作为保障。总之，推进法治中国和法治社会建设，提高社会治理法治化水平，是加强和创新社会治理的必然要求。

第七章

乡镇政府社会治理研究

——以 C 市 Y 县 D 镇为例

第一节　C 市 Y 县 D 镇政府社会治理的现状

D 镇位于 C 市 Y 县西部，距县城 38 公里。辖区面积 166 平方公里，有 10 个行政村、81 个村民小组、3 万多人，是重要交通枢纽、教育中心和医疗卫生高地。几年来，乡镇政府强化社会治理，取得了较好成效。

一、强化治安防控，推进平安 D 镇建设

（一）构建村级治安防线

D 镇在村级治安防控上，一是从最基本的解决基层防控人员严重不足的问题入手，在各村选招力量，组建和充实村级治安防控队伍，成立了村级治安联防工作队。根据村的大小，每村 10 至 20 人，并建立治安联防责任制，开展村级的治安联防工作，确保村级治安工作有人抓、有人管，保障了农村村级治安联防工作落到实处。二是增强群众治安防范意识。D 镇加大宣传力度，印发了治安防范知识明白卡和友情提示宣传单，利用节日进行广泛宣传，真正做到了家喻户晓，人人皆知，消除了群众的麻痹大意思想，增强了群众自身治安防范意识。

（二）构筑社会面防线

一是“上下结合”，组建了一支联防巡逻队，由派出所、交巡警和涉区

域居民推选出的8名义务治安联防队员组成，统一着装、配置装备，并安排了专门经费。由镇政法委书记统筹安排，派出所民警带队，加大日常巡逻防控力度。二是“点面结合”，即面上巡逻与重点巡逻相结合，重点巡逻对象包括重点区域、重点场所、重点时段和重点人员。集镇车站、学校周边、农贸市场、网吧、商业密集区等人员流动较大和人员密集的场所和区域为重点防控区，治安巡逻队逐一排查；在国庆、元旦、春节等重要时段增加治安巡逻频率，由一天两次增至一天三次；对重点人员、社会闲杂人员及流动人口开展摸排，做到底细清、情况明。三是“公私结合”，即公开巡逻与密集巡逻相结合，巡逻队员开展便衣巡逻，不挂巡逻队袖标，对重点区域进行巡逻，一旦发现苗头性问题，第一时间向综治办、派出所及村“两委”负责人报告情况，确保及时有效处置。

（三）构筑科技新防线

社会进步，科技先行。D镇在加大人防、物防、制度防的同时，积极实施科技防范活动，逐步扩大经费投入，采取先典型示范再推广的办法，狠抓技防建设，提高科技防范能力，建设全面覆盖辖区主要道路、重点部位、重点场所的社会面视频监控网络。一是在机关、企事业单位安装红外线防盗报警装置，做到重点部位全部有红外线防盗报警探头。信用社、邮政等金融部门安装了可视探头，单位内部落实专职内保人员，确保少出现或不出现机关内部单位被盗现象。二是在有一定规模的商场、商业门点推广安装简易便捷的红外线防盗报警装置，有条件的商业大户引导安装可视探头。三是在治安联防群众代表家中安装了断线报警器和“电子狗”等防盗装置。

二、明确分工，构建信访维稳大调解格局

（一）明确职责，建立健全责任体系

严格按照“属地管理、分级负责”和“谁主管、谁负责，谁分管、谁负责”的原则，组建工作领导小组强化对信访稳定工作的领导。切实做到重大问题主要领导亲自过问、亲自研究、亲自督办；具体问题分管领导和相关责任人牵头负责、牵头研究、牵头落实，形成一级抓一级，层层抓落实的工作格局。组建5个信访维稳和干部下访群众工作督查组，采取定期、不定期督

查方式进行实地巡回督查，形成倒逼推进工作机制。每季度对信访维稳工作滞后的相关人员实行“点对点”通报，被通报3次及以上者由分管领导约谈，进行诫勉谈话。

（二）齐抓共管，夯实和谐稳定的基层基础

强化常态接访，班子成员定期轮流到信访接待大厅接访约谈来访群众，推动了群众来访事项的解决。强化干部下访，明确干部下访，受理、化解矛盾和问题。工作中，注重实效，将干部下访群众工作与第一组长制度结合起来，81名党员干部到81个行政小组担任第一组长，切实承担所在组“发展”与“稳定”的职责，推动了信访维稳工作重心下沉、关口前移。对群众来信来访的合理诉求，在第一时间进行处理，确保了信访事项的解决。在重要节点和敏感时段，召开支部书记会议，并在会上压实责任，分解任务，安排工作。对涉及建筑领域及征地拆迁等领域的重大疑难案件，专题研究分析，提出化解方法和措施。不定期召开联席会、维稳领导小组会，对疑难信访案件逐一进行分析研究，“点对点”进行交办，对维稳形势进行分析研判，有力地推动了工作有序开展。

（三）强化责任，狠抓矛盾纠纷调处

一是对面上的纠纷，实行三级调解机制：首先由村组干部第一时间介入调解矛盾纠纷，调解成功后报村人民调解委员会备案，由村人调会报镇综治办；调解未成功的，报镇挂片领导牵头，由驻村办公室及村干部进行调解；若调解仍未成功的，由镇综治办协调法庭、司法、派出所等部门进行综合调解，把矛盾纠纷消除在萌芽状态，控制在辖区内。2014年全年发生矛盾纠纷96起，调处96起，调解成功率达98%以上。二是针对疑难问题和重点历史遗留问题，实行“三专”，即专门案件、专业班子、专门方案，成功调处了两起长达10多年的涉法涉诉纠纷。三是实行分管领导“三包”调处责任制，即包调查、包处理、包协调，按照属地管理、分管负责、包片负责的原则，及时介入调解矛盾纠纷。同时，将矛盾纠纷调处作为平安建设的重要内容，纳入党委、政府目标工作进行考核，与办（所）工作实绩、个人考核评优挂钩。

三、以“三大行动”为载体，推进安全监管

D 镇把集中开展安全生产大宣教、大排查、大整治专项行动（以下简称“三大行动”）作为安全生产管理的重要举措，减少了一般事故，杜绝了较大以上安全事故，全力确保安全生产形势稳定。

（一）深入开展安全生产大宣教行动

开展“安全生产月”集中宣传咨询活动和市级安全社区创建工作，全面提升安全监管人员素质和全民安全意识及防范技能。在所有学校广泛开展“安全教育进校园”活动，增强学生的自我保护意识。开辟安全生产“三大行动”专版、专栏，宣传推广安全生产工作的典型经验和做法，切实增强全民安全意识，共同营造珍爱生命、关注安全的社会氛围。引导企业增强安全生产意识，督促企业认真学习贯彻相关安全生产法律法规、部门规章、操作规程等；督促各企业针对不同岗位开展全员安全培训，尤其是企业负责人、安全管理人员和特种作业人员必须纳入强制培训，确保 100% 持证上岗；印制“安全知识十进”手册①、重点行业领域安全监管简明手册等宣传资料向各企业发放。

（二）深入开展安全隐患大排查行动

每月按照“企业自查、乡镇普查、行业主管部门专项检查”的原则，深入推进大排查工作。进一步建立安全隐患拉网排查、挂牌整改、档案管理、追踪督办和重大隐患销号等常态工作机制，实现隐患排查治理常态化。专项行动期间，主要负责人每月深入一线检查安全工作不少于 5 次，分管负责人不少于 5 次；各生产经营建设单位每月排查安全隐患不少于 9 ~ 15 次。

（三）深入开展安全生产大整治行动

坚持实行领导带头、重点整治和分工协作的工作原则，面向全镇开展安全生产大整治行动，及时研究解决整治中遇到的困难和问题。在全面抓好各行业、各领域安全生产工作的基础上，重点突出道路交通安全、食品药品安全、校园安全、生产安全、消防安全“五项安全”。把安全生产大整治行动

---

① “安全知识十进”是指进社区、进学校、进企业、进机关、进商场、进宾馆（酒店）、进工地、进窗口、进家庭。

与日常安全监管、打非治违专项整治等活动结合起来。抽调精干力量，成立专门的执法队伍，加大对整治结果的检查力度，严肃问责各种整治不力的行为。构建村社和学校、医院、企业等生产经营单位自查、自报、自改，镇安监部门专业监管、跟踪落实的安全生产整治长效机制。

四、多措并举，强化人口管理和服务

（一）扎实做好户籍管理

该镇采取系列措施强化实有人口管理，做到底数清、情况明、无漏管。D镇有户籍人口3.1万人，集镇常住人口1.5万人。一是实行全面人口清理核实工程。对辖区内实有人口进行以“逐房、逐户、逐人”三逐为内容的人口登记，并对辖区人口基础信息系统适时予以更新、完善，做到底册与各项变动和实有人口相吻合。二是利用窗口宣传户籍政策。一方面，在群众来窗口办理业务时，向群众宣传户口管理相关法律法规，另一方面，进村组、进学校全面采集人口基本信息，例如身高、联系电话、血型、服务场所、职业等。

（二）切实做好计划生育工作

D镇坚持以“依法生育、优生优育、性别平衡、家庭幸福”为工作主题，以违法生育人数明显下降，性别比偏高指数明显下降，出生人口缺陷明显下降；人口个案信息准确率显著提升，计生服务能力显著提升，群众对人口计生工作的满意率显著提升的“三升三降”为工作目标，着力推进“生育导向、优生优育、基层基础”三项重点工作。一是创新载体，扎实开展各类宣传教育活动，计生宣传品入户覆盖率达100%。群众国策意识、依法生育意识和优生优育意识明显增强。二是兑现政策，抓好民生。切实抓好政策引导工作，做到符合政策人员“不错不漏、应享尽享”，全面及时兑现“计生民生”奖励扶助资金，落实奖扶特扶政策及时率、准确率均达100%。把计生家庭扶贫作为政府扶贫工作的重要任务进行部署，计生家庭发展能力得到明显增强。三是孕优常态，惠及群众。以实现优生优育为目标，多措并举，求实创新，全面惠及优生优育、避孕节育、生殖健康、家庭保健“四大受益人群”。

（三）认真做好流动人口管理

一是注重信息采集，加强源头管理。按照“以房管人、以业管人”和“谁用工、谁负责、谁受益、谁负责”的流动人口管理办法，采取计生办工作人员与派出所民警主动上门、错时上门、反复上门的方式，真正做到“居不漏户、户不漏人、不留死角”。转变只登记大人不登记小孩的做法，重视对流动人口携带的青少年儿童的信息登记。全面推行流动人口居住证制度。通过集中统一清查行动，对所有采集的出租房屋和人员信息进行全面核实，对登记的资料进行查漏补缺，使登记录入的流动人口信息做到账册相符、人户一致。

二是注重集中清查，摸清流动人口底数。不定期开展集中统一清查行动，在敏感节点、重在节日来临之际进行全面清查。采取“领导督导、分片包干、责任到人”的方法，分区域的清查，做到“查一片、清一片”。突出重点，加强对重点部位、重点区域的清理核查。强化用工单位和房屋出租人的责任，签订流动人口和出租房屋管理责任书，督促主动登记上报流口信息。

三是注重主动服务，构建和谐关系。在大力开展出租房屋和流动人口管理工作中，坚持以人为本的管理理念，为流动人口提供人性化服务，推行亲民、便民措施，为外出务工人员推出全程代办服务工作。

四是注重宣传教育，营造良好氛围。在走访流动人口中，积极开展法律知识和安全防范知识宣传活动，切实保障流动人口合法权益。积极宣传流动人口管理办法，不断提高流动人口守法意识、安全防范意识。

五、管建并重，推进农村生态环境保护

（一）加强环境综合整治

全面加强农村环境集中连续整治，对乡村道路，村寨院落的杂草、垃圾进行不定期地清除，对乱搭、乱建的建筑物进行清理，开展农村道路和庭院的绿化、美化行动，特别是对农村的牲畜养殖和村民居住实施分离，倡导和改变农村卫生生活观念，改厨改厕，让农村的综合环境得到前所未有的改善。同时，居住集中的村民小组的村民自发成立保洁和劝导组织，切实加强

日常的宣传和清理工作，不断推进了农村生活环境的综合整治。

（二）及时处理生活垃圾

在街道、新农村试点和人口相对集中的居民点相继铺设排污管网，改变污水横流、蚊蝇滋生、脏乱差的恶劣环境，基本实现了生活垃圾以村为单位集中堆放或填埋。在上级资金的推动下，沼气池建设进展快，禽畜粪便、植物秸秆通过发酵分解，既治理了生活垃圾、人畜粪便随处乱堆的现象，又获得了清洁能源，改变了生活方式。

（三）加强面源污染治理

引导和推进农业生产配方施肥新技术，更加注重农村有机肥的施用，确保农业生产肥料的面源污染和土地板结以及农作物的生长安全；切实加大农药施用的管理和引导，更加重视生产过程中的农药污染；切实加强农业生产过程中的垃圾和废弃物的处理，收集和填埋薄膜，最大限度地消除生产过程中的白色污染。

（四）加强饮用水源保护

重视水源地保护工作，严格执行《Y县饮用水源保护条例》，农村饮用水源纳入了环境监察范围，成立管护机构，明确管护责任。在集镇水源地划定了保护范围，设立宣传牌及警示标识。彻底清理、迁转水源保护区内的10个排污口和3户排污企业，保护措施全面落实。

（五）加强森林资源保护

加强对森林资源保护管理工作的领导。镇党委、政府成立了镇森林资源保护管理领导小组，坚持属地管理，落实村支两委责任，各村民小组分别落实1名护林员。切实抓好森林防火工作，镇政府与各村签订《森林防火目标管理责任状》，镇林业站与91名护林员签订《村级巡山员森林防火责任书》，对重点部位、薄弱环节及野外用火进行检查，消除隐患，建立专业扑火队，力争打小、打早，把森林火灾造成的损失降到最低限度。坚持依法治林，实施封山育林，严禁滥砍盗伐，严防森林火灾和林业有害生物。对破坏森林资源的违法行为严厉打击、坚决纠正。将集中打击违法行为与日常监管执法相结合，及时发现和纠正各类破坏森林资源行为。充分利用广播电视、报纸、标语等多种形式，对保护森林资源的重要意义进行广泛宣传报道，引导广大人民群众切实增强保护森林资源的意识，努力营造“保护森林资源，爱我生态家园”的浓厚氛围，引导全社会遵法、守法、自觉保护森林资源。

六、齐抓共管，统筹推进农村社会事业

（一）加速发展农村教育

近几年，大力推进教育基础设施配备，完成中小学排危1000多平方米；新建教育用房1500多平方米；新建教育配套的教师周转房230多套；改建食堂7个。新招农村教师，充实师资力量；全面推行义务教育零收费和减免收费，中小学普遍实现了农村营养午餐。整治校园周边环境，教书育人环境进一步改善。

（二）强化农村公共卫生和基本医疗

积极全面落实农村合作医疗制度，全镇人民100%纳入医疗保障。在全镇建立10个村级卫生站，群众小病不出村，都能买到药，实施基本的治疗；强化公共卫生防疫和宣传，农村农民生活的卫生环境明显改善；乡镇中心卫生院成为全县最好的乡镇卫生院。

（三）更加注重农村文化建设

经过努力，D镇文化站已经建设成为全市三级文化站；充分利用公共服务中心，建立了文化活动室；利用“村村通”，全镇95%的群众看上了电视；挖掘传统土家、苗族文化，“土家摆手舞”成为农村文化建设的一张名片。

（四）提高农村社会保障水平

几年来，D镇农村社会保障水平明显提升，主要表现在：低保对象生活保障全覆盖；60岁以上老龄人养老保险全覆盖；外出务工人员的意外伤害保险全覆盖；生产养殖的牛羊猪保险全覆盖；民政救济和优抚全覆盖；单一女孩资助全覆盖；重病和医疗保险全覆盖。

（五）倡导健康文明新风尚

积极倡导和践行社会主义核心价值观，推行殡葬改革，狠刹请客送礼不良风气，以良好的家风、村风带动形成良好的民风，全镇风清气正，健康、和谐、文明的社会风气基本形成。

第二节　C 市 Y 县 D 镇政府社会治理存在的问题

一、社会治安稳中藏患

（一）群众纠纷数量增加

因推进集镇旧城改造、房地产开发及土地房屋山林确权等各项工作，D 镇群众民事纠纷案件数量有所上升。其中，有的民事纠纷演变为社会治安案件，造成了不良社会影响，在这一形势下，乡镇政府社会治理工作难度加大。

（二）青少年犯罪增多

D 镇目前存在偷盗行为，一些居民家中经常半夜或者出门时家中被盗，也有不少居民在赶集时被不法分子跟踪偷窃，公安机关经常接收到这样的报案，D 镇偷盗行为值得政府加大安全监管力度。

（三）非法活动抬头

虽然如今社会义务教育普及，人民群众的思想素质得到了很大的提升，但是在 D 镇少数偏远的山区地带仍然存在家族、宗族思想，老人做主，家法族规至上，不遵循法律法规的思想，家族殴斗，村寨争执时有发生。

（四）治安刑事案件时有发生

近几年，D 镇存在着聚众赌博、故意伤害、敲诈勒索、寻衅滋事、妨害公务、职务侵占、强迫交易等黑社会性质的违法犯罪活动，严重破坏了当地经济、生活秩序，严重侵害了公民的合法权益。另外，精神病人伤人的治安事件偶发。

二、信访维稳任务繁重

（一）信访活动较多

信访形势总体平稳，但群众信访活动较多，有的越级上访，有的邀约集体信访。信访事件集中反映在山林土地及水源权属纠纷、失地农民养老保险、残疾人生活困难、退休民师待遇、涉法涉诉等方面。

（二）矛盾诉求复杂

因道路建设、集镇建设、电网改造等征地拆迁引发的上访事件较多。此外，因山林、土地、涉法涉诉上访、退伍军人、社会保障等历史遗留问题引发的上访事件也有一些。上访事件呈现形式多样化、主体多元化、内容复杂化、调处疑难化、矛盾易激化等特点。在上访事件中，多数人的合理诉求与少数人的无理取闹交织在一起，历史问题与现实问题交织在一起，处置难度越来越大。

（三）劝访难度加大

信访不信法、信上不信下现象突出。有的上访者越级上访，在敏感时间到敏感地点上访、集访，到乡镇外的上级党政机关、司法机关、人大机关、政协机关等部门上访，不解决问题不罢休，不产生影响不放弃，工作难做，人员难劝。

三、安全监管漏洞较多

（一）食品药品安全问题显现

一些不法商人为了牟取暴利，不顾国法，制造假冒伪劣产品流入市场，对居民的生命健康形成了巨大的威胁。在D镇，存在喝假酒劣酒导致酒精中毒事件，也存在着部分居民食用过期的食品导致生病，还有居民服用假冒伪造的药品引起中毒甚至死亡等情况，所以，D镇的食药品安全监管值得重视。

（二）烟花爆竹安全隐患不少

D镇是少数民族聚居地，逢年过节、红白喜事、祭祀亲友时都有燃放烟花爆竹的习俗，常有群众被燃放的烟花爆竹炸伤，烟花爆竹产生的声音、废物也影响了居民的生活，偶尔还会造成山林失火，房屋失火，造成林毁家亡的严重后果。这给D镇的城镇、山林群众带来了不少的安全隐患。

（三）交通安全问题难以杜绝

群众搭乘无运输许可证的客运车辆，超载过重的现象普遍。这些车辆存在很大的安全隐患，没有定期保养和检查，一出事故，车毁人亡。在D镇

2011 年至 2015 年期间内，交通事故就发生了 12 起，其中受伤 31 人，死亡 5 人。

（四）矿山建筑安全隐患较多

在 D 镇，有的矿山乱开挖、乱放炮，矿工不佩戴安全保护设施，不设置安全标示警告牌，这对矿山附近居民的生产生活造成了极大影响。乡镇发展日新月异，居民日子越来越好，腰包鼓起来了，新建的乡镇建筑也开始繁多起来，这对 D 镇建筑施工安全监管提出了考验。部分大型建筑施工场地，如学校教学楼、政府机关办公楼施工人员安全意识不足，不佩戴安全保护设施高空作业，不注重安全隐患危险施工现象普遍。

（五）自然灾害偶有发生

D 镇地处山区，山地丘陵较多，崩塌、滑坡、泥石流、地裂缝、山洪、地面沉降、岩土膨胀等自然灾害也容易发生，有些乡村居民身住深山老林，依山而建，伴水而居，如遇洪水、滑坡地质灾害极易造成人民生命财产损失。

四、人口管理杂乱不清

（一）人口计生工作薄弱

根据数据分析，D 镇人口增长与国家基本同步，符合国家计生政策规定的人口发展战略。但人口计生统计工作比较粗糙，漏统漏报问题突出。

（二）户籍管理较为混乱

一是任意变更姓名与年龄。一些人因小孩身体多病或其他原因，相信迷信，要求更改姓名。二是家庭分户较多。依据户籍管理相关法律法规有关规定，原则上一个居住家庭、生活在一处立为一户。在农村中，为了能多获宅基地而要求办理分户；城镇户口的为了办理低保，申请廉租房，要求分户。特别是涉及搬迁和补偿问题要求分户的人较多。三是补录户口问题较多。主要涉及以下几种情况：未符合计划生育规定违法生育的，由于无出生证，一直上不了户口，还是黑市人口，到了读书年龄需要身份证等证件；过去因为父母长期在外打工不申报户口，现在办理农村医保、低保需要户口、身份证等有效证件；娶来的外地媳妇因离开原户籍地多年，原地户籍已被取消，在本镇又落不了户。四是开具户籍证明问题较多。现在群众办理贷款、医保、入保险等手续，相关职能部门都要求开具户籍证明，增加了群众和户籍管理部门的负担。

（三）流动人口底细不清

一是数量不清。全镇对流入的人口动态准确数据停留于大概估计，特别是流入人口基本上没有进行精确统计，全镇人口数量、全镇人口结构缺乏精准性。二是去向不清。流动人口去什么地方，干什么工作，基本没有把握清楚。三是来路不清。流入人口是为什么来、从哪里来、来干什么，也是模糊的。

五、生态保护任重道远

（一）农村环境污染较重

一方面，D镇广大农村地区离不开种养殖业，农业生产、畜禽养殖产生的废弃物比较多，“脏、乱、差”问题突出，极易污染环境。农村生活生产污水大多不经任何处理，就直接就近排进沟渠，特别在现代新农村和新型城镇化建设过程中，污水处理率不高，污水乱排现象普遍，水污染比较严重。另一方面，D镇属大山区农村型集镇，土地平坝少，山地多，坡度大，石坳比较多，长期雨水冲刷，水土流失严重。农业生产大多选用农药化肥，有机肥应用较少，土壤分解慢，土地板结严重。农药化肥施用超标，最后渗透到土壤和水体，对农田环境造成交叉污染。地膜、塑料袋等大量使用，不易分解腐烂，影响到土体的透气和疏松程度。农作物秸秆收集成本较高，再利用率低，被村民随意堆放或直接燃烧，加重土地面源污染。

（二）林地草地破坏严重

农村林地草地资源保护形势严峻。D镇林地草地坡度大，水土流失难治理；超限和非法采伐林木问题突出；大力发展养殖业，而饲草又跟不上，林草生态难以恢复正常；一些不法分子为追逐高额利润，大肆猎捕野生动物，乱采滥挖野生植物，破坏了森林草地的自然生态。

（三）集镇环境污染加重

集镇居民生活环境不清洁，污染较为严重。一是全镇没有垃圾收运系统和处理系统，都是露天堆积，长年焚烧，影响空气质量。二是污水横流，污水与雨水并排现象随处可见。集镇中心的小河沟变成了沿途沿线居民的排污沟。三是集镇养殖的猪、鸡等牲畜量大，杂音、粪便、臭气污染严重。

六、社会事业发展滞后

（一）教育资源短缺问题突出

D镇教育设施适应不了形势发展需要，安全隐患突出。为了保障基本教学，有的学校不得不挤占图书室、计算机室用作学生上课的教室。同时校园场地狭小，生均面积小，不仅影响学生课余活动开展。随着集镇人口增长和随迁子女就近入学的增多，解决教育资源短缺问题刻不容缓。

（二）基层医疗卫生条件亟待改善

随着医药体制改革政策的深入实施，国家公共卫生服务建设资金逐步向基层倾斜，推动了基层基本医疗卫生条件的改善，但与人民群众追求更高的医疗卫生条件相比，仍然存在较大差距，基本公共卫生条件仍需改善。由于医疗卫生条件资源不足，导致应对突发公共卫生事件、疫病防治等社会治理工作的压力越来越大。

（三）基层文化事业发展严重滞后

D镇虽已经建成综合文化服务站，各村也建起了农家书屋，但基本处于闲置状态。很多村虽已建起文化活动室，但功能淡化，或挪作他用，公共资产尚未真正发挥应有作用。由于农村文化基础设施建设的公共财力投入严重不足，基层公共文化服务职能未充分发挥，因此D镇缺少市民文娱活动广场，农村集体文化活动组织困难。乡镇基层文化发展滞后，一定程度上给不良社会风气的滋长提供了空间，尤其是群众聚众打牌、赌博等问题的出现，增加了社会的不稳定因素和政府开展社会治理的难度。

第三节 C 市 Y 县 D 镇政府社会治理存在问题的原因

一、社会治安防控乏力

（一）基层治安防控力量薄弱

这是基层治安防控乏力的主要原因。D 镇全镇派出所共有 14 个干警（含治安协警 6 人），工作人员严重不足，而管辖范围除了 D 镇 168 平方公里、3 万多人口外，还有三个乡，共近 10 万人口和 500 平方公里辖区，加之山区交通不便，导致人均管理工作量大，各种治安防控力量薄弱。

（二）群防群治体系尚未形成

群防群治体系尚未形成，究其原因：一是有些领导对群防群治工作重视不够，工作措施不力。二是一些基层保安组织各自为政，公安机关不能有效地介入管理和指导。三是由于经费短缺，群防群治人员的医疗保险等得不到应有的保障，一定程度上挫伤了工作积极性。四是专职防范力量发展不平衡、素质参差不齐，特别是经济发展较弱的乡镇，群防群治组织特别是农村治保组织萎缩弱化。五是农村群众当中的青壮年劳动力大量外出，治安群防群治缺乏必要的人力保障。

（三）对青少年教育监管不到位

随着新媒体时代的到来，手机、互联网大量普及，信息获取渠道变得更加便利，各类信息泥沙俱下，充斥手机、互联网等新媒体。物质主义、拜金主义、享乐主义信息成为青少年思想的最大腐蚀剂。出生于 20 世纪 90 年代末和 21 世纪初的青少年正处于人格心理的重要成长期，人生观、价值观、世界观尚未成熟，是非判断力、抵制诱惑能力均有欠缺。加之父母常年外出务工，农村地区青少年普遍缺乏必要的家庭教育，学校注重的是升学率的提高，没有把思想和心理健康教育真正放在心上、抓在手上，即使设置了有关课程，但教育方式刻板教条、枯燥乏味，难以达到教育效果。因此，若不保持高度关注，采取有效措施加以正确引导，那么农村地区青少年的心理健康问题的确令人担忧。

二、信访维稳息诉难调

（一）群众法治意识淡薄

由于D镇地处边远山区，法律法规普及面及受众人群分布不平衡，因此D镇的部分群众法律法规意识淡薄。他们遇事不找法律途径解决，而是凭经验到各地各单位上访诉闹，不讲法理，不讲政策，只讲自身的诉求，只认自己的死理的现象突出。

（二）上访者逐利思想严重

D镇正处于重要的转型期，每项措施的实行，必将触动一部分人的切身利益。一些因房屋拆迁、土地征用、农村集体经济管理等引发的群众违法上访，给D镇信访维稳工作带来了极大压力。有些人信访并不是以解决问题为目的而进行信访，而是以获取利益为目的进行信访。他们在上访中不以事实为依据，不以法律为准绳来合理合法地争取自己的权益，而是以不切实际的金钱追求为目的来缠访、闹访和无理群访，让基层政府和工作人员无法调解，无法开展工作。“信钱不信理”的现象突出。

（三）乡镇处理信访能力弱

随着经济社会的发展，一些深层次的问题随之凸显，新的矛盾和新的问题不断产生。由于乡镇工作人员法律法理知识以及工作能力与做好农村信访工作的素质要求有很大差距，致使解决信访工作问题的能力不强，不能很好地实现“事事解决”的目标。有的信访案件由于诸多历史原因，长年未能得到妥善解决，加之信访问题比较复杂，涉及的部门多，需要多部门联合协调解决，但乡镇政府联合协调能力有限，无法整合相关行政部门的资源，致使有的信访问题不能得到及时有效的解决。

三、安全监管面大量广

（一）安全生产监管重视不够

领导重视，一般同志漠视；责任部门重视，协作部门轻视。由于重视程度不平衡，导致安全生产监管存在死角。有些干部和部门没有把安全生产放在心上，思想上重视不到位，安全生产监管措施落实不到位。在大量的工作面前，面对繁重的工作压力，面对面广量大的安全监管范围，安全生产监管人员少、投入不足等问题较为突出，导致监管责任落实不到位。

（二）从业人员监管水平不高

由于乡镇安监人员都是从部门中抽调出来，没有经过专业培训、系统学习，都是半路出家，因此，面对专业性很强的检查，不知道怎么检查、检查什么、从哪检查，检查的标准是什么。由于乡镇中心工作繁杂，人员兼职太多，安检队伍难以专业化，加之安全监管工作待遇低、风险大、责任重，导致基层干部畏难情绪滋长，人员变动频繁，监管力量薄弱，不会管、不敢管、管不了的问题相当普遍。集中表现：安全监管人员不具备或不全具备专业性知识与技能；日常监管难以发现专业性强的潜在隐患；对发现的隐患难以提出专业性的指导意见。

（三）安全监管类型独特复杂

一是食品药品安全具有隐蔽性，检查需要专业性。乡镇政府无法开展食药品的安全检查、检测，只能检查产品的保质时间，无法确定其是否对人体有害。市场上食品药品种类繁多，食品药品添加剂难以检测。

二是道路交通安全具有偶发性，检查具有定期性。乡镇政府在对道路交通安全的检查上只能提醒和查看运输从业人员的各种手续、保险是否齐全，是否超重、超员、超载等，不能真正杜绝车辆机械本身潜在的安全隐患。而车辆的定期保养和维护，只能依靠车主或从业人员的自觉自愿、自身检查。

三是烟花爆竹安全具有分散性，检查具有集中性。农村红白喜事、婚丧嫁娶、进新屋，庆生都要燃放烟花，而且使用的量大，相互攀比讲阔气、比排场，很多安全事故都是在燃放烟花爆竹时发生。乡镇政府在烟花爆竹安全监管上只能集中加强对运输和贩卖点的监管，而对使用者无法进行管理，只能提醒、宣传、教育。

四是自然灾害具有突发性、检查预测难度大。特别是地震、地质滑坡、洪水、泥石流、干旱等自然灾害涉及群众的生产生活，来得突然，乡镇政府在自然灾害安全面前大多只能施以灾后救助。

四、人口管理基础薄弱

（一）人口流动频繁

现在的农村流进流出人口难以计数，动态性强。流出的不知去向，流进的来路不明，什么时候来，什么时候走，难以准确掌握；自由、松散、无序的人口流动让人口管理的一些办法无法落地。农村暂住、计生服务、社会保障、医疗保险都因人口流动的频繁而难以保障和落实。

（二）管理服务欠缺

人口管理和服务工作本身是系统的民生工作。由于农村人口流动频繁，乡镇政府机构设置不健全，有些工作人员责任心不强，导致农村人口管理服务工作满足不了农民群众的要求，不能及时、有效地为群众提供服务，即使能提供，也有繁琐的程序和手续。

（三）户籍问题复杂

一是分户现象突出。在西部农村，贫困人口较多，国家以“户”对贫困人口进行补贴，有些群众为了得到补贴要求派出所为其分户，有些为了自己能成为户主可以贷款而要求分户。在利益驱动下，有些群众采取假结婚、假离婚、假分户的手段骗取更多好处。

二是原来户籍管理登记错误较多。主要表现在姓名错误、出生日期错误、户口漏登（部分群众长期外出打工或为了躲避计划生育政策携全家外出，超生多胎又不在合法医院接生，没有出生医疗证明，这部分人现在要求补录户口）问题较多。

三是出生年月项目差错更正难。出生年月差错的原因很多，查找相应的户籍资料不方便或因历史原因户籍资料丢失而无法提供原始依据，而公安机关在审批此类申请时把关较严，许多出生日期和姓名差错因无法提供相关依据而无法更改。

五、环境保护量大力弱

（一）群众环保意识淡薄

由于农民受教育水平普遍不高，许多农民没有“环保”概念，生产生活中习惯按照传统方式处理垃圾。农民更多考虑的是如何提高自己的收入，环境保护意识淡薄。学校对学生进行环境保护的宣传教育不够，有的地方“征服自然就是生存”的传统观念代代相传。农民群众对环境保护的认识还停留在“只有工厂排放的污染物才是污染”的认识层面，对于农村使用农药、化肥、牲畜养殖等产生的污染尚未完全认识。这种认识上的盲区是导致农民环境保护意识淡薄、农村生态保护不力的重要原因。

（二）基础设施不匹配

农村产生的污染物大都以自然状态分布堆积在老百姓生产、生活的周边，形成了农村村庄和生活庭院“脏、乱、差”现象。农村污染物的处理一般只对人的粪便实施了化粪池处理，其他污染物由于缺少处理设施，仍然处在自然分解状态。

（三）农村污染治理不力

农村污染物治理缺乏行之有效的手段和措施，还没有形成污染治理机制。不管是老百姓，还是基层政府，都没有投入人力、物力、财力治理农村污染物。农村污染物治理还处于自然状态，民间和政府没有形成共治和合力。

六、社会事业保障不足

（一）投入不足

一是农村教育投入不足。学校教学设备陈旧，教学设施不足，教学方法落后，缺乏完整的科学实验仪器；没有配套教学使用的学生计算机，没有多媒体教室设备、语音室设备、音乐教学设备等。以上这些仍是制约农村教育发展的重要因素。乡村学校与城镇学校的差距很大，从教育器材来看，城镇学校黑板使用磨砂玻璃或磁性黑板，而农村学校大部分都还在使用水泥黑板，甚至还有木质黑板，更谈不上城市中已经广泛使用的电化教学、多媒体教学。

二是卫生事业投入资金不能满足发展需求。由于财政投入有限，医院只能采取攒、贷、借的办法维持医疗业务运转。医疗机构人员进修培训、基础设施维护、医疗设备更新等经费基本依靠自收自支，无法解决大型基础设施及大型医疗设备引进所需的资金问题。

三是基层文化事业经费投入不足。由于农村基层文化事业发展所需资金短缺，因而没有资金建设农村广场，没有资金购买开展农村文化活动所需设施设备，更没有资金奖励从业人员，只能依托一些简易的场地和有兴趣爱好的人士推动农村文化事业的发展。

（二）人才紧缺

一是农村学校师资紧缺。偏僻农村和少数民族地区师资不足现象较为普遍，农村学校年轻教师、优秀教师流失严重，部分年轻教师被政府部门借用，还有的通过关系调入城镇，一定程度上造成教师队伍不稳定，影响了学校的教育教学质量。

二是缺乏专业医疗技术人员。乡镇卫生院医务工作者大部分学历不高，只能医治一些普通常见病，一旦遇到急、危、重症病人就显得束手无策。由于乡镇卫生医疗设施简陋，条件较差，医学专业的学生一般不愿去乡镇医院、社区卫生服务机构工作，更不会去村卫生室。

三是缺乏基层文化事业建设人才。主要缺乏文体方面的专业人才和组织人才。在农村，这两个方面的人才缺一不可。没有专业人才，只能是群众的自娱自乐，无法推进农村文化事业的发展；没有组织人才，整个农村文化活动就会瘫痪。

（三）机制不全

一是投入机制不健全。发展社会事业的资金投入没有形成制度化，随意性大。重视社会事业的基层政府就会投入多一点；不重视社会事业基层政府就会少投入一点，甚至不想投入。作为贫困落后的西部地区乡镇政府，有的连工作人员的基本工资都难以保障，绝对没有多余的资金投向社会事业。

二是选人用人机制不健全。乡镇政府在选人用人时，受人情、关系等方面的影响，招录进来的人员的专业技术水平较低，不能有效开展工作，影响了社会事业的发展。同时，乡镇社会事业人才的培训、交流和发展机会少，社会事业人才的选拔培养没有形成成熟的机制。

三是考核机制不完善。完善的考核机制对社会事业的发展起着监督保障作用，但 D 镇的考核机制还不完善。一方面只注重工作人员上下班考核，不注重工作实绩的考核，导致社会事业工作人员敬业精神不足。另一方面只注重经济发展水平的考核，不重视社会事业发展指标的考核。

第四节 加强和改进乡镇政府社会治理的对策措施

加强和改进新形势下乡镇政府社会治理，必须着力于维护社会的公平正义，着力于维护社会的和谐稳定，着力于维护人民群众的根本利益，着力于维护健康文明的社会风气，切实增强社会发展活力。这是一项长期的系统工程，需要进行坚持不懈的努力。

一、构建社会治安综合治理体系

（一）强化治安综合治理宣传

在治安防控工作中，要采取多种形式强化对治安防控的宣传。要利用宣传车、广播、电视、网络、标语等手段和方式，在群众集中的地方、村组、单位、企业等人口密集场地，经常性地开展宣传工作。要让群众自觉提高对社会治安防控工作的认识，变“要我防”为“我要防”，变“被动补防”为“主动设防”。镇、村两级要明确不同时段的治安防控重点，明确具体责任人，细化应急方案；要将最新最急的治安信息传达到群众中，及时广泛宣传治安防控技能技巧，通过宣传建立起平安基层的第一道屏障。

（二）发挥各种有利资源的作用

一是发挥广大人民群众的积极作用，增强广大人民群众自我防范、自我保护的意识，切实加强安全建设；二是发挥乡镇政府各部门以及村委会等基层群众自治组织的积极作用，敢于和各种违法犯罪活动作斗争，在巡逻值班、单位安保、守楼护院等方面发挥主力军作用；三是选好用好地方、单位的负责人，严格落实主要负责人、分管领导的主体责任，班子成员的协管责任；四是做好人防、物防和技防工作，主要路段、主要地点必须设好关卡，安装好必要的摄像装置、治安防护装置，做到人防、物防、技防的“三统一”“三结合”。

（三）不断完善治安防控机制

一是完善联动机制。乡镇各部门与村组群众要联防联动，不论在平时或重要节假日，还是在集镇或边远地方，都要有治安防控网点和人员，做到不漏时段，不漏地段。二是建立快速反应机制。派出所、综治办、村组治安防控力量，要制定信息发布和力量调集预案，一旦发现治安事故苗头，能够第一时间赶赴现场加以置。三是建立治安防控责任机制。坚持谁主管、谁负责，落实防控属地管理责任，把宣传、防范、打击的任务明确到单位和个人，把治安管理责任网格化到个人，确保治安防控没有死角和盲区，形成“防得早、控得住、管得严、打得准”的治安防控机制。

（四）加强特殊人群服务管理

一是管好流动人口。进一步发挥乡镇流动人口服务管理所的职能作用，加强对各村服务管理工作站的管理、指导和督促，进一步明确任务，落实责任，完善制度，强化考核。切实做好外来人员的服务工作，优化外来务工者的居住、劳动求业、社会保障、子女求学等公共服务，依法维护外来务工者的合法权益，引导他们依法维权，阻止非理性暴力维权和集群维权。以加强出租房屋管理为重点，加强对混杂在外来人员中的高危人群的监管，努力减少外来人员违法犯罪活动。二是管好其他特殊人群。加强特殊人群监管和帮教工作，认真组织“摸排”工作，严厉打击“法轮功”等邪教组织的各种违法犯罪活动，同时切实加强对社区矫正人员、归正人员的监管，关注他们的工作和生活情况，遏制重新犯罪现象的发生。

二、提高基层信访组织工作能力

（一）落实信访领导机制

信访工作是新时期的一个老大难工作。老大难工作“老大”出面抓、出面干，老大难问题就不会太难，因此，乡镇政府要建立主要领导抓信访工作的责任机制。乡镇主要领导作为乡镇政府信访工作的第一责任人，要定期研究、定期解决信访问题，确保信访问题发现在萌芽，处理解决在苗头。乡镇政府要设立信访办公室，落实人员和经费，经常性开展接访工作，赋予信访办综合协调职能和督办问责职能，确保信访办有权力、有经费、有能力处理好合理的信访问题。

（二）畅通信访渠道

信访工作宜疏不宜堵。因此，畅通信访渠道尤为重要。作为乡镇政府的信访工作人员应主动作为、积极作为，为社会治理创造良好环境。一要变群众上访为干部下访。通过干部主动走下去了解社情民意，疏导他们的情绪，化解他们的矛盾。二要带着信访案件约访。通过与信访当事人见面，了解当事人的信访诉求，明辨当事人的信访事由，引导当事人走法制信访途径。三要广开言路接访。不把群众信访视为洪水猛兽，正确面对广大群众的合理信访，把信访作为联系群众、了解民生、推进工作的窗口和手段，定期不定期地开展接访工作，并且形成常态，让老百姓合理诉求得到及时反映，从而减少越级上访现象的发生。

（三）规范信访行为

一是加大对《信访条例》的宣传，引导群众合理合法信访，不无理信访、无理缠访和越级上访。要加强对涉法上访人员的法制宣传教育，对上访人员所反映的问题有针对性地进行宣传教育，引导他们按照法律规定的程序加以解决，使他们知法、守法、信法。二要善于运用党的政策化解社会矛盾和冲突。党的政策是处理纷繁复杂社会矛盾的依据和准则，特别是对于不涉法的信访案件，要严格按照党的政策办事，不按照政策办事，则一错全错，后患无穷。三要善于利用法律来化解冲突。对大多数群众来说，通过动之以情，晓之以理的方法是可以化解他们之间的冲突的；但对于少数失去理智、无法无天的闹事者，最有力的武器是法律，最有效的办法是依法处理。

（四）注重信访源头管理

一要做好农村基层工作。农村基层工作是做好信访源头管理的前提，基层工作做好了，群众怨气就会少，信访问题也就不可能出现太多。因此，做好了农村基层工作，也就是抓住了治理信访问题的根本。二要强化信访源头处置。把苗头性、倾向性信访诱因把控在最小状态，不扩大和不激活，把信访问题及时处理在萌芽状态。三要加大初访和首访的办理力度。应本着一次性疏导、一次性办理的态度，把首次来信来访合情合理地加以解决，不拖泥带水，不贻误解决信访问题的最佳时机，让群众的合理诉求得到最快的解决，确保不再出现重访、集访、闹访和越级上访。

（五）以法治思维引领信访

一是依法开展信访工作。各级领导干部要带头学法、遵法、守法、用法，坚持法律政策底线，形成办事依法、遇事找法、解决问题用法、化解矛盾靠法的法治环境，让信访工作回归《信访条例》，防止“大闹大解决、小闹小解决、不闹不解决、一闹乱解决”现象的出现。二是依法办理信访事项。由于一些信访群众具有攀比心理，不患寡而患不均，因此领导干部处理信访案件时，既要解决老问题，又要预防新矛盾的产生。不仅不能助长信访中的歪风邪气，而且不能为了一时一事的解决而突破法律政策底线，从而引起新的攀比和问题。三是依法引导诉访分离。要运用法律渠道解决信访问题，实行诉讼与信访分离，把涉法涉诉信访问题纳入法治轨道加以解决。四是依法处理违法行为。一些信访群众片面强调权利而不遵守法律和履行义务，违反《信访条例》规定，不到指定接待场所反映问题，不依法逐级上访，要加大依法处理力度。

三、增强基层公共安全监管能力

重视公共安全，是维护人的生存、保障人的发展的必然选择。乡镇政府社会治理必须将公共安全的监管抓在手上，放在心上，以一刻都不能松懈的精神抓好落实。

（一）增强公共安全监管意识

乡镇政府是安全生产的监管主体，必须增强公共安全监管意识，克服“事故难免碰运气”的观念，改变重经济发展轻安全生产的做法。这样的思想观念和做法不加以改变，安全生产就难以落到实处。乡镇政府一把手要对辖区内安全生产负总责，要成立安全生产委员会和安全生产办公室，选优配强安全生产管理人员并保持相对稳定。要层层签订安全生产责任状，按照“谁主管谁负责，管生产必须管安全”的原则落实责任。

（二）抓好公共安全重点领域的监管

应坚持“预防为主，综合治理”的方针，强化政府监管责任、部门安全生产监管责任、企业主体责任及村级安全员队伍责任。乡镇政府应本着对人民生命财产安全高度负责的态度，加强组织领导，主要领导和分管领导亲自抓、亲自部署，专题研究本地区公共安全方面存在的突出和重点问题。应切实抓好食品药品、道路交通、消防安全、危险化学品及烟花爆竹、特种设备、建筑施工等重点领域的安全监管。对于重大公共安全隐患要予以公告公示，确保公共安全隐患防患于未然。要充分依靠人民群众的力量，让群众参与公共安全的监管。要以安全生产执法、宣传教育培训、综合治理为契机，持续推进安全生产标准化和应急救援体系建设。

（三）健全立体公共安全监管体系

乡镇安全监管组织应向村一级拓展，把监管的重点放在一线，摆在基层，把隐患解决在萌芽状态。乡镇安全生产责任制、工作制度体系应向村一级拓展，加强对村一级安全生产宣传教育，调动群众参与安全监管的积极性，不断增强群众的安全意识和自救能力。乡镇安全隐患排查整治体系应向村一级拓展，加强村一级安全隐患排查和整治，成立以村民委员会主任为主要负责人的安全生产检查队伍，对辖区内安全隐患进行常态化的排查整改。

（四）建立专业的公共安全监管队伍

加强公共安全监管队伍建设，是做好公共安全工作的前提。首先，应科学地组织监管队伍，合理地配备人员。切实做到主要领导和分管领导带头负责，并配备一定的专业人员和业务人员，做好监管人员安全教育培训，学习了解相关法律知识和安全生产知识；加强对监管人员的思想政治教育，提高监管人员的政治觉悟和职业素质；努力提高从业人员的业务水平，建立定期定时学习制度，丰富监管队伍专业知识。其次，应制定监管队伍的制度规范，做到管理科学。制定一系列规范的安全排查、人员管理、责任处罚，工作奖励等制度，让监管队伍在公共安全监管中尽职尽责、尽心尽力。最后，应该加强监管队伍的装备建设，为监管队伍及其人员配备比较先进、适用和必要的装备，以适应地区安全生产工作排查和应急处理的需要。应强化自身业务素质的同时，与专业性人才紧密结合，充分发挥专业性技术人才的作用，对危险源、危险场所等有安全隐患的场所进行严格的排查整治，切实做到不安全不生产，要生产必安全。

（五）提升公共安全监管执法能力

一是通过系统学习、培训，提升监管队伍业务素质与能力，强化监管队伍的政策意识，使之熟悉相关行业安全技术标准。二是强化监管人员的法律意识，使之树立法治理念和法治思维，自觉运用法治方式解决日常安全监管工作。三是通过推进行政许可，促进隐患整改和专项整治，加大公共安全监管力度。四是加大公共安全检查力度，实行日常安全监管登记制度和台账式管理制度，确保辖区内高危企业接受执法检查面每月达到100%。五是严格执行安全许可制度，对高危行业严格执行“三同时”制度。六是严厉查处公共安全事故，加大责任追究力度，坚决纠正有法不依、执法不严。

（六）建立公共安全监管培训常态化机制

加强公共安全培训是做好公共安全工作、有效预防各类事故发生的必要措施。为此，必须分门别类对乡镇主管领导、安全管理人员进行法律法规、行政执法、业务知识培训，对特种作业人员实行技能培训，对新上岗的农民工开展喜闻乐见、寓教于乐的安全知识培训，确保以上三类人员培训上岗率达到100%。此外，要开展各种形式的宣传教育活动，增强宣传教育的亲和力，倡导和树立“以人为本”的安全价值观，使安全发展理念深入人心。

（七）加大公共安全监管投入

一是加大对公共安全监管的投入，将安全工作经费纳入财政预算，足额保障，使公共安全监管队伍建设、人员培训、人员薪酬和奖励等经费得到保证。二是配备一定的专项经费，确保有足够的财力、物力用于及时解决和处理安全隐患。三是聘请有资质的专家对辖区内企业进行全面的安全“诊断”，帮助制定整治良方，以弥补安监力量的不足。只有投入到位，才能整治各种安全隐患，落实各类安保措施，有效预防各类生产事故的发生。

四、抓好人口管理与服务

人口管理与服务是当前乡镇政府面临的重要任务，也是乡镇政府社会治理面临的严峻考验。做好人口管理与服务工作，是社会治理的必然要求。

（一）加大人口计生知识宣传

人口计生部门和乡镇工作人员一要深入农村发放计生知识手册、传单，运用宣传车、广播等向群众宣传计生知识；二要充分运用服务网络优势，借助大的电台、大的网络、大的报刊等平台积极开展宣传咨询服务，把宣传相关政策和法律法规咨询工作延伸到农村基层一线；三要大力宣传有关户籍管理的法律法规和政策，帮助群众充分认识到身份证与户口簿是证明公民身份的唯一有效法律证件；四要在各种公众场所及时公开各种户口政策与办事、办证流程，增加办事透明度，增强群众对户口登记严肃性的认识。

（二）突出抓好重点人群管理

一是对于流入乡镇的已婚育龄妇女可以凭借流动人口婚育证明在现居住地定期享受免费的避孕节育和生殖保健服务，对于流出乡镇的已婚育龄妇女，可以定期催要当地计生部门的服务证明或要求育龄夫妇回原地接受服务，有效防止流动人口的违法生育行为。二是不断完善信息系统，特别要加大人口系统和派出所基础系统的同步升级，以便更好地完善人口信息。三是完善全国人口信息共享平台，全面了解和掌握外来人员的基本信息，更好地管理外来人口。四是抓好农村留守人口中老、弱、病、残人员的管理，特别要加强对精神病人的登记造册工作，做到有效监控，注重管理。

（三）积极提供各项优质服务

一要切实将计划生育生殖保健优质服务延伸到流动人口之中，积极为流动人口提供良好的生育服务，如定期提供免费健康体检服务，完善计生孕优孕检服务等。二要建立管理办公室，对流动人口开展“一条龙”贴心服务，做到政治上关心、生育上贴心、生活上暖心、生产上热心，使其真正享受到一视同仁的待遇。三要加强硬件设施的建设，提高办证速度，快捷服务群众，建立城乡一体的户籍管理体系。四要加强死亡人口的注销管理，建立及时注销死亡户口的监督和约束机制。特别是乡镇工作人员要深入实际了解情况，本着实事求是、认真负责的态度，上报一项，注销一项。

五、加强生态环境保护

生态环境保护，刻不容缓。必须从基层基础做起，以时不我待的精神调动各方面的积极性，强化对生态环境的保护。

（一）加强环保知识宣传

从根本上解决好农村环境问题，就要加大环保知识宣传力度，增强农民的生态环保意识，让农民牢固树立“保护第一、生态优先”理念，提倡文明生产生活方式和绿色消费观念。只有增强农民的生态环保意识，才能调动农民参与农村环境保护的积极性和主动性。为此，环保宣传部门要适应新形势，以提高农民环境保护意识为重点，面向乡镇，采用电视、短信、传单、板报、广播、文艺表演、专题讲座、组织培训等方法，加大对农村居民环境保护知识的宣传力度，帮助农村居民了解农村环境问题、发展趋势及其危害。进而让民众形成环境保护的共同认识，从源头上减少环境问题的产生，变不知道污染为不愿意污染，更好地改善农村人居环境面貌，以适应新农村建设和新型城镇化建设的需要。乡镇基层党组织、政府机关的党员干部都要发挥先锋模范带头作用，不仅自身要了解环境保护的重要性，而且在生活和工作中要严以律己，率先垂范，带动乡镇群众共同保护生态环境。

（二）完善农村环保机制

机制缺失的危害甚于污染本身，要完善农村环保机制，一是建立稳定的环保经费投入机制，保证环保经费持续稳定；二是建立执法队伍工作机制，保证执法不缺位，鼓励全民参与环保，壮大环保队伍，形成环保合力；三是建立技术投入机制，引进和开发低成本、高效率的垃圾处理、生产生活污水处理技术；四是建立覆盖全农村的环境监测和环境监察工作机制，做好环保信息咨询服务和污染事故应急处理；五是建立完善的环境保护法律约束机制，针对农村垃圾处理、污水处理、禽畜养殖污染、面源污染、土壤污染和林草地破坏等问题，要严格加强法律的制度性约束，强化法律监督功能，依法加大对破坏环境行为的惩处力度。

（三）保障信息服务和技术支持

内因对事物的发展起决定作用，因此要重视增强人们的环保意识。外因对事物的发展起推动作用，因此解决农村环保问题应有必要的信息服务和技术支持。一方面，政府应加大农村环保资金投入；另一方面，政府要为农业产业结构转型升级、农村垃圾处理设施设备的不断完善、垃圾回收和再利用等提供相应的信息服务和技术支持；再一方面，政府应帮助农民做实做强农业产业化，帮助农民开发农村新能源，优化农村燃料结构，扶持发展生态农业、绿色产业。

（四）以农业产业化带动垃圾处理产业化

积极探索农民参与可用垃圾的回收再利用，比如将秸秆加工成饲料，将废衣物加工成棉被，将废旧塑料加工成再生颗粒等。既可以以“公司＋合作社＋农户”的模式，也可以以农户集资的形式，走农业产业化路子。在发展农业产业化过程中，废弃物的处理也要纳入整体经济发展中加以统筹谋划，这样既延长了农业产业链条，增加了农业产品的附加值，又扩大了农村就业空间，改善了农村人居环境，实现了良好的社会效益和生态效益。

六、加快发展农村公共事业

（一）重视农村社会事业发展规划

政府在农村社会事业发展规划中起着主导作用，应做好社会事业发展规划工作，把农村社会事业发展与农村城镇化发展一起规划一起部署。要坚决克服重城市轻农村的错误思想，注重城乡一体化发展，把农村医疗卫生、教育科技，水利交通等作为全面建设小康社会的重中之重加以安排、部署和落实。力求规划上有项目，项目上有资金，建设上有保障。要坚持城乡社会事业统筹协调发展，尤其要加强农村基础设施建设，优先发展公共性、农民受益面广的社会事业。要努力发展义务教育，开展农民技能培训，完善社会保障制度。要引导社会力量积极参与农村社会事业发展，尤其要发挥民间组织在环境保护、社区服务、文化卫生等方面的积极作用，建立政府、社会、个人三位一体的公共服务机制。

（二）提高农村社会保障水平

目前，农村社会保障仍停留在解决温饱问题之后的较低水平。特别是医疗、养老等保障水平离全面实现小康社会目标还有较大差距。因此，一要提高农村各项社会保障的标准和水平。比如，最低生活保障应由现在的200－300/月元提高到800元/月左右；医疗保障应从小病延伸到大病、特病领域；农村养老保障应从现在的600元/月提高到1000元/月左右，并随着经济发展水平的提高而提高；二要扩大社会保障涵盖领域，让农村群众从出生到死亡，从上学到就业，从生活到生产等都有全面的社会福利保障；三要及时有效地提供社会保障，特别在群众最需要的时候和最需要的地方，社会保障各部门和社会保障各行业应积极提供各种保障服务。

（三）解决农村教育存在的突出问题

解决农村教育存在的突出问题，一要在基础教育设施投入上下功夫。要以改造力量薄弱的学校为重点，完善农村学校布局，以点面结合的方式，方便农村子女就近入学。要着力解决农村中心校的大班额问题，扩大学校规模，增加教学用房和学校运动场地。二要加大农村教师的招考力度。从师资力量上壮大农村教育力量，提高农村教育水平，全面取消农村代课教师代课现象。三要增添农村学校的教育设施。要与城镇学校同步考虑和配置教育教学设施，让农村学生也能享受到城市的教学质量。四要完善农村学校的现有科目。要进一步关心农村学生的身心健康，在继续办好农村营养午餐的前提下，做好农村儿童，特别是留守儿童的心理辅导，让农村学生德、智、体、美、劳全面协调发展。

（四）加快农村医疗卫生服务体系建设

加大对农村医疗卫生的投入，建立乡镇村级医疗卫生体系。要以镇为中心、村组为站点，做到小病不出村组，一般疾病不出乡镇。要加大对乡镇中心卫生院、村卫生所的支持力度，配齐乡镇中心卫生院和村卫生站的医疗设备设施，达到基本诊疗水平，保证乡镇中心卫生院、村卫生所房屋建筑面积基本达标。要引进基层医务人员和医护人员，稳定乡村医生队伍，完善绩效考核制度，调动人员工作积极性。要定期开展人员培训工作，提高人员素质。规范和改进乡镇中心卫生院和村卫生所收费制度，依托于新农合支付标准和办法。要在充分完成医疗保险报销的基础上降低医疗费用，制定多渠道补偿政策，切实减轻老百姓的医疗支出压力，让群众真正能看得起病，在农村卫生医疗点能治得好病。

（五）营造农村积极健康的文化氛围

要充分发挥乡镇文化中心（站）的作用，带头抓好村社区的文化娱乐、健康休闲等活动，营造积极向上的文明健康的文化氛围。要在乡镇、村组分别组建各种文体协会、健身组织、文艺团队，带动群众参与到喜闻乐见的文化活动中来。要加强农村文化活动所必需的硬件设施，如农村广场、健身步道、文化活动室、阅览室等农村文化活动的场所。要让农村组织活动有人抓、有人管、有场地、有设施，能开展丰富多彩的文化活动。要与时俱进地利用好网络，在广播、电视、手机等终端上丰富农村文化，让其享受现代文明成果。要充分挖掘乡镇和村组的传统民族文化，传承和发扬好民族精神，让农村成为有精神追求、有文化氛围的新农村。要积极探索社会主义核心价值观在农村的普及和提升，让乡风文明、乡邻和睦、村容整洁、诚信友善的社会主义新农村面貌焕然一新。

第八章

乡镇政府信访工作研究

——以G省G市L镇为例

第一节　G省G市L镇政府信访工作现状及特点

一、G省G市L镇概述

G市L镇面积广、地势高、生态好，现下辖31个村居，2015年末全镇总户数近万户，其中农业人口约占总人口的88.4%，外来人口约占总人口的8%。近年来，随着城乡一体化和美丽乡村建设工作的稳步推进，生态农业、生态旅游业蓬勃发展，各种经济形态百花齐放，经济形势一片大好。2015年，全镇GDP达到13.8亿元，五年间增长了1.63倍，年均增长21.4%；固定资产投资达到4.52亿元，五年间增长了2.71倍，年均增长30%；旅游总收入和接待游客总人次屡创新高，2015年，全镇接待游客279.01万人次，五年间增长了99.21%，年均增长14.8%；实现旅游总收入11.38亿元，五年间增长了1.26倍，年均增长17.7%；镇农村居民年人均纯收入达到13752元，五年间增长了73.7%，年均增长11.67%。①

① 数据来源于G省G市L镇官方统计年鉴。

二、G省G市L镇政府信访工作现状

（一）组织机构及人员配置

按照L镇政府党政机关职能配置、内设机构和人员编制的相关规定，设立L镇综治信访和维稳办公室，办公室设主任1人，副主任1人，工作人员6人，共8人，其中行政编制工作人员2人，事业编制工作人员1人，其他身份工作人员5人。同时，按照上级要求，为整合综治信访维稳、司法、公安、劳动保障、城管执法等各方维稳资源，加强综治信访维稳的基础建设，在区、镇两级设立综治信访维稳中心。其中，L镇政府镇党委副书记担任中心主任，镇政法委员担任中心专职副主任，镇综治信访和维稳办主任、镇派出所所长、镇司法所所长、镇法庭庭长及镇经济服务办主任担任中心兼职副主任，22个镇属职能部门为中心成员单位。

（二）资金投入及硬件设施

L镇政府财政投入专项建设资金，已建成并投入使用的综治信访维稳办公室总使用面积200平方米以上，包括集中办公区一间，受理大厅一间，联席会议室一间，矛盾纠纷联合调解室一间，资料档案室一间。同时配齐办公桌椅、会议桌椅、接待桌椅、电脑、电话、传真机、复印机、打印机、文件柜及档案柜等办公设备，受理大厅安装视频监控系统，接访区配备接访服务台，候访区配备宣传资料架、宣传用的电视及DVD等。为确保各项工作能及时完成，镇党委政府将综治信访维稳工作经费纳入财政预算，按标准安排中心日常运作经费，按照“如实开支”的原则，确保经费的投入和使用。

（三）职责分工及日常工作机制

1. 职责分工

L镇综治信访维稳办的职责主要包括：①宣传贯彻党和国家关于社会治安综合治理、信访和维护稳定的路线、方针、政策等，并做好组织、协调和指导，同时动员广大群众以及社会各方面力量共同参与。②对突出的治安问题、社会问题做好预防、全面排查，对当地信访不稳定因素做好重点把握，并做好应对，尤其是越级上访的信息。③按照“分级负责、属地管理”的原则，做好信访接待、维持信访秩序、受理登记信访等事项，同时负责组织调查研究政策性的重大信访问题，并提出处理意见和建议，定期通报相关情况。④整合矛盾调处机构，发挥联调机制以解决信访问题，预防和减少重大群体性事件发生。

L镇综治信访维稳中心的职责主要包括：①贯彻执行上级有关社会治安综合治理、化解矛盾纠纷、维护社会稳定的方针政策和工作部署。②负责分流指派、调度指挥、矛盾纠纷联防联调、重大问题联动联治、和谐平安联合创建、流动人员联合服务。③负责社会综合治理、政府信访接待、受理、办理、转办、答复，维护社会和谐稳定。④行使监督检查权，组织、指导辖区内社区（村）、企事业单位建立综治信访维稳工作站，积极开展平安建设活动。⑤督促检查综治维稳目标责任制的执行情况，行使综治维稳“一票否决”建议权。

2. 日常工作机制

L镇政府信访办受理群众来访的流程规定，有群众来访时，信访办应安排接待，来访群众超过5人应推选群众代表。接访时，应遵守信访对外公开的服务承诺，依法办事，文明服务，优质服务、便民利民，对群众提出的信访事项予以登记。在处理信访案件时，对不属于信访办受理范围的应在规定时间内通知上访人，并出具正式的书面通知单；对应当通过诉讼、仲裁、复议等法定途径解决的，或属于人大、法院、检察院受理的，应告知来访人依法向有关机关提出；对属于信访办受理范围的，应及时办理，由相关职能部门处理的应进行分流转办；对可能造成社会影响的重大、紧急信访事项和信访信息，应及时上报镇党委政府。同时，对受理的信访案件应提供高效服务，在受理之日起60日之内办结。

3. 现有的部分工作制度

（1）首问责任制

负责接待群众来信来访并受理信访登记的工作人员即为首问责任人。首问责任人的职责包括：热情接访、仔细询问、耐心解答、贴心服务；当场能够解决和回复的信访问题，应当当场解决、现场答复；无法现场解决和回复的信访问题，须向信访群众做好解释工作，告知处理流程和时效，并及时转交相关部门处理；对相关部门未在规定时间内处理的信访问题，应催办督办，追踪处理情况并及时答复群众。

(2) 分流督办制度

工作人员无法现场直接答复解决的信访问题，应根据实际情况提出拟办意见，呈报部门领导批示；特别重大的信访问题，须呈报镇政府领导批示，并按照领导批示意见分流转交给责任部门，然后跟踪督办直至问题完全解决。

(3) 镇领导干部定期分类接待群众来访制度

镇党委、政府在每个工作日安排一名副职以上领导在镇综治信访维稳中心接待信访群众，其中镇党政主要领导每周接待群众不少于一次。针对国土规划建设、城市管理、“三农”问题和社会治理等民生问题，涉法涉诉以及需要从政策层面解决的信访突出问题，实行分门别类，分时段就某一类信访事项安排相应的镇党委、政府分管领导及相关职能部门开展接访。

(4) 例会制度

一是工作例会制度。每周召开工作周会，由综治信访维稳中心主任召集，特殊情况委托专职副主任召集，中心成员单位视会议内容参加。会议针对一周工作情况，研判工作形势，加强各部门间的沟通交流和工作协调。

二是专题工作协调会制度。不定期召开专题工作协调会，由综治信访维稳中心主任召集，特殊情况委托专职副主任召集，中心成员单位视会议内容参加。会议主要针对近期的重点工作、重大事项，研究解决办法，协调部门行动。

三是中心成员单位联席会议制度。每月召开成员单位联席会议，由主任负责召集，各成员单位负责人参加。会议主要针对辖区综治信访维稳工作形势，研究中心工作，同时协调解决各成员单位工作中遇到的问题。

(5) 台账记录制度

台账包括：信访事项登记簿、排查整治登记簿、处理情况记录簿、会议记录簿、考核情况记录簿、部门各阶段工作总结、信访情况报表、督办问效记录簿、矛盾调查记录簿等。工作人员应认真填写、整理归档、妥善保存，做到有案可查。同时，对台账记录内容要做好保密工作，借阅信访台账应获得领导审批，工作人员做好记录。

(6) 检查考核制度

实行综治、信访、维稳工作捆绑考核，从领导及工作人员配置、工作场所和设备、资源整合、流程制度建设、工作台账、领导责任制和监督落实综治信访维稳情况等方面进行考核。

（四）L镇政府信访事项及处理情况

1. 征地拆迁安置补偿事项

2015年受理61宗，与2011年的42宗相比增长了45.24%，年均增长9.78%。主要集中在L镇开展的几个大型征地项目上，具体包括：某运动赛场项目、某国际会议中心项目和某高速项目等，突出表现为征地补偿标准、拆迁安置方式、安置区的管理和维护等三个方面的问题。

针对此类上访事项，一般由负责征地项目的工作组作为主要处理单位，向上访者解释征地政策，并答复具体处理意见。但由于征地拆迁安置涉及利益关系复杂、牵连面较广，是最难处理的一类上访问题，重复上访率高，达到41.3%。

2. 拆出违章建筑事项

2015年受理55宗，与2011年的29宗相比增长了89.7%，年均增长17.35%。主要集中在违章建筑查控及拆除等方面。

违章建筑问题具有一定的区域性，多为无理信访案件，针对此类上访案件，一般由镇城监中队、包片包村驻点联系的镇干部及司法所作为主要处理部门，向上访者解释相关政策，并答复具体处理意见。

3. 灾后复产复建事项

2015年受理32宗，较2011年的8宗增长了3倍，年均增长41.42%。主要集中在S村灾后重建项目、一次风灾复产复建及三次水灾复产复建项目，突出表现为灾后农田水利基础设施的修复、灾后重建房的分配等方面的问题。

针对此类上访事项，一般由包片包村驻点联系的镇干部、镇城建办、镇农业综合服务中心、镇水管所、灾后复产复建的实施部门等作为主要处理单位，该类信访事项的准时结案率达到100%。

4. 社会救济及保障事项

2015年受理27宗，较2011年的12宗增长了1.25倍，年均增长22.47%。突出表现为低保户、低收入贫困户及残疾人等弱势群体享有社会救济及保障等方面的问题。

针对此类上访事项，一般由镇民政办、镇残联、镇劳保中心、镇劳监中队、包片包村驻点联系的镇干部及村社等作为负责处理单位。通常通过向群众宣讲解释政策，及时有效地受理救济及保障请求，基本能有效解决群众提出的问题。近五年，该类信访事项的准时结案率达到100%。

5. 山林土地纠纷事项

2015年受理31宗，较2011年的9宗增长了2.44倍，年均增长36.23%。突出表现为山林土地界址不清，历史遗留权属争议，基本农田及生态水源林等补贴发放等方面的问题。

针对此类上访事项，主要由镇林业站、镇国土所、镇司法所、包片包村驻点联系的镇干部及村社等作为负责处理单位。通常以调解为主，但部分历史遗留的山林土地纠纷问题往往难以通过信访的方式解决，最终还是需要诉诸法律。

6. 劳资关系事项

2015年受理28宗，较2011年的8宗增长了2.5倍，年均增长36.78%。突出表现为劳动关系保障、劳资纠纷及工伤赔偿纠纷等方面的问题。

针对此类上访事项，主要由镇劳动监察中队、镇经济服务办、镇安监中队、镇劳保中心、镇司法所、包片包村驻点联系的镇干部及村社等作为主要处理单位，以调解为主，但由于劳资问题多涉及劳动争议仲裁，不属于信访受理的范围，即便如此，群众还是坚持走信访的途径，这也是L镇信访部门面临的难题。

7. 其他信访事项

2015年受理42宗，较2011年的27宗增长了55.56%，年均增长11.68%。信访部门将群众反映的其他信访问题分流至相关的责任单位，由责任单位具体处理。

三、G省G市L镇政府信访工作特点

（一）信访事项数量不断增多

2015年受理276宗，较上年同期增长19.48%，较2011年的135宗增长1.04倍，年均增长19.58%。不仅信访事项的总量大、增速快，而且每一类信访事项的数量也在逐年上升，其中灾后复产复建类信访问题数量增加最为明显，2015 年较 2011 年增长了 3 倍，这与近几年 L 镇频发自然灾害有很大关系。其他几类信访问题按照受理量的增速从大到小，依次是劳资关系问题、土地林地纠纷问题、社会救济及保障问题、拆违问题、征地拆迁及安置问题。

（二）信访事项涉及范围广泛

一方面，基层工作繁杂，事务细碎，组织结构上，党、政、武、企、群都有；经济结构上，工、农、商、服务业并存；工作层面，更是涵盖政治、经济、文体、卫生、教育、民政等方方面面。不同的群体、个人都有需要表达的诉求，矛盾纠纷也存在于乡镇工作的各个层面。另一方面，随着农村经济以及社会各项事业的发展，以及经济社会转轨、文化生活变迁、社会结构调整，农村社会面临多种经营方式、分配格局，使得农村信访工作也衍生出新的变化。再一方面，L 镇处于产业发展的关键时期，各项建设工程的实施，环境污染的产生，加上自然灾害频繁发生，也加重了信访形势，给农民的生产生活造成了较大影响，农民需要解决的信访问题也随之增加。

（三）突显的社会矛盾较集中

近几年，L 镇信访事项反映出来的问题较为集中，列前三位的信访问题分别是：征地拆迁安置补偿问题、拆违问题、灾后复产复建问题。

（四）矛盾化解难度越来越大

谈到信访工作，基层干部就会长吁短叹，常常用一个字进行形容和概括，那就是“难”。总觉得基层有调解不完的矛盾和纠纷，很多基层干部谈之色变，畏难情绪与日俱增。

1. 矛盾多发

协调各种关系的难度明显加大，影响了社会的和谐稳定，甚至影响了经济社会的持续发展，牵一发而动全身，直接导致基层信访工作人员不敢大刀阔斧处理问题、化解矛盾，有求稳怕乱的思想。

2. 成因复杂

有历史遗留下来长期得不到解决的问题，部分问题甚至已经没有条件查证和处理；有缺乏政策依据无法解决的群体性案件；有客观条件限制暂无条件解决的普遍性问题。此类问题和矛盾的产生，有人为因素、体制因素等等，原因错综复杂。

3. 考核方式

信访问题处理得好坏直接与镇党政领导干部的工作实绩、晋职晋级、奖惩直接挂钩，在矛盾调处和解决问题时，有的信访群众抓住或利用这一点，提出一些无理要求和条件，从而使得信访工作常常处于效率低下的状态。

第二节 G省G市L镇政府信访工作中存在的问题及原因

一、L镇政府信访工作中存在的问题

（一）信访机构定位欠明确

1. 镇政府机构设置方面

乡镇工作繁琐，办事机构设置存在“条块分割”现象，有些不是隶属于镇政府，而是上级职能部门的派出机构，譬如派出所、国土所、工商所、林业站、食品站等等。这些机构管理上的不对口，导致镇政府无法有效推进行政区内的各项事业，影响着乡镇政府职能的充分发挥。

2. 信访机构设置方面

按照L镇党政机关职能配置、内设机构和人员编制的有关规定，将综治、信访和维稳作为一个整体，成立了综治信访维稳办公室。同时，G省委在推进“强综治、创平安、促发展”主题活动时，为加强综治、信访、维稳基础建设而创建了县、镇两级综治信访维稳中心以及村级综治信访维稳工作站，统称为县、镇、村三级综治信访维稳平台，又称为“三级维稳平台”。

按照《信访条例》的有关规定，乡（镇）人民政府、街道办事处无需单独设立信访工作机构，只需明确负责信访工作的相关机构和人员即可。由于L镇属于一线城市G市，属于典型的农村社会，情况特殊且复杂，因此将信访与综治、维稳的功能放在一起，加之“三级维稳平台”都不是独立的信访机构，显然不利于镇政府信访作用的发挥。

3. 职能定位方面

无论是镇综治信访维稳办，还是综治信访维稳中心，都把社会治安综合治理、化解矛盾纠纷、维护社会稳定作为最重要的工作职责，同时强调实行综治、信访、维稳工作捆绑考核、责任倒查。信访的功能侧重的是化解纠纷和权利救济，是为社会治安综合治理和维护稳定服务，可见，信访工作越来越明显地和“维稳”联系在一起了。

4. 功能实现方面

一是信访机构的权力监督功能与组织部门、效能监督办、纪检部门的监督职能重叠，作为政治参与渠道，又与人大、政协、工会、妇联等机构的职能重叠。

二是镇信访机构作为镇政府的职能部门，已经远远超出了以信息传递和权力监督为主的政治缓冲功能。信访机构权力扩张的同时，更加突出了权利救济，在近几年的信访案件中，大部分属于权利救济类信访案件。

三是镇信访机构在化解矛盾、分流督办时，部分职能部门职责交叉，部分工作存在模糊地带，尤其应当由多个部门联合受理的信访案件，督办更是无从着手。从制度设计层面看，信访机构不具备独立处理问题的权力，客观上不会发生行政权力扩张。从实际执行层面，信访机构的主管领导或分管领导拥有分流指派权和工作力量的指挥调度权，在发生重大、紧急案件时，可以借助政府权威整合调度各方面的力量，但在日常工作中，信访机构仍然缺乏法定的监督权和切实可行的保障机制，“督而不办”、职能部门间“推诿扯皮”的情况时有发生。

（二）信访工作质量不高

1. 信访工作人员任用和培训的影响

一方面，就乡镇一级而言，干部选拔任用仍然存在自主性不强、针对性较差、人员易进不易出等问题。工作人员大多是由组织安排在信访岗位上，不是主动选择，而是被动接受，这不利于调动信访工作人员的工作积极性；另一方面，现行的培训方式和内容较为单一，缺乏基于胜任信访工作、提高实操能力等方面的培训，部分工作人员甚至将培训看成形式主义、走过场，不认真对待，这不利于将培训成果转化为信访工作实绩。

2. 信访工作绩效评价标准存在偏差

信访工作绩效评价标准往往以维稳结果作为评价标准，而不是以信访本身为评价标准。在L镇，上级对综治信访维稳办的考核主要有五个方面：矛盾纠纷调处、治安联防、治安排查及综合整治、平安创建（平安村居、无邪教村居、平安社区、无邪教社区、安全文明小区以及平安企业、医院、校园、景区、家庭等）、流动人口管理。可见，上级对综治信访维稳办的考核是以综治和维稳工作为主，对信访工作本身关注得少，对于信访工作本身缺乏有效的激励机制。

（三）信访工作思路陈旧

1. 政策执行存在偏差

政策执行上的偏差主要体现在三个方面。

一是由于受不正确政绩观影响，在政策执行过程中，追求形式主义，做表面文章，应付上级检查，敷衍了事，象征性地执行政策。有的盲目追求处理问题的时效性，对群众反映的问题缺乏深入了解就转送职能部门。

二是由于政策执行过程中设定条件，使政策执行目标、范围、条件和手段偏离政策原定的内容，有条件地执行政策。有的暗搞“土政策”“土办法”，对有些重复信访或难以调解的问题不登记入册。

三是或因断章取义，或因逃避责任，或受利益驱使，部分政策内容、目标、性质被替代，导致只有部分政策被贯彻落实，不能完全实现政策目标。按照《信访条例》规定，遇到与政策相关的信访问题应当及时向上级报告并提出对策，但在实际工作中，这类问题往往被当成一般问题对待，很少提出对策建议。

2. 信访工作格局单一

《信访条例》规定：“信访机构应当组织社会团体、法律援助机构、相关专业人员、社会志愿者等共同参与，运用咨询、教育、协商、调解、听证等方法，依法、及时、合理处理信访人的投诉请求。”①《G省信访条例》第十七条明确规定：“国家机关可以根据信访工作的实际需要，组织相关社会团体、法律援助机构、法律工作者等专业人士和社会志愿者参与信访工作，为

① 《信访条例》第十三条。

信访人提供法律咨询、心理咨询疏导和专业社会工作服务。"[1] 目前，在L镇的信访工作中，信访问题主要还是依靠镇信访机构处理，村委及村级调解委作为协调纠纷、化解矛盾的补充力量，主要负责处理投诉请求，而在接待群众反映情况以及提出建议、意见方面显得较少。加之农村法律、心理咨询方面的专业机构少，社会工作团队和志愿者工作氛围不浓，决定了基层信访机构寻求其他社会力量共同参与信访工作的机会也很少。

3. 接访、办访模式陈旧

乡镇群众信访模式主要以亲自走访为主，选择网络信访方式的较少，究其原因主要有几个方面。

一是乡镇群众对网络信访接受程度不高，农民始终认为还是面对面表达意见，提出诉求，心里更加踏实。甚至有的错误地认为，现在政府搞个网络信访，摆明了不让群众去反映问题。

二是有些乡镇群众妄图通过上访之机给基层政府甚至上级政府施压，尤其是一些有组织的集体上访、闹访、缠访群众，在他们看来，网络信访是绝对达不到现场上访效果的，之所以选择现场上访，就是要把事情闹大，这样才有领导关注，才能更快地解决问题。

三是农民的文化水平普遍不高，尤其是年长的群众，一方面不熟悉电脑和手机操作，无法实现网络信访，另一方面文字表达能力有限。有的群众认为，网络信访需要在网络上操作，不单要请人帮忙写，还要请人帮忙查看处理意见和进度，显得更加不方便，而到信访办亲自上访，只要口头说清楚就行，自然有工作人员记录和答复。

四是基层政府对网络信访的重视程度和宣传力度不够。基层信访机构主观上认为在农村推行网络信访不切合实际，可操作性不强，客观上人员不足，加上平时工作繁杂，绝大部分时间用于处理日常事务，忽略了对网络信访的宣传。

五是某些信访问题网络转办难，或执行不到位，特别是涉及多个职能部门的信访问题，往往将信访事项转来转去，耗费了大量时间，最终还是没有解决问题，给群众留下了网络信访"形同虚设"的印象。

---

① 《G省信访条例》第十七条。

（四）信访网络化发展滞后

《G省信访条例》第三章专门将“网络信访”单列一节，从第十九条至第二十四条分别对办理制度、沟通互动制度、督查、督办和评价制度作了说明。虽然G市围绕“云信访”信息化项目建设，探索了以一卡通行、一号接通、一格管理、一网办事、一窗服务为内容的新型政务服务模式，但在L镇，如上所述，真正深入了解和信赖“网络信访”的群众并不多。同时也要看到，由于农村互联网与城市相比发展滞后，硬件设施配置不足，加之农民理解和接受新鲜事物比较慢，对网络信访缺乏信任，信访网络化发展严重滞后。因此，如何更好发挥现代化信访方式的优势，为群众信访提供方便快捷的途径，已经成为摆在基层信访部门面前的一个难题。

（五）信访事项处置能力较弱

1. 信访机构工作人员不足

L镇信访机构（含综治信访维稳办）工作人员8人，其中行政编制工作人员2人，事业编制工作人员1人，其他身份工作人员5人。由于信访工作多、事务杂，包括主任、副主任在内的所有工作人员必须完成包括接收信访事项、登记、接访、分级调解与归口管理、督办跟踪与问效、限时办结及答复等全部工作，因此显得信访机构工作人员不足。

2. 信访机构工作人员任务繁重

由于L镇信访机构工作人员不仅要完成常规的信访工作，同时还要将工作重心放在综治和维稳方面，因此显得信访机构工作人员任务繁重。加上各项信访工作推进困难，因此客观上存在少数信访工作人员原则性、纪律性较差、责任心不强、服务意识欠缺、遇事推诿的情况。

3. 信访工作人员男女比例悬殊较大

L镇政府信访机构工作人员以女性为主，仅有2名男性，其中1人为部门主任，另1人协助部门主任，负责接访下访、综治维稳、调解的大部分工作。6名女性工作人员，其中一人为部门副主任，主要负责信访登记、分流督办、答复及部门内务、后勤工作。男性工作人员在处理群体性信访、暴力违法信访事件时有较明显的性别优势，但L镇信访部门的男性工作人员显然偏少，无法满足信访工作的实际需求。

4. 信访工作人员业务水平有待提高

虽然L镇8名信访工作人员都具有大专以上学历，其中本科学历4人，但工作人员较为年轻，平均年龄28岁，只有2名具有5年以上基层工作经历，信访工作业务水平有待提高。

二、G省G市L镇政府信访工作中存在问题的原因

（一）社会转型期利益矛盾突出

1. 经济发展对利益关系的冲击

L镇位于G市北部，长期以来，政府出于生态保护和可持续发展的考虑，限制当地发展传统工业。加上L镇地广人稀，以山地和丘陵居多，交通等基础设施不完善，缺乏工商业，经济发展滞后。2005年以前，L镇基本保持农业生产为主、外出打工为辅的发展模式。2006年开始，L镇明确将生态产业和战略性新兴产业作为发展目标，其定位是“都市生态圈、创新集结地、文化休闲带、品质生活区”。随着美丽小镇建设步伐的加快，L镇大力招商引资，开发旅游产业，建设交通等基础设施，经济社会快速发展，与此同时，也给当地生产关系、利益关系带来了极大冲击。

2. 社会资源重新配置引发利益矛盾

大型基础设施建设、交通网络建设、电力通信设施建设全面铺开，这一切都涉及社会资源的重新配置。在农业经济占主导地位并拥有96.1%农业人口的L镇社会结构转型和城乡一体化建设中，土地作为特殊的社会资源，成为引发信访事项的重要因素。尤其是新农村建设、土地储备、商业项目开发，容易引发征地拆迁安置补偿类信访事项。同时农民世世代代习惯的农村生活模式逐渐被集中规划建设的社区生活所替代，由此而引发的拆迁问题、就业问题、社会保障问题、宅基地划拨问题往往成为农民信访的主要事项。

（二）信访群众的法律意识普遍淡薄

1. 信访群众“信访不信法”

一方面，农民文化素质普遍较低，解决问题的思路单一，“有事找政府”的观念已深入人心。另一方面，由于调解、仲裁、行政复议、司法诉讼在内的权利救济途径“门槛”较高，不易立案，因此即使被告知上访事项信访办

公室无法受理，信访群众仍然一次次继续上访，宁愿放弃走解决问题的法律渠道也要选择信访途径。

2. 信访群众对缠访、闹访缺乏正确的认识

《信访条例》规定在信访过程中，信访人应当遵守法律、法规，自觉维护国家、社会、集体的利益和其他公民的合法权利，维护社会公共秩序和信访秩序，并列举了六种违法违规的缠访、闹访行为。上访人采取缠访、闹访等极端行为存在三种心理误区：一是明知自己的行为已经触犯了法律法规，应承担相应的法律责任，但仍然继续缠访闹访。这种情况较少。二是觉得缠访闹访不对，但没有意识到已经触犯了法律法规。这种情况较多。三是认为自己上访有理有据，不管采取什么方式上访，只要没有动手打人伤人，就会没有问题。这种情况主要以年长者以及确实受到不公平待遇的弱势群体为主。

3. 信访群众对司法权威产生不信任

部分信访群众对走法律渠道解决问题是有一定认识的，但他们过度关注司法程序问题、效率问题、成本问题以及少数司法人员的腐败问题，进而悲观地对司法机关、司法权威产生了不信任，转而选择了信访的途径。

（三）信访群体多元化与组织化并存

1. 信访群体多元化

一是地域分布扩大。2011 年，L 镇全镇有上访群众的村（居）民委员会共 19 个；2012 年共 23 个；2013 年开始，全镇所有村居均有群众上访，而在这之前有 3 个村近十年未发生过上访事件。二是上访者的年龄跨度大。年龄最小的上访者 19 岁，最大的 72 岁，其中又以 20 - 50 岁的中青年居多。三是上访者从事的职业多样。按照上访者从事的职业分类，人数从高到低依次是：农林牧渔业、服务性工作（主要包括住宿餐饮业、商品销售业及交通运输业等行业）、建筑、制造业、个体经营者以及其它职业（或职业不详的）。四是上访者的受教育情况复杂，总体来说上访者受教育程度偏低。

2. 信访群体组织化

近几年来，G 省 G 市 L 镇发生的群体性上访事项突出了征地拆迁安置问题、违建问题、劳资纠纷问题，这些信访问题呈现出群体有组织地进行上访，其特点主要有三：一是参与的群众多、有组织进行，有特定的利益诉

求；二是局面较难控制，群众的情绪通常比较激动；三是提出的诉求较难解决，涉及多方利益，受影响的群众多。

典型案例：某高速征地项目，自2013年开始在L镇征地，包括5个行政村，其中有2个行政村位于镇墟附近，属于一类地区，另外3个行政村较偏远，属于二类地区。按照政策，不同类别的地区应执行不同的征地补偿标准，每亩补偿单价相差近2万元，涉及的25个经济合作社，72户群众，共237人累计补偿款相差超过千万。群众对政策不理解，难以接受“同镇不同价、同项目不同价”，组织集体上访，要求增加补偿，参与上访的既有经济社会干部代表，也有被征地农民。

（四）信访矛盾集中化与影响扩大化并存

1. 信访矛盾集中化

一是反映的社会矛盾较集中。如上文所述，近几年来G省G市L镇矛盾纠纷集中表现在征地拆迁安置补偿、查处拆除违章建筑以及受灾村社灾后复产复建等方面。二是信访主体所属区域较集中。上访群众主要集中在征地拆迁项目较多的村社、受自然灾害影响较重的村社（受几年自然灾害多发的影响）、经济相对较发达以及人口较集中的村社。三是选择的上访时间较集中。上访者通常在国庆节、建军节等法定节假日以及政府开展大型活动时上访，目的是为了引起党和政府的足够重视。四是在开展征地项目、建设项目，尤其是较大型项目时，如果涉及的村社、群众较多，就有集中爆发信访事项的可能。

2. 信访影响扩大化

一是重复性信访影响信访机构的正常运转。信访机构及信访工作人员绝大多数时间忙于调解纠纷、化解矛盾，工作已经不堪重负。如果初次不能有效化解矛盾，信访者还一而再、再而三发生的重复信访，就会严重影响信访工作人员的工作积极性，使整个信访工作秩序陷入恶性循环，处于尴尬局面。二是打乱基层发展的步伐。当基层政府要花大力气才能维稳时，势必影响一心一意谋发展的步伐。三是当诉求无法通过信访途径得以实现时，群众就会产生对信访机构的不信任，进而上升到对党和政府的不信任。四是当某些信访者企图利用信访制度获取不当利益时，信访就成了上访群众争夺利益的战场，这样的信访环境不仅破坏了社会公平，而且背离了信访制度的初衷。

（五）信访方式不当与遗留问题增多并存

1. 信访方式不当

（1）越级信访

所谓越级信访，就是指违背《信访条例》中“属地管理、分级负责”的原则，直接向上一级机关反映问题的行为。通过在上访者中随机选择200名群众参与问卷调查，问卷结果显示，对于选择越级上访的原因：①42%的上访者认为是希望通过越级上访把事情闹大，解决起来会更快更有力。②37%的上访者认为是由于镇政府的决策权有限，很多问题最终还是要上一级政府来解决。③9%的上访者认为镇信访部门处理问题实效差、回复不及时、答复不满意。④5%的上访者认为镇信访办工作人员态度差，敷衍群众。⑤7%的上访者表示是由于其他原因。

（2）无理信访

有些信访人提出的诉求不正当、不合理、不合法，但信访人仍然多次上访，希望通过上访达到目的。

（3）违法信访

有的在政府或其他部门滞留、滋事；有的侮辱、威胁国家机关工作人员；有的在政府或其他单位办公场所非法聚集、围堵；有的携带危险物品、管制器具。情况有愈演愈烈的趋势。

违法信访涉及的上访问题：一类是劳资纠纷问题。这是L镇发生率较高的信访问题，其中，拖欠劳动者工资是引发纠纷的最重要原因；另一类是劳动权益保护、劳动者的工伤、医保、社保等问题。

违法信访涉及的人群：建筑行业的一线工人是劳资纠纷的高发人群，他们以重体力劳动换取报酬，通常是家庭经济的主要支撑，由于流动性大、职业危险性高，加上建筑行业层层转包，拖延工程款时有发生，一线工人就成为最底层的受害者，如不妥善处理，可能引发更大的社会矛盾。

违法信访的主要原因：《信访条例》规定，多人采用走访形式提出共同的信访事项的，应当推选代表，代表人数不得超过5人，且应当自觉遵守法律、法规，遵守信访秩序。但在生存压力下，上访者容易出现不理智行为，基层在同情弱者的同时，更应理智地思考如何引导群众理性地表达诉求。

2. 遗留问题增多

有关遗留问题的信访事件一般都是老大难的历史遗留问题，主要涉及山林、土地、房屋等所有权纠纷。《G省信访条例》规定，“土地、林地、林木所有权和使用权纠纷，当事人协商不成的，依照《中华人民共和国土地管理法》《中华人民共和国森林法》的规定由有关人民政府处理；对有关人民政府的处理决定不服的，依照《中华人民共和国行政复议法》《中华人民共和国行政诉讼法》等法律的规定向行政复议机关申请行政复议或者向人民法院提起诉讼”①，历史遗留的信访问题，往往是上访人所反映的问题或所提出的诉求不符合法律法规要求或解决起来有一定的困难而形成的。事实上，即使按照《G省信访条例》规定对历史遗留问题作出客观处理，有些上访群众仍然对处理结果不愿接受，企图通过不断上访给政府施压，妄想政府会从维稳大局出发满足其上访诉求。

第三节 完善G省G市L镇政府信访工作的对策措施

一、准确履行服务型政府职能

（一）树立服务型政府的理念

1. 强调“以人为本”

把群众的利益作为一切工作的出发点，尊重和保障人权，包括政治、经济、文化权利，同时还包括公民的信访权利，妥善处理广大群众根本利益和具体利益、长远利益和眼前利益的关系，让人民享受经济社会发展的成果。具体到信访工作中，要尊重信访群众的权利，更好地体现公共服务精神，特别是在调解纠纷时应采取对等的谈心方式，动之以情、晓之以理；对待群众反映的问题、意见和建议，要认真记录，及时向上汇报、督办落实、及时反馈。

---

① 《G省信访条例》第三十条第三款。

2. 强调“执政为民”

从实际出发，密切联系群众，强化宗旨意识，树立正确的政绩观，从思想上彻底转变不合时宜的思想观念。把服务群众、依靠群众内化在心，把维护群众利益作为全部工作的出发点和落脚点。拓宽与群众的交往渠道，工作再忙也要与人民群众经常来往，保持水乳交融的亲密联系，善于站在群众的立场看问题、想问题、解决问题。

3. 强调“依法行政”

坚持行政主体法定、行政程序法定，在行使公共权力时，要秉承公正的原则，做到权责法定、执法严明、公正透明、廉洁高效，建立和完善依法行政的相关配套制度，加强依法行政监督检查，营造良好的依法行政氛围，提升依法行政水平。

（二）切实转变乡镇政府职能

1. 发展市场经济的职能

基层政府作为国家意志最终端的执行者，公平正义的维护者，要以强制力作为后盾进行资源整合和社会利益分配。一方面，无论引进项目，还是招商引资，L镇都要立足于发展生态产业的定位，始终围绕产业平台进行。另一方面，作为市场规则的制定者和执行监督者，L镇要营造和维护良好的市场秩序，促使市场公平竞争。

2. 提供公共服务的职能

在重视经济发展职能的同时，要把发展社会事业作为履行公共服务职能的重要内容。一要抓好就业，加大农村富余劳动力转移就业力度，落实跟踪就业指导和择业指导，做好新增农村劳动力资源普查登记，为转移就业提供有力依据。二要抓好社会保障工作，争取城乡居民社会养老保险、基本医疗保险全覆盖，尤其要关注五保户、低保户和残疾人等特殊群体，按时足额发放生活补贴。三要抓好失地农民养老保障工作，严格按照地区政策文件，切实保障被征地农民的合法权益。四要抓好政务服务，推进行政审批和公共管理服务事项“一站式”办理、“一条龙”服务。五要抓好扶贫开发，以资源开发、村企结合、体外帮扶等多种方式发展村集体经济，实现长效创收，针对贫困户的实际情况，因人施策，实行一对一帮扶，做到精准扶贫。

3. 维护社会稳定的职能

必须动员一切力量维护公共安全，推进社会治安防控体系建设，打击各种犯罪活动；必须健全安全生产监管体制机制，加强食品、药品、餐饮住宿卫生的全方位监督，提高政府危机管理和抗风险的能力，保障人民安居乐业。

（三）创建行之有效服务模式

1. 规范服务流程

必须对行政审批和公共服务事项进行标准化梳理，明确规定各事项受理所需材料、办理时限和办理流程，制定行政审批及公共服务事项受理目录，为简化办事流程、提供优质服务奠定良好基础。

2. 制定服务标准

一要通过流程设计，明确工作的目标、程序、标准，向群众提供规范化的服务，并作为绩效考核的内容。二要体现职权法定的原则，接受群众的监督，提高工作质量和服务水平。

3. 加快电子政务建设

积极推进网上办事大厅和网上办事站的建设，以方便群众办事，提高服务效率。要加强对行政权力进行民主监督，提高政府的公信力。

二、科学定位政府信访机构功能

（一）强化了解社情民意的功能

一要强化信访机构通过广泛地了解社情民意、实现信访机构作为党和政府倾听民声、沟通民意、关心民情的重要桥梁和纽带、维护社会稳定的功能。习近平同志在关于中国梦的讲话中指出："我们要随时随刻倾听人民呼声，回应人民期待，保证人民平等参与、平等发展权利，维护社会公平正义。"① 为此，基层政府信访机构要摈弃衙门作风、官僚主义，主动走下基层，走到群众身边，把工作做细做实，及时把群众反映的问题向政府各职能部门及上级汇报，主动帮群众解决问题。

---

① 2013年3月17日，习近平总书记在第十二届全国人民代表大会第一次会议闭幕会上的讲话。

二要强化信访机构通过广泛地了解社情民意、实现社会治理更加民主、更加科学的功能。任何政策法规的出台都是一项系统工程，不仅需要政府部门认真研究、科学决策，而且需要全社会各种力量的共同参与。行政决策只有深入群众，汲取群众的智慧，才能更好地体现民意。信访工作是直接面对群众的最具有现实针对性的联系方式，不同于其他调研活动。信访工作往往伴随着矛盾和问题而产生，它以了解问题、解决问题为出发点和归宿。信访工作作为了解社情民意的重要渠道，是直接面对群众的窗口。从某种意义上说，通过信访渠道最能反映出群众的真实意愿和想法，如果把其中合理合法的真实意愿和想法吸收进公共政策之中，则可以体现出公共政策的民主性，提高其执行的可行性。如果把其中合理合法的真实意愿和想法吸收到社会治理政策法规当中，则有助于实现社会治理的民主化，也有助于减少或避免决策失误，提高行政效能，减低行政成本，甚至有助于从源头上减少信访问题的发生。

（二）推进对公共权力的监督功能

一要将群众的信访监督与党内监督、组织监督、法律监督等方式结合起来。一方面，群众通过信访的方式反映问题、提出意见或建议，维护其自身利益；另一方面，信访部门通过受理信访问题，将信访事项分流至责任部门、组织部门、效能监督或纪检等部门，实现对公共权力的监督，避免出现决策失控、权力失控或具体的行政行为失控。这样既能减少信访问题的发生，又能保证公平公正地行使公共权力，提高基层政府的公信力。

二要将群众的信访监督与舆论监督、社会监督、网络监督结合起来。群众信访通过网络的方式、社会舆论的方式、新媒体的方式发挥监督公共权力的作用，相比其他监督方式，群众的信访监督更能形成社会压力。

（三）发挥信访的综治维稳功能

信访作为基层政府综治维稳的基础性工作，一方面要求将信访与综治维稳职能有机地结合起来。通过开展信访工作，有效化解各方矛盾，缓解各种社会冲突，进而实现所在地区的综合治理与和谐稳定。另一方面，以良好的社会环境，融洽的党群关系、干群关系，政府与群众之间形成良性互动，又能进一步推动信访机构科学、高效地开展工作。同时，要求逐步建立科学合理的信访工作考核指标体系，应从信访流程的规范化、督办结案的实效状况、调研分析重大问题的能力、公共服务水平表现以及基层信访法治化等方面对信访工作进行全面考核和评价，这有助于充分发挥信访工作的综治维稳功能。

（四）完善信访的权利救济功能

信访是一种特殊的权利救济方式，多年来在我国权利救济体系中发挥着重要作用。从1950年中共中央办公厅秘书室处理群众来信、接待群众来访，为国家领导人收集舆情民意开始，一直到后来的信访制度的产生，信访在公民的权利救济方面一直扮演着重要的角色。但是，随着时代的发展，信访制度的设计与其权利救济功能的实现之间的矛盾已经逐渐显现。一方面，基层信访部门在其职能履行过程中已经超负荷地发挥了权利救济的功能，但很多群众仍不满意。另一方面，基层信访部门超负荷地承担权利救济功能的背后，实际上耗费了基层政府信访部门以及上访群众大量的人力、物力、财力、时间和精力。为此，必须完善信访的权利救济功能，重新审视基层政府信访部门的定位，应弱化对个体的权利救济，只将信访工作作为公民权利救济的一种辅助手段。最主要的是应引导上访群众通过复议、诉讼和仲裁实现自己的权利救济，使公民的权利救济实现向法治路径的转变。

三、夯实基层信访工作运作基础

（一）加大信访信息公开

为了彰显信息公开所带来的程序正义效应，应加大信访信息公开力度。一要提高基层政府信访工作透明度，推动依法信访，做到廉洁信访。二要规范信访流程，做到依程序信访，营造公平公正的社会氛围。三要规范所要公开的信访信息，善于运用电子政务提升公开水平，避免由于信息滞后或信息不对称所导致的信访问题。四要加大经费投入，改善软、硬件条件，确保镇、村两级都能实现信访信息公开。五要完善信访监督功能。通过信访信息公开，让群众更加直观地了解信访的受理、转办、督办及处理结案情况，以便群众更好地监督信访程序、信访实效，减少或杜绝公共权力行使过程中的不作为、乱作为现象的发生。

（二）分类处理信访诉求

2015年底，在国家信访局的指导和推动下，信访量较大的37家中央部委已经全部出台了“信访分类处理清单”，这不仅方便信访工作人员引导上访群众，也有利于规范政府信访部门工作。基层在推行“信访分类处理清单”的过程中，应结合实际重点考虑三个方面：一是统筹协调的力度要更大，避免政策向下执行时有阻力、打折扣；要明确各阶段工作推进的时间节点，有目标、有计划，争取依法分类处理信访事件尽早落实在基层。二是执行“分类处理清单”信访政策时，对信访群众要做好耐心细致的说明工作，对接访事项要做好分流和移交工作，不能“事不关己，高高挂起”；同时要令行禁止，特别是信访政策已经明确通过法定途径可以解决的矛盾和问题，工作人员决不能再从信访渠道打开口子。三是在执行“分类处理清单”信访政策的同时，应继续发挥信访途径在解决矛盾和问题中的兜底作用，尤其是历史遗留问题、政策过渡阶段的问题以及需要信访部门协调督办各方共同解决的复杂问题。

（三）向上提出政策建议

一方面，基层信访部门在处理涉及人数之多、涉案资金金额巨大且具有普遍性的信访问题时，应将上访群众提出的合理合法诉求以及政策建议积极向上级政府汇报，为上级政府制定解决问题的相关政策提供决策参考。另一方面基层信访部门要深入实际主动调研，并将所掌握的社会热点、难点问题及时反馈给上级党委和政府，为上级党委、政府制定相应的应急预案或者应对措施提供依据。

四、加强基层政府信访工作力量

（一）规范基层信访工作部门职权

一是整合各方资源，建立信访工作平台，提高接访、办访、化解矛盾纠纷的效率。二是公布信访渠道、信访机构的联系方式以及接访的时间、地点等，明确信访事项受理范围及处理程序。三是开展调研，了解民情，尊重和听取群众的意见和建议。四是向信访人提供信访咨询、心理疏导和专业社会工作服务，并积极宣传政策法规，引导信访人照章办事。五是及时、公平、公正办理信访事项，在规定时间内将处理意见反馈给群众，并做好登记存档。六是对于信访工作中的不作为、乱作为或失职行为应当及时查处并提出整改要求，对于已经造成严重后果的提出处分建议，对于违法行为应当按照规定程序提请监察机关、人民检察院依法查处。

（二）加强基层信访工作队伍建设

1. 选拔信访工作者

要从思想品德、个性特征、知识能力、基本技能和执行力等方面全面加以考察。思想品德方面，不仅要有正确的世界观、人生观、价值观，具备良好的道德修养，还要挑选愿意扎根基层、适应基层信访工作的优秀人才；个性特征方面，要有稳健的心理素质、较强的心理承受能力，善于与人沟通，性格乐观开朗，细心负责；知识能力方面，要有一定的法律学习或工作经历，具有较为广博的科学文化知识；基本技能方面，要有组织协调、逻辑判断、文字表达、沟通交流等技能；执行力方面，要有应急处置、调查研究、办事高效、创新等能力。

2. 培养信访工作者

要从知识结构、业务技能、沟通技巧、实践能力等方面加以培训。知识结构上，通过培训，除了要掌握信访业务知识，熟悉信访政策法规、制度流程之外，还要学习一定的法律知识，对基层的各项工作有一定的了解，如农业生产、农村土地、规划建设、劳动及社会保障等。业务技能上，既要注重待人接物、接待交谈、文字表达、组织协调以及逻辑思维等基本技能培训，还要加强综合分析、应急处理、考察调研、纠纷调处等执行能力的培训。在沟通技巧上，通过培训，要重点把握沟通中的要点：一是站在上访者的角度考虑问题，第一时间缓和其心理压力，赢得上访者的信任，避免被认为麻木、敷衍。二是坚定表示帮助上访者解决问题的决心，给上访者有足够的信心。三是把握“公开透明、准确及时”的原则，向上访者传递信息要及时，宣传政策要尊重事实，力求表达准确、清晰，表现出专业素质。四是避免使用“无可奉告”等词语，以免让群众误会政府有所隐瞒，或误认为政府可能存在偏袒包庇的情形。在实践能力上，不仅要通过老同志传、帮、带的方式，帮助基层信访工作人员掌握基层工作方法，而且要通过亲身实践，走村下社访户，了解村情民意，积累基层工作经验。

3. 完善考核激励机制

考核方面，需要摈弃只强调以结果为导向、不注重过程的传统绩效考核方式，建立健全信访工作绩效评价体系。对信访工作的考核可以综合考虑信访工作者的上级评价、同级评价、自我评价、上访者评价和普通群众评价，从宗旨意识、服务水平、业务能力、管理水平、廉洁从政以及学习、创新能力等方面分别设置具体的评价指标。在激励方面，要结合公务员任用、提拔管理制度，建立“能上能下”“能进能出”的人才管理机制，对工作中的庸、懒、散、奢实行零容忍，对工作失职失责行为要严查到底，对工作中踏实负责、勇于创新的失误要给予宽容和鼓励。

（三）整合基层矛盾调处机构

首先，整合镇属各职能部门力量，对重点领域、重点行业进行有针对性的矛盾调解。一要联合镇综治信访和维稳办、征地办、国土所、林业站、司法所等部门，组成专门针对征地拆迁安置、山林纠纷类的矛盾调解小组。二要联合镇综治信访和维稳办、城建办、城监中队、派出所、司法所等部门，组成专门针对控违查违、灾后复产复建类的矛盾调解小组。三要联合镇综治信访和维稳办、司法所、劳保中心、劳监中队等部门，组成专门针对社会救济及保障、劳资关系类的矛盾调解小组。

其次，整合镇、村、社力量，落实领导干部驻片包村责任制。驻片包村干部要定时联系、指导、帮助和协调所包村社的各项工作，同时，将直接联系群众的工作和化解矛盾纠纷的工作结合起来，每周运用固定时间到所负责的村、社开展群众接待工作，与村、社干部一起集中开展矛盾纠纷调解。

再次，落实镇综治信访和维稳办、司法所联合一起办公的办法，将人民调解、行政调解、司法调解有机衔接，建立信访部门牵头、公检法司和各职能部门齐抓共管的工作机制，实现专项工作联合办理。

五、创新信访部门工作思路

（一）开展政府信访风险评估

一方面，须明确信访风险评估的范围和事项。要将社会影响大、群众关注度高、牵涉的利益关系复杂、容易引发不稳定因素的事项作为信访风险评估的重点对象，尤其要对信访问题容易多发的领域开展风险评估。

另一方面，须规范信访风险评估流程。要深入实际调查了解，做到应评尽评，确定风险等级，形成重大突发事件隐患和态势评估分析报告，并做好防范预案。

再一方面，须加强对信访高风险事项的排查和处置。要加强各村居委会、各职能部门矛盾纠纷的排查处置工作，对排查出来的矛盾尤其是可能引发信访事件的矛盾和问题须提前介入，及时化解矛盾，从源头上消减社会不稳定因素，把可能导致上访的矛盾和问题消灭在萌芽状态。

（二）拓宽群众表达诉求渠道

在进行归类统计时发现，大多数信访问题的产生，是由于群众诉求表达渠道不畅通，问题得不到及时有效处理而引起的。与其被动等待，不如主动出击。

一是在各村及较大的经济社、行政村设置信访功能点，将一部分问题化解在村、社，向“小事不出村、大事不出镇”的目标靠拢。

二是让把基层领导干部驻点直接联系群众工作，使其作为信访工作的一个“接地气”的平台，方便基层领导主动下基层听取群众意见和困难，制定改进措施和提出处理意见，及时解决，减少群众到镇上访甚至越级信访的情况发生。

三是针对信访矛盾集中化的特点，密切关注重点领域、重点人群，尤其是有预见性地关注可能集中爆发信访的问题，对征地拆迁、查违拆违等与群众利益休戚相关或群众普遍关心的问题，要主动过问，发现问题及时协调，跟踪解决。

（三）建立多元化的信访格局

解决信访问题，既要对事也要对人，办法不可一成不变。全面掌握情况，因人施策，效果往往更好。在基层信访矛盾的调处中，可以从以下几个方面努力，建立多元化的信访格局。

第一，充分发挥村居“四老”调解员——老党员、老干部、老模范、老军人的作用，尤其是调处历史遗留问题、冲突激烈的群体性信访问题以及涉军等信访问题，“四老”调解员的作用尤其明显。

第二，充分发挥妇女、基层妇联以及其他的农村妇女组织的作用。随着经济社会转轨、文化生活变迁、社会结构调整，农村妇女的社会地位已经得到较大提升。从经济层面看，农村绝大部分的种植、养殖及农副产品加工工作一般都依靠家中的妇女来完成，她们承担着比男性更多的劳作任务，已经成为新农村建设的主力军。从社会治理视角看，在开展农村妇女工作、计生工作和维稳调解工作中，女性发挥了非常独特的性别优势，尤其在调处家庭、婚姻及妇女儿童等信访问题上发挥的作用更为明显。

第三，充分发挥村委、经济合作社、村级调解委在基层矛盾纠纷调处中的作用，充分发挥有文化、有素质的青年，如回乡创业的青年、年轻村干部等的作用，特别要发挥他们在涉法信访、违法违规信访等方面对上访者的说服及引导作用。要尝试引入行业性、专业性的第三方调解组织，譬如引入和开展律师进村居活动，引导群众通过法律途径解决各种矛盾纠纷，增强法律意识，维护自身合法权益，

（四）建立信访工作联动机制

一是领导接访。领导干部按日程安排接访下访。在接访下访活动中，一旦发现涉及多部门才能调处的问题，就可以充分发挥领导干部强有力的协调优势，共同研究解决。

二是部门联动。按照“一站式接待、一条龙办理、一揽子解决”的服务模式，须整合综治、维稳、司法、民政、劳动监察、社保、国土、林业等部门以及重大项目工作组的力量，共同调处、化解矛盾纠纷，形成职能部门协调联动、全员参与的工作格局。

三是政企联手。政企双方要随时沟通情况，及时掌握预警性信息，构建区域大调解体系，逐步形成信息共享、纠纷共调、问题共治的机制。

（五）加大网络信访工作力度

要善于采用多种方式开展政府与公民的沟通，特别要利用新媒体技术为信访工作服务。为此，一是积极推广云信访系统、12345 政府热线和微博、微信公众号等新媒体技术；要树立在线服务意识，由传统的管理型政府转变为服务型政府，确保信息主动公开、及时有效。二是充分利用互联网及新媒体的监督功能优化人才队伍，以积极的态度接纳互联网及新媒体等技术，主

动学习相关知识和技能。三是积极引导公众和社会舆论，让公众通过法定程序和渠道反映诉求，提出建议，维护自身合法权益。四是当公共危机事件发生后，应借助互联网及新媒体这一沟通平台，及时回应，说明真相，澄清事实，以便取得社会公众的理解和信任。

六、深化信访部门对信访工作的认识

作为信访部门及信访工作人员，须进一步正确认识信访工作。

首先，信访制度是党和国家各级机关直接联系群众，对问题进行民主协商的重要渠道，也是实现和维护人民群众权利的重要途径。信访部门作为集中反映社会矛盾的窗口，信访工作人员应该把信访活动看作是一种常态活动，坦然面对。

其次，信访部门及信访工作人员对公民的信访权利要有正确的认识。必须认识到每一个公民都有信访的权利，都可以成为信访人，政府机关的工作人员，都要尊重公民行使信访权利，尊重信访人的人格和合法权益，做到文明接访，避免先入为主的思想，不刁难、不歧视信访人，多从群众的角度想问题，最大限度地维护群众的合法权益，有效化解社会矛盾。

再次，信访部门的工作人员在接访或调处信访问题时，一定要站在公平公正的立场，严格规范自身言行，耐心听取来访群众诉求，业务上要训练有素、服务上要细心周到。处理信访事项，不可采取一味退让，更不能对信访人实行“曲线补偿”，这不仅不能真正化解矛盾，还会助长恶意信访势力抬头。同时，处理信访事项也不能高压震慑，无动于衷的态度更不可取，解决矛盾在“梳”，不在“堵”，不能“藏”。

七、推进基层政府信访工作法治化

党的十八届三中全会提出，“把涉法涉诉信访纳入法治轨道解决，建立涉法涉诉信访依法终结制度”。党的十八届四中全会又进一步明确信访工作制度改革的方向是“把信访纳入法治化轨道”。

（一）培育群众的法治意识和法治思维

一要充分利用“6.25”国土宣传日、“8.26”律师咨询日、“12.4”法制宣传日等重要时间节点，开展法律现场咨询活动，引导群众通过法律途径解决各种矛盾纠纷，维护自身合法权益。二要结合新的《G省信访条例》和《关于依法处理到省进京非正常上访行为的指导意见》等文件要求，组织相关法律宣讲活动，引导群众树立正确的信访观念，增强信访法治意识和法治思维。

（二）正确引导上访者依法进行信访活动

政府的一切权力都是人民赋予的，建设服务型政府要求我们不断提高政府公共服务水平，不断完善政府的公共服务职能。但是，群众的诉求有合理的，也有无理的；上访方式有合法的，也有激进的。如不加正确引导，任其发展，善意的制度就会被部分人曲解或利用，这不利于社会稳定和发展。正确引导上访者依法进行信访活动，可以从以下两个方面着手。

一方面，广泛深入地推进信访宣传。推动信访观念进村社、进农户、进机关、进企业，进一步提高文明信访、依法依规信访的知晓率和支持率。通过村、社文化宣传栏、宣传横幅、发送信访宣传短信、派发宣传资料、开展专题宣讲活动等方式，营造浓厚的舆论氛围，让群众既要树立信访是公民权利的观念，也要认识到自身应该承担的义务，自觉维护正常的信访秩序。

另一方面，信访工作人员依靠良好的工作素养和业务水平，身体力行，有原则、守底线，做好政策咨询、意见、建议转呈和综合协调工作，让群众真正认识到信访部门不是具体解决问题的部门，只是程序性受理和监督机构，只有义务协调处理、检查督办。

此外，信访机构及相关部门对于信访活动中发生的组织聚众闹事、实施极端闹访、无理缠访等违法违规行为必须依法打击，坚决维护正常的信访秩序。

（三）依托基层实践推进信访法治化，

作为基层政府以及基层信访部门，在信访法治建设中，一方面，需要有理性的思考、充分的认识，在应对、解决经济社会发展中遇到的方方面面的矛盾时，要守住法律的底线，发挥集体的智慧，按照法治化的改革要求，在基层大胆实践和探索信访法治化改革，并不断总结基层经验，推动信访工作向法治状态转变。另一方面，推动基层信访法治化建设，更重要的是做好顶层设计，可以把基层信访法治化实践经验作为参考，将法治化改革措施合理化、精细化，并形成制度体系，进而推动我国基层信访法治化进程。

第九章

城市管理中的行政执法研究

——以S省Z市为例

第一节　城市管理中的行政执法概述

一、相关概念界定

城市的管理依赖于政府等国家机关的行政权力来推动，行政执法权作为行政权力中的重要方面，在城市管理中发挥着重要的作用。

（一）城市管理

在过去的研究中，对城市管理的定义已经有了较为丰富的分析、解读。张本效认为，城市管理是以城市为对象，对城市的运转和发展所进行的决策引导、规范协调、服务于经营行为的过程。它包括城市的社会管理、经济管理、基础设施管理以及生态环境管理等，是一种复杂综合的系统管理，是多层次、分系统、从宏观到微观纵横交织的网络管理①。翟宝辉认为，城市管理是城市政府维护城市基础功能、管理城市空间、保持城市健康正常运转和良好秩序的行政行为，主要包括维护城市基础功能、管理城市公共空间和城

---

① 张本效．城市管理学概论［M］．长春：吉林人民出版社，2006.

市应急状态的管理①。除以上定义以外，我国也有不少城市通过地方性法规等形式，通过名词解释对城市管理的概念作了定义。

根据内涵的不同，可以分为广义的城市管理和狭义的城市管理。广义的城市管理，简单来说，就是城市管理主体通过法制、行政、经济、服务等各种手段对城市区域所涉社会公共事务与公共关系全方位的治理；狭义的城市管理，是指在城市辖区范围内，对行政管理相对人、公共基础设施、城市区域空间等被管理对象的管理。本章所指的城市管理是狭义上的城市管理。

（二）行政执法

行政执法是指承担国家公共行政管理职能的行政主体，为了实现维护公共利益和服务社会的目的，依照法律、法规等规定的事项、范围、程序、手段，对行政相对人实施直接影响其权利与义务的行政法律行为。行政执法行为包括抽象的行政行为以及具体的行政行为两种。一般而言，行政执法行为主要指的是具体的行政行为。

城市管理行政执法是行政执法的重要方面，可以具体认为是，城市政府根据城市引导和规范的要求，通过监督、调研、稽查和市民反映发现的经济、社会、环境方面的无序现象、问题和各种矛盾，采取法律的手段和方法进行以有序化为目标的整治、矫正、调理的综合性及经常性管理职能，是城市管理的中心环节②。此外，《上海市城市管理行政执法条例》也对城市管理行政执法的概念作了本地化、实践化的定义，该条例第二条第二款规定：前款所称的城市管理行政执法是指市和区、县城市管理行政执法部门（以下简称城管执法部门）依法相对集中行使有关行政管理部门在城市管理领域的全部或部分行政处罚权及相关的行政检查权和行政强制权的行为。

二、城市管理中行政执法主体

行政执法主体是指国家行政权力的承担人，能够根据法律法规及其他相关规定行使所赋予的国家行政权力。这在客观上要求承担城市管理综合执法

---

① 翟宝辉．厘清城市管理的概念，构建城市综合管理体制［J］．城市管理与科技，2009（06）．

② 饶会林．中国城市管理新论［M］，北京：经济科学出版社．2003.

活动的机构、组织，必须具备国家有关机关对其合法地位的许可和职责权力的赋予，使之具有与之相应的基本条件和主体资格。

（一）城市管理行政执法部门

城市管理行政执法部门作为城市管理中承担监督管理和建设运营任务的重要力量，是城市管理执法活动中依据相关规定行使职权的行政主体。作为国家法律、法规确定的合法机关，城市管理行政执法部门代表了国家行使城市管理的权力。这方面的内容，《中华人民共和国行政处罚法》《中华人民共和国行政许可法》等法律，以及国务院《全面推进依法行政实施纲要》和一些省、区、市地方性法规都做了明确规定。可以说，城市运行秩序的有效维护依赖于城市管理行政执法部门发挥其协调和推动作用。

回顾过去，我国对城市管理执法体制和执法机构建设的探索经历了多个阶段，在每一个阶段中，都有其独特的背景和表现形式，在当时的历史时期也发挥了独特的作用。随着改革开放带来的经济飞速发展、城市扩张遍地开花，我国政府职能转变、深化体制改革所带来的新理念、新政策、新潮流也在不断冲击或者打破着原有的执法体制架构，迫使其尽快适应新的时代发展要求和现实需要。

1. 改革开放初期

改革开放初期，我国从计划经济体制中走出来，当时的政府部门职能职责划分还不完善，存在着大量执法权力分散在几个部门的情况，也造成了执法职责边界重叠、权力交错，甚至为了争夺行政权而引发部门间矛盾等弊端，导致城市管理效率低下，既对社会公众的合法权益造成了侵害，也严重影响了政府部门的权威。

2. 20 世纪 80 年代至 90 年代中期

经过多年的市场化改革和城市管理的实践探索，以及向西方国家学习先进的管理经验，在对过去进行总结的基础上，城市管理中的行政执法出现了新的发展方向。一是在城市管理的某些领域出现了由一个部门牵头负责、多个部门配合执法的执法方式。二是在城市管理中出现了多部门联合执法形式。三是出现了城市管理执法权的相对集中。

3. 1996 年至 2008 年阶段

1996 年 10 月 1 日开始施行的《中华人民共和国行政处罚法》第十六条

规定“国务院或者经国务院授权的省、自治区、直辖市人民政府可以决定一个行政机关行使有关行政机关的行政处罚权”，这就为我国行政管理体制改革提供了新的依据，也为城市管理相对集中处罚权的运用提供了法律保障。国务院办公厅于2000年9月和2002年8月分别发布《关于继续做好相对集中行政处罚权试点工作的通知》和《关于进一步推进相对集中行政处罚权工作的决定》，要求政府应当设置一个独立的行政执法部门以集中行使部分行政处罚权，并以自身名义承担相应的法律后果。随着各地相对集中行政处罚权在城市管理领域的行使和运用，《北京市实施相对集中行政处罚权办法》《沈阳市行政执法监督规定》《西安市城市管理综合行政执法条例》等先后颁布实施，为进一步推进城市管理综合执法铺平了道路。

4. 2008年之后

2008年2月，党的十七届二中全会通过了《关于深化行政管理体制改革的意见》和《国务院机构改革方案》，开启了以政府职能转变为核心的新一轮行政管理体制改革。根据会议文件精神，市容环卫、市政公用、城市风景区和公园管理、园林绿化等相关职能，被纳入了城市管理部门的职责范围。2008年7月，《国务院办公厅关于印发住房和城乡建设部主要职责内设机构和人员编制规定的通知》发布，规定“将城市管理的具体职责交给城市人民政府，并由城市人民政府确定市政公用事业、绿化、供水、节水、排水、污水处理、城市客运、市政设施、园林、市容、环卫和建设档案等方面的管理体制”，促使我国城市管理从分散的各领域各空间专项执法模式向统一的多方位的综合执法的新时代转变。

（二）其他法律法规授权主体

2015年12月，《中共中央、国务院关于深入推进城市执法体制改革改进城市管理工作的指导意见》明确指出，由住建部作为主管部门，负责对全国城市管理工作的指导，研究拟定有关政策，制定基本规范，做好顶层设计，并加强对省区市城市管理工作的指导监督协调。

2016年10月，住建部下发《住房城乡建设部关于设立城市管理监督局的通知》，住建部首次设置了城市管理监督局，意味着在部委层面已经明确了城管执法工作的主管部门。

需要说明的是，2015年12月之前，在中央和省级虽然没有直接明确在城市管理领域行使相对集中处罚权的具体部门，但从各地实际来看，这个“独立的行政执法部门”即是城市管理综合执法部门。

目前城市管理执法部门行使执法权的依据，主要来源于以下两个上位法律法规规定：一是《中华人民共和国行政处罚法》第十六条之规定。该条文从精神上为相对集中处罚权的实施提供了法律保障，在进行相对集中行政处罚权的改革试点工作时，政府可以设立城市管理综合行政执法部门行使综合行政执法权。二是《国务院关于进一步推进相对集中行政处罚权工作的决定》之规定。该决定指出：“依照行政处罚法的规定，国务院授权省、自治区、直辖市人民政府可以决定在本行政区域内有计划、有步骤地开展相对集中行政处罚权工作”以及“集中行使行政处罚权的行政机关应作为本级政府直接领导的一个独立的行政执法部门，依法独立履行规定的职权”。

三、城市管理中行政执法的内容

城市的发展促进了城市管理体制改革，城市管理体制改革促成了综合行政执法模式的形成。城市管理中行政执法的内容是相对集中行政处罚权在城市管理方面的体现。2017 年 5 月 1 日开始实行的《城市管理执法办法》第八条规定：“城市管理执法的行政处罚权范围依照法律法规和国务院有关规定确定，包括住房城乡建设领域法律法规规章规定的行政处罚权，以及环境保护管理、工商管理、交通管理、水务管理、食品药品监管方面与城市管理相关部分的行政处罚权。”由此可见，《城市管理执法办法》已对行政执法中行政处罚权相关内容做出了概括性规定。

（一）行政处罚

1. 城市市容市貌以及环境卫生方面的行政处罚：包括社会生活噪声污染、建筑施工噪声污染、建筑施工扬尘污染、餐饮服务业油烟污染、露天烧烤污染、城市焚烧沥青塑料垃圾等烟尘和恶臭污染、露天焚烧秸秆落叶等烟尘污染、燃放烟花爆竹污染等的行政处罚。

2. 工商管理方面的行政处罚：包括户外公共场所无照经营、违规设置户外广告的行政处罚。

3. 水务管理方面的行政处罚：包括向城市河道倾倒废弃物和垃圾及违规取土、城市河道违法建筑物拆除等的行政处罚。

4. 食品药品监管方面的行政处罚：包括户外公共场所食品销售和餐饮摊点无证经营、违法回收贩卖药品等的行政处罚。

（二）城市建设管理

城市建设管理是对城市日常运营的维护。与行政处罚和行政强制直接面对行政相对人不同，城市建设管理方面的行政执法面对的是对物的管理，主要涵盖市政管理、环境管理、交通管理、应急管理和城市规划实施管理等方面。具体管理范围包括：市政公用设施运行管理、市容环境卫生管理、园林绿化管理等方面的工作，以及市、县两级政府依法确定的，与城市管理密切相关、需要纳入统一管理的公共空间秩序管理等各方面的工作。

四、城市管理中行政执法的特征

（一）执法主体与权力的法定性

行政执法的主体，必须是具有行政管理职能并得到法律法规授权的法定的行政组织，具体表现为：一是行政执法主体的设立必须经过国家有关机关批准；二是国家法律法规赋予该组织行使国家权力的许可和相对应的职能权限；三是能以自己的名义实施行政行为；四是能够独立承担法律后果。

（二）执法行为的主动性和强制性

行政执法是实现国家意志的一种行政管理活动，相关执法主体必须依职权积极自觉地采取行动，按照法律规定开展行政执法，否则，就有可能失职或是玩忽职守。同时，行政执法必然具有国家意志的拘束力和法律规范的执行力，行政执法主体的执法行为，可以依法采取一定的强制手段，对行政管理相对人直接或间接进行约束和管理，以达到维护公共利益和社会秩序的目的。

（三）执法内容的广泛性

行政执法是行政机关行使国家权力的方式，涉及各层次各方面的社会主体和社会关系，其影响力覆盖所有相关公众和群体，管理权力深入到社会的各方面、各领域，决定了执法内容具有广泛性。随着我国依法治国方略的全面推进，其精神要求将所有社会活动纳入法治化轨道，这也促使行政机关在行政执法中的职责日渐增多、内容越加广泛。

（四）执法过程的自由裁量性

自由裁量权是行政机关及其工作人员依照法律法规的授权，在执法实践中分析和把握客观事实的基础上，根据一定的标准和自身的合理判断，在法律法规及其他规定的范围内，自主选择处置方式的一种职权。由于具体执法情况复杂多变，我国立法部门在制定法律法规时，已经赋予了行政执法机关一定的自由裁量权。例如，《中华人民共和国道路交通安全法》第七章的部分条款都对违反道路交通安全法的相关行为做出了罚款金额的幅度区间的规定，交警在执法过程中可以依据违法违章行为人的情节轻重以及造成的后果决定处罚标准以及罚款的取值范围。

第二节 S省Z市城市管理中行政执法实践探索

一、引入法律顾问，严格依法把关

2014年，党的十八届四中全会审议通过了《中共中央关于全面推进依法治国若干重大问题的决定》，提出“积极推行政府法律顾问制度，建立政府法制机构人员为主体、吸收专家和律师参加的法律顾问队伍，保证法律顾问在制定重大行政决策、推进依法行政中发挥积极作用”。根据中央的决策部署和省、市关于推行政府法律顾问的指导意见，面对创新转型发展的新要求，S省Z市城管执法局通过签订合同方式与律师事务所达成合作，由律师事务所主要合伙人任法律顾问，以法律事务所团队为依托，参与部门的重大决策研究论证和风险分析、行政执法合法性审查、涉法涉诉事务代理等活动。

实践工作中，法律顾问充分发挥专业优势、理论优势和实践经验优势，积极参与重要法律事务，为市城管执法局各项行政决策和行政管理的制度化和规范化建言献策，提供专业的法律意见和建议，当好法律参谋和智囊，确保决策科学、民主，有效降低决策风险和成本，提高决策质量。市城管执法局积极支持政府法律顾问履行职责，依托法律顾问制度用好顾问资源，为法律顾问履职创造条件，提供保障和便利，以建立政府法律顾问制度为契机，全面推进市城管执法系统依法行政工作和法治建设。

二、执法过程全记录，避免执法纠纷

2017年，Z市城管执法局按照省、市的重点任务安排，积极制定施行《Z市城乡管理综合执法局行政执法全过程记录制度》。所谓执法全过程记录，是指行政执法机构及其执法人员通过文字、音像等记录方式，对行政执法活动整个过程进行记录的活动，其中包括文字记录方式，譬如向当事人出具的行政执法文书、送达回证等书面记录以及音像记录方式，又譬如在执法活动整个起止过程中，通过执法人员佩戴专业的执法记录仪，采用录音、录像等方式进行的记录。

对执法活动全过程进行记录，其作用有三：一是对行政相对人的一种提醒。通过所记录的视听资料，可以完整地还原执法现场，避免行政相对人阻碍执法甚至引发冲突，以及由此引发的城管执法舆论危机。二是对执法活动进行全过程记录，是改进执法活动的重要措施，避免了执法者和行政相对人之间发生无谓的纷争，有助于保护执法者和执法机关。三是对行政相对人权益的保障。在执法过程中由于必须进行视听记录，这就倒逼执法人员必须规范执法行为，严格依照法定的程序行使权力，做到文明执法，这就有助于保障公民、法人和其他社会组织的合法权益。

三、专项整治重点问题，加强宣传力度

2015年开始，第五届全国文明城市评选工作在全国展开，Z市作为参评城市，为配合文明城市创建，市城管执法局陆续开展各项综合执法专项整治行动，突出重点，全面发力，形成严管严治的执法氛围，彻底解决市民群众反映强烈的城市管理热点难题问题，维护城市良好的运行秩序、环境卫生和公共安全。

特别是在违法建筑专项整治行动中，Z市四个主城区范围主要片区执法分局联合街道、社区，组织执法人员共同投入到城区违建的摸底排查、分类处置工作之中，全面掌握了各街道的违法建筑特点。各片区整治组针对各自特点，制定了具有针对性的整治拆除方案，充分做好设备、人员的安排，确

保拆违工作的顺利进行。在实施重点整治工作中，Z 市城管执法部门突出了违法建筑拆除的宣传工作，积极调动住户的配合意识，减少了工作阻力和社会负面影响。

四、主管部门牵头负责，相关部门联动配合

Z 市城管执法局在各类专项或综合执法活动中，有效联合公安、消防、住建、工商、环保等相关职能部门，开展城市管理联合执法工作。在联合执法工作中，实施信息共享、定期召开联系人会议等制度，共同探讨、分析、研判城市环境秩序整治形势，相互交流经验，强化协作联动。

在联合执法整治过程中，各职能部门对照联合执法职责分工，全方位、立体化、无缝隙治理“城市病”，有效发挥了联合执法的“高效、有效”功能。一方面，多主体联合执法有利于加强城市管理的执法保障，促进了城市管理执法与公安保障的有机结合，加强了对城管执法人员和执法相对人的监督，最大限度地防止了执法现场可能发生的冲突，保障了城市管理工作的有效开展。另一方面，多主体联合执法有效整合了城市管理各职能部门的执法资源，实现了职能整合，优势互补，促进了城市管理执法效能的提升。

五、定岗定责，落实到人

依照 Z 市政府制定的“三定”方案，市城管执法局按照领导牵头、齐抓共管、互助协调、分工负责的原则，对应分管领导、承办科室和具体岗位人员，将全年工作逐项进行分解，做到任务全分解、岗位无死角，形成年度工作的细化、量化和定岗定责。同时，按照既有分工又有合作、既有竞争又有激励的工作思路，采取以编制内干部为主、业务上交叉协管的办法，重新整合规范全局干部职工的岗位职责，切实保证职权与责任的有机统一。根据有岗必有责、有责必有考、有考必有果的考核机制，将考评内容与分解情况进行对应考核，分项考评任务完成情况。通过定岗定责和分项考评，形成人人有指标、个个有压力的工作格局，实现了工作效能的提升。

六、说服教育为主，争取理解支持

近几年，城市管理实践中不少地方开始探索“柔性执法”模式。柔性执

法体现了“以人为本，执法为民”的理念，能用服务方式解决问题就绝不使用强制方式解决，注重在提供服务和进行劝导教育的基础上，力争让管理问题得以和谐解决。Z市城管执法局借鉴其他省市经验，结合本市实际制定了“柔性执法”制度，并结合服务型政府建设，在为市民提供服务中体现城市管理水平，在对行政执法相对人进行耐心说服教育并取得理解和支持过程中提升城市管理的效率和质量。与以前单一的处罚相比，城市管理执法者通过说服教育和提醒行政相对人，有效化解了行政相对人的对抗情绪，拉近了执法人员与被管理对象的距离，降低了不和谐因素，促进了执法的有序开展，提升了文明执法程度，缓解了社会矛盾，使得执法过程顺利开展。

第三节　S省Z市城市管理中行政执法存在的问题

一、执法依据不完善，缺乏可操作性

目前，我国尚未制定一部专门规范城市管理行政执法行为的法律，城市管理行政执法的主要依据是1996年颁布施行的《中华人民共和国行政处罚法》。由于《中华人民共和国行政处罚法》只授予承接部门处罚权，而城市管理行政执法部门在实际执法过程中必然需要使用的行政检查、行政强制权在该法中并无明确的规定。现实执法活动中进行处罚的前提是执法检查以及证据的收集、保存，行政检查是行政处罚的必然前置程序。譬如，针对流动无证照商贩的查处，对其使用的电动车、人力车等工具以及贩卖的商品进行暂扣处理也是执法的通常手段，而在法律没有明确规定城管执法部门拥有这一权力的情况下进行查扣，这种执法现象可以视作行政机关滥用权力的行为。这就使得城管执法人员难以对部分具体执法情况进行界定和处理，使执法工作陷入被动局面。如果不进行执法，则属于履行职责上的不作为，无法有效地维护城市秩序；如果进行执法，又难以找到充分的执法依据，这就导致了被管理的相对人不怕管、不服管的情况。

除我国尚未制定一部专门规范城市管理行政执法行为的法律以外，国务

院及其有关部门也未制定与《中华人民共和国行政处罚法》相配套的规章或其他规范性文件对城管部门的机构设置和职能职责进行详细、全面的规定。对于处于城市管理第一线的城管执法部门，没有国家层面上的法律保障，仅仅依据效力较低的地方性法规或政府规章来确定其地位和职权，使得城市管理执法工作难以获得社会公众的信任。同时，由于缺乏法律上针对城市管理范围的规定，城管执法部门所拥有的综合执法权，仍然是在各个法律法规中部分抽取汇总部分处罚权的大杂烩，只能称之为综合执法而非称之为综合管理。

我国法律法规的不完善，导致城市管理执法主体、执法范围、职责权限等都尚未明确。在实践中，Z 市作为设区的市，在 2015 年经 S 省人大常委会批准获得了地方立法权，可以对城市管理领域进行地方性法规和政府规章立法，但即使如此，由于没有上位法律依据，以及其他同为设区的市的地方经验可以借鉴，以短期的单部地方性法规和政府规章，也难以解决行政执法过程中出现的问题和情况，也不足以指导 Z 市深化城市管理执法体制改革。

二、执法效率较低，基层人员编制短缺

Z 市城市管理执法机构设置情况为：市政府设立市城管执法局作为 Z 市市级城市管理综合执法机构，市城管执法局下设综合执法支队；主城四区政府及高新区管委会设立执法分局，作为市城管执法局的派出机构，执法分局下设综合执法大队，负责本辖区内的执法活动，对外统一以市城管执法局的名义行使执法权力。

以上城管执法机构设置中，市级执法部门和区级执法部门都有执法权力。其中，区级城管执法部门承担日常的管理、检查任务，但不是独立的执法主体，不能以自己的名义作出处罚，需要报请市城管执法局进行审批，并以市城管执法局的名义发出各类执法文书。这种检查与处罚的分离，大幅降低了执法效率。

市级执法部门和区级执法部门均有执法队伍，据统计，市城管执法局综合执法支队，有编制 33 人，市下辖的四区及高新区执法大队共有编制 130 余人。2016 年、2017 年，按照 S 省下发的市级部门权力清单清理调整要求，市级住建、工商、环保、水务等部门划转一百余项权力事项给市城管执法局，

导致工作量成倍增长，但城管部门的执法队伍编制没有得到相应增加，特别是基层一线的城管执法人员难以承受繁重的管理压力。随着Z市城市居住人口的增多和城区覆盖面积的逐步增大，现有的城管执法人员已经难以保障城市管理的有效运行。

三、权力责任互不匹配，城管执法“难作为”

城市管理综合执法范围广泛、内容众多，集中了住建、交通、林业、环保、工商、公安等主管部门划转而来的部分行政处罚权，致使城管行政执法部门权力体系的划分没有实现科学规划与分配，城管行政执法部门与其他相关的主管部门的部分权力重叠交叉，导致城市管理行政执法部门与其他相关主管部门之间出现或者超越职权，或者推卸责任的情况。

综合行政执法制度的设立是为了集中牵头力量，整合执法资源，将相关职能部门的部分行政处罚权划转到城管执法部门，但这并不意味着该项职权的行使与相关职能部门进行了剥离、脱钩。相反，相关职能部门由于有法律法规的直接规定进行授权，在城市管理的专业领域方面具有充分的管理手段、监督体系，特别是对于疑难重大案件的查处，更需要依托相关职能部门在该领域的业务知识和能力。因此，在城市管理执法活动中，各职能部门仍应给予城管执法部门大力支持与配合。由于城市管理部门与相关职能部门之间未建立完善的统筹协调机制，与相关职能部门之间的联系还不够紧密，还没有形成常态化的资源共享和信息互通，还没有形成管理上的全面合作，城市管理中出现的问题，城管部门只拥有部分处罚权，已经无法由城管执法部门单独化解和全面管理，这种权力与责任的不配套，导致城管部门在执法实践中“难作为”。

四、小贩违法成本低，城管执法成本高

Z市城市管理面临的突出问题是流动性较强的无照经营的小摊小贩较多，他们主要集中于城市人口密集区、主要街道旁边、居民住宅区出入口、巷道路口、景点公园门口。小摊小贩大多生活困难、文化层次低，为社会弱势群体。他们没有合法经营资格，不愿配合城管执法人员进行管理，经常采用躲避方法逃避执法人员的检查。如果城管人员放任不管就有渎职之嫌。如果大

胆管理，没收其物品或进行处罚，又会影响小摊小贩生计，进一步激化矛盾，甚至会发生冲突或暴力事件。

面对以上情况，城管人员对于小摊小贩只能采用教育、劝导的执法方式进行管理。而小摊小贩面对着生活来源的压力，自然不愿意接受管理，这就极大地增加了城管人员的管理难度。如前所述，由于基层一线城管执法人员少、力量有限，因此已经无法对城市大量的流动无证照商贩进行管控处理，无力应对流动式作战管理。“小贩违法成本低，城管执法成本高”，已经成为Z市范围内城管执法的一大难题。

五、执法队伍组成复杂，执法水平有待提高

经过长期建设，城管执法部门已经有了一定发展，但离社会发展要求还有较大差距，尤其是城管执法人员的执法水平和能力远远适应不了社会发展的需要。S省Z市市级和区县级的城管执法人员主要由四部分组成：一是通过公务员考试或参公单位招考进入的人员；二是规划、环卫等职能部门根据行政权力事项调整而划转至城管部门的工作人员；三是部分军队转业干部；四是面向社会招聘进入执法队伍的临时协管员。城市管理执法队伍执法人员来源复杂，大部分人员没有城市管理的经验和业务知识，执法能力和水平有待提高。

需要指出的是，由于执法力量严重不足，Z市城管执法部门不得不聘用了部分没有编制的协管人员来协助编内执法人员进行城市管理工作。协管员招聘通常要求不高，不少协管员的文化水平偏低，缺乏较高的政治思想素质和系统的法律知识，缺乏必要的监督和考核。他们上岗之前往往通过一两周的简单培训，面对城市管理行政执法中的各种复杂情况，他们无法熟练地运用政策工具、法律知识和业务技能规范执法、文明执法，已经影响了城市管理行政执法队伍的整体执法水平。

六、执法对象法律意识淡薄，对抗情绪较重

城市管理对象复杂、领域众多、范围较广、任务繁重，对于城管执法部门来讲，必须处理好与管理对象之间的关系。城市管理对象，主要是农村流向城市的人口以及城市失业人员，等等。他们作为城市空间中的弱势群体，大多生活贫困、法制意识淡薄、法律观念不强。当遇到城管执法人员查处

时，他们往往不理解城管执法人员行使职权的行为，认为城管执法人员是在侵害自己的权利，自己与城管人员的对抗是合理维护自身权益的正当行为，甚至采用暴力威胁城管人员。

此外，部分执法对象认为，面对众多违法行为人群，城管选择性执法，存在差别化处理，于是造成城管对象心理不平衡，不愿意接受本应受到的处罚。多年来，城市管理行政执法部门在群众中声誉并不理想，部分行政相对人思想意识中总认为城管执法不规范，经常暴力执法，因此一旦遇到城管执法人员进行检查，他们就会产生强烈的逆反心理。

七、市民主体意识淡薄，参与城市管理极少

近几年，随着Z市创建文明城市工作的开展，部分市民自觉遵守和维护城市秩序的意识有所增强，但对大多数市民来说，城市主体意识淡薄，参与城市管理极少，始终抱着政府管政府的事，自己过自己的生活这样的心态，因此，政府要想调动市民参与城市管理的积极性也就显得非常困难。

市民参与城市管理极少与其对政府和城管的认识也有一定关系。有的认为自己只是一个普通小市民，哪有时间和精力参与城市管理；有的认为政府有着强有力的行政手段能够管好城市，相信政府能够解决好城市管理中的各种事端；有的认为市民参与管理所发挥的监督作用是有限的，市民参与管理只是政府运作程序化的形象工程，没有实际意义。以上这些错误认识致使大多数市民对城市管理采取了冷漠观望态度，没有积极主动加入到城市管理的行列之中。更有甚者，对城管执法活动不理解、不支持，站在执法对象角度说话，对城管执法人员横加指责。

第四节　S省Z市城市管理行政执法中存在问题的原因

一、城市管理法律法规不健全

十一届三中全会以来，我国经济发展迅速，社会环境有了很大变化，特

别是城市发展日新月异。十八届四中全会党中央明确提出全面推进依法治国，将法治建设推向了一个新的高度，但就城市管理来说，城市管理方面的法律法规仍显得不够健全和完善。

（一）城市管理中的行政执法依据不充分问题日益凸显

在我国城市快速发展的同时，城市中也产生了一些阶段性问题。这些阶段性问题的解决，需要立法部门为城管执法者提供充分的执法依据。但我国大多数城市管理的相关法律规定制定时间较早，已经不适应现在城市管理的现实情况和发展需要，城市管理行政执法依据不充分、不合理问题日益凸显。

（二）城市管理中的行政执法缺乏国家层面的法律依据

近几年，各地制定了城市管理的地方性法规和政府规章，但在国家层面制定的法律法规仍然缺失，各地的执法范围、执法程序、执法手段、机构设置、职责权限、管理机制、监督体系等缺少国家统一标准和指向。虽然2017年5月1日开始施行的《城市管理执法办法》作为住建部的部门规章增加了相关部门的职权，为相对集中处罚权的实施做了细化规定，但实践中的争议一直不断，城管部门和其他相关部门特别是公安部门在维护交通秩序上仍未形成合理的权力划分，《城市管理执法办法》的施行仍未给城市管理中的行政执法提供国家层面的法律规范。

（三）城市管理中的行政执法现有法律规定过于原则化

由于城市管理中的行政执法现有法律规定和依据过于原则化，缺乏可操作性，甚至有的条款存在着与现实脱节的现象，导致城市管理中的行政执法有时有法难依、依法执法手段不能有效落到实处，影响了城市管理行政执法效力。

二、行政执法机构设置不合理

随着城市管理中的行政执法体制改革的推进，Z市建立了城市管理行政执法机构。其中，市县建立行政执法局，各区设立行政执法分局，承担城市管理行政执法职责。目前，城管部门行政执法机构设置还存在着一些问题。

（一）城市管理缺少省部级主管部门

我国省部级未设置专门的综合性城管执法工作管理机构，S省住建厅内设了城市管理处，以便指导全省城市市容市貌、环境卫生、市政管理、防汛排涝、城市广告等管理工作，但仍然不足以指导Z市城管执法局的全部日常工作。除以上管理工作外，城管执法的其他工作对应的是其他多个省厅部门，这就形成了省市两级任务交办和监督管理的纵横交错。

（二）城管执法机构权责分配不合理

Z市城管执法局掌握了全部行政执法权力，而区级城管执法分局作为市城管执法局的派出部门，拥有的行政权力太小。由于在具体的执法实践中，绝大部分的行政违法行为需由属地基层一线城管部门去检查、去管理。由于权利与义务不对等，拥有的行政权力太小，因而执法过程“心有余而力不足”，显得执法力量太弱，执法权威性和积极性受到影响。

（三）一线城管接受双重领导影响协调

区城管执法分局是区政府的组成部门，接受区政府的领导、财政资金保障和人事协调安排；而从具体工作开展来看，区城管执法分局又是市城管执法局的派出机构，必须接受其业务指导和监督，并依托于市城管执法局对外行使行政执法权。这样的双重领导体制，在管理上容易造成决策交叉和监管分置，引发工作中的协调困难。

三、政府相关部门的协调配合脱节

相对集中处罚权的行使，要求城市管理中各领域的主管部门与城管部门之间必须进行权力调整。在权力调整过程中，权力与责任划分不清，出现了城管工作中相关部门协调配合脱节的情况。

（一）政府相关部门配合不够紧密

根据综合执法的相关规定，Z市城管执法部门的职能集中覆盖了公安、交通、环保、工商等多个部门的部分管理事项，城管工作需要相关部门密切配合才能取得实效。在执法实践中，城管执法与政府各相关职能部门联动不够，个别部门缺乏配合，造成城管执法部门单打独斗，大幅降低了综合管理效果。

（二）政府相关部门职能划转不清晰

一是政府相关部门权力事项的调整并未将相关职能彻底划转到城管部

门，城管职权过于分散，造成了城管部门全面开展综合执法工作与政府相关职能部门有着千丝万缕的联系。政府相关部门部分职能划转城管以后，相应的城管工作往往需与政府相关部门互相配合共同完成。二是政府相关部门部分职责划转出现空白，导致城管职责不清，出现多头管理、交叉执法现象。`

四、行政执法保障力度不够

执法人员及其安全、执法经费等能否得到保障，事关执法工作能否有效开展。由于城市人口众多，管理难度大，Z 市城管部门也常常陷入保障不足的困境。

（一）执法队伍一线人员不够

Z 市城管执法部门覆盖了四个区的管理范围，执法任务繁重，执法对象复杂，执法人员配置远远满足不了实际管理需要。按照住房和建设部的相关规定，各地城管执法人员配置的合理比例，应当达到城市人口总数的万分之三到万分之五，但从现实来看，大部分地区的城管执法人员配置均未达到这一比例，无法满足实际工作的需求。

（二）执法人员安全保障不够

城管执法人员行使处罚权时没有强有力的安全保障措施，无法对被管理者进行有效威慑，更不用说保障执法工作的顺利开展。实践中，被管理者阻碍城管执法甚至使用暴力阻碍执法现象时有发生，很多时候不得不借助于公安部门的力量来保障城管执法人员的人身安全。

（三）城管执法财政经费投入不足

由于受经济发展水平的影响，一些地区城管行政执法经费没有得到充分保障，执法装备落后，影响了日常工作的开展。

五、执法人员素质有待提高

（一）协管人员素质参差不齐

Z 市城管执法人员组成较为复杂，城市管理部门聘用了不占编制的协管人员来配合编内人员开展城市管理综合执法工作。作为现阶段城市执法力量的必要补充，城市管理中的部分协管人员缺乏法律思维和相应的管理技能，人员素质未能完全达到应有的要求和标准。

（二）执法人员缺乏必要培训

城市管理中行政执法权的集中行使，对城管执法人员提出了较高的要求。需要通过培训，让执法人员掌握各行各业的相关业务知识，具备相关的法律法规知识，特别要学会依法规范地运用相关执法程序，但从Z市实际情况来看，部分执法人员尚未得到必要的培训，相应的法治理论及管理技能缺失。

六、法治理念和服务意识淡薄

（一）部分城管人员缺乏法治理念

对城市管理定位存在偏差，存在急功近利倾向，容易造成职权行使的不规范、不文明，引发行政相对人的对抗情绪，降低执法效率。

（二）部分城管人员缺乏服务意识

部分城市管理执法人员在执法活动中不以维护城市秩序为目的，缺乏服务意识，颠倒执法与教育的基本关系，以处罚代替管理①，简单粗暴地滥用处罚权力，严重偏离了为人民服务的宗旨。

（三）考核与监督作用尚未发挥

Z市城管执法局作为区城管执法分局的上级部门，对下级具有考核和监督的权力，但由于同一系统内部存在利害关系，内部考核和监督结果不一定能够真正产生实际效果，而外部考核和监督作用又相对缺乏，因而部分一线执法人员缺乏责任心、上进心、服务工作不到位。

七、新闻舆论正确引导市民欠缺

（一）部分市民同情违法者的违法行为

城管执法过程中，有时冲突不可避免，在冲突发生时，其他市民往往同情违法者，站在违法者的立场和观点上给予支持，极大地影响城管执法人员的工作积极性，一定程度上影响了对公共利益的共同维护以及公民对法律的

---

① 关保英. 执法与处罚的行政权重构［M］. 北京：法律出版社，2004.

敬畏。

（二）媒体夸大城管人员和违法者的矛盾

新闻媒体是重要的信息传播载体，一些媒体为了吸引眼球，在报道城管执法的冲突事件中，故意歪曲、夸大执法人员与违法者的矛盾和冲突，故意引导公众指向一个不能全面体现真实性的真相，使公众对于实践中城管人员的执法形成潜意识的错误认知①，使城市管理执法工作陷入被动和低效。

第五节 改进 S 省 Z 市城市管理中行政执法的对策

一、健全和完善行政执法方面的法律法规

（一）制定地方性法规和政府规章

根据 2015 年 3 月 15 日第十二届全国人民代表大会第三次会议修订通过的《中华人民共和国立法法》的有关规定，经 S 省人大常委会批准，Z 市获得了地方性法规和政府规章的立法权限，可以就城市建设、市容卫生、环境保护等城市管理方面的事项制定地方性法规和政府规章，因此，Z 市可以通过自身立法的形式，为 Z 市城市管理中行政执法提供效力相对较高的执法依据。

（二）制定地方规范性文件

Z 市人民政府根据本市的具体情况和实际需要，在不与宪法、法律、行政法规和本省的地方性法规相抵触的前提下，可以对城市综合管理的体制、范围以及综合执法等进行规范，可以依据国家、省已有的相关规定，以规范性文件的形式制定城市管理的实施细则或实施办法，并对行政处罚的依据、行政办案的程序、管辖范围加以明确规定，以便更好地促进 Z 市城管部门行政执法活动的规范性开展。

---

① 熊文钊．城管论衡：综合行政执法体制研究［M］．北京：法律出版社，2012.

（三）细化执法裁量权范围

虽然在法律法规授权的范围内，城管执法人员可以依照自己的判断采取适当的裁量方法或者行政措施对执法对象进行处罚，但由于城管执法的自由裁量权过于宽泛，往往导致有些城管执法人员滥用职权、任意罚款等现象的出现。为了解决这一问题，Z市政府可以全面细化城管行政执法裁量权的有关规定，科学合理规范行政处罚中自由裁量权的空间，为本区域内的城市管理执法实践提供具体执法标准。

二、调整行政执法主体结构配置

（一）调整城市管理机构及职能配置

根据2015年9月29日下发的《S省人民政府办公厅关于开展综合行政执法体制改革试点工作的指导意见》精神，结合Z市自身实际，在综合行政执法体制改革中可以明确以区（县）一级执法主体为主，推进执法重心下移和执法事项属地化管理。在市级设立Z市城市管理执法局，作为市政府城市管理工作部门，为全市城市管理和行政执法的行政主管部门。同时，在市级设立Z市城市管理综合执法监督机构。Z市城市管理执法局和Z市城市管理综合执法监督机构，主要负责Z市辖范围内的城市管理运作和行政执法监督工作，负责指导各区（县）执法分局开展工作，并承担跨区范围内的执法案件调查和处罚，除此以外的其他职权应当一律下放，由各区执法分局承担。

在高新区设立高新区城市管理执法分局，为Z市城市管理执法局的派出机构，由Z市城市管理执法局委托高新区管委会对辖区范围进行城市管理。在各区（县）设立城市管理执法局，为同级政府职能部门，负责辖区范围内城市管理和执法工作。各区（县）城市管理执法局、高新区城市管理执法分局分别设立城市管理执法大队，并向所辖街道（乡镇）派驻综合执法中队。各街道（乡镇）城市管理综合执法中队主要承担辖区范围内城乡环境综合治理、综合执法以及城市（乡村）管理的具体实施工作。各街道（乡镇）城市管理综合执法中队在城市管理和执法过程中产生的后续责任，由区（县）城市管理执法局承担。

（二）健全综合执法部门执法机制

在调整Z市城市管理机构设置的基础上，积极探索执法部门的融合。一是在整合政府各相关部门职责的基础上，设置统一的综合执法机构。通过合署办公、联合行动等方式行使行政执法权，实现城管部门与政府相关部门联合执法。二是推进跨部门联合执法，有条件的试点地区在报经省政府批准后，可以明确由城管部门单独行使政府相关部门的行政处罚权。三是市、区县要整合园林绿化、城市管理执法、市容环卫、市政公用等相关职能，划清城市管理和行政执法的职责权限，按照属地管理、权责一致原则，整合城市管理和执法机构，清理取消违反机构编制管理规定、没有法律依据的执法队伍和机构，实现城市管理和行政执法机构的综合设置。

（三）完善城管执法部门内部运行机制

完善城管执法部门内部运行机制，必须实行市级统筹，条块结合，以块为主的双重管理体制；必须强化市级统筹管理功能，突出区（县）具体负责城市管理和行政执法的主体责任，明确各街道（乡镇）在城市管理和行政执法中的具体实施责任以及社区（村）在城市管理中的基础作用。

完善城管执法部门内部运行机制，要求各区（县）城市管理和综合执法业务必须接受Z市城市管理执法部门的领导和监督。除日常城市管理和执法工作以辖区为主以外，全市统一的、重大的、专项的、应急抢险的城市管理事项、综合执法任务均要接受Z市城市管理执法部门的统一指挥、统一调度、统一管理和监督。区（县）城市管理执法局负责人的调整、交流、晋升和年度考核等，须由辖区党委征求Z市城市管理执法局的意见；高新区城市管理执法分局负责人的调整、交流、晋升和年度考核等，须由高新区党工委征得Z市城市管理执法局的同意；街道（乡镇）综合执法中队负责人的调整、交流、晋升和年度考核等，须由所在区（县）城市管理执法局、高新区城市管理执法分局负责，同时应当征求辖区内街道（乡镇）党委（党工委）的意见。

三、建立行政执法协调联动机制

城市管理范围广泛，涉及各领域、各区域、各环节的众多主体。城管执法单位作为主要牵头部门，既要与政府相关部门合理划分权力和职责，又要与政府各相关部门建立互相协调、规范有序、运行高效的协同联动机制。

（一）明确城管部门行使行政处罚权的范围

Z市城管部门行使行政处罚权的范围涉及以下五个方面：一是行使环境管理方面的行政处罚权，包括城市焚烧沥青塑料垃圾等烟尘和恶臭污染、餐饮服务业油烟污染、建筑施工噪声污染、建筑施工扬尘污染、社会生活噪声污染、燃放烟花爆竹污染、露天烧烤污染、露天焚烧秸秆落叶等烟尘污染的行政处罚权；二是行使水务管理方面的行政处罚权，包括向城市河道倾倒废弃物和垃圾及违规取土、城市河道违法建筑物拆除等的行政处罚权；三是行使住房城乡建设、城市管理领域和城乡规划等方面的法律法规规章规定的行政处罚权；四是行使工商管理方面的行政处罚权，包括违规设置户外广告、户外公共场所无照经营的行政处罚权；五是行使食品药品监管方面的行政处罚权，包括餐饮摊点无证经营、违法回收贩卖药品和户外公共场所食品销售等行政处罚权。

（二）加强市级执法部门与城管部门的协同配合

加强市级行政执法部门与城市管理主管部门的协同配合，市级有关行政管理部门应当与城管执法部门建立信息联通及资源共享机制，及时有效地交流和掌握城市管理情况，采取合理的行政执法手段，实现城市管理协调联动的无缝对接。城市管理主管部门在查处较为复杂或重大疑难违法案件时，与城市管理相关的规划、住房城乡建设、环保、工商、水务、食品药品监管、公安、交通运输、国土资源等部门应对违法行为的现场检查和勘验等执法工作予以积极配合。

在处罚各类企业和个人违法行为时，应实行黑名单制度，由城市管理主管部门与公安、规划、住房城乡建设、工商、银行等单位联合公布受到处罚的企业和个人，并将其与企业的许可、资质、个人资格、诚信等认证工作挂钩。要统筹建立市、区（县）公安城管联勤联动执法工作机制，由市、区（县）公安机关向同级城市管理主管部门派驻专门执勤力量，明确联动执法范围与清单，协同配合完成城市管理执法任务。

（三）加强城市社区、企事业单位与城管部门的协同配合

在城市管理行政执法中，要充分发挥城市社区和企事业单位的作用。要加强城市社区建设，调动城市社区参与城市管理的积极性。在城市社区建立

城管执法联络网点，协调城市社区相关工作人员参与社区范围内的执法管理，开展定点巡查检查，发现问题及时上报。

在城市管理行政执法中，可以划分责任片区进行管理，发动小区物业、企事业单位共同参与城市管理，共同维护好自身区域。可以借助城市社区、企事业单位开展“讲文明、促和谐”为主题的文明社区、文明单位等创建活动，增强市民的社会公德意识、现代城市管理意识，在辖区范围内建立全方位、多层次、网格式的城市管理体系，从源头上预防城市管理案件的发生。

（四）加强司法机关与城管部门的协同配合

建立市、区（县）两级政府城市管理主管部门与公安机关、检察机关、审判机关信息共享、案情通报、案件移送制度，做好大案要案的联合查处或移交查处工作，实现行政处罚与刑事处罚的无缝对接。公安机关要及时依法打击妨碍城市管理执法和暴力抗法的行为，对拒绝、阻碍或以暴力、威胁等手段阻碍城市管理执法人员依法执行公务的行为，应及时依法作出处理，对涉嫌犯罪的，应依法追究刑事责任。

加强审判机关对城市管理的法律指导，成立城市管理执法巡回法庭，建立简易案件快速审执机制，及时审理并执行涉及城市管理执法的案件。加大城市管理行政处罚决定的行政和司法强制执行力度以及非诉行政处罚案件的执行力度。检察机关要加强法律监督，及时受理涉及城市管理行政执法的案件。检察机关有权对城市管理执法部门在行政执法中发现涉嫌犯罪案件线索的移送情况进行监督，城市管理执法部门对发现涉嫌犯罪案件线索移送不畅的，可以向检察机关反映并申请检察机关立案监督。要建立法律顾问制度，引入律师参与机制，提升城市管理执法工作质效。建立城市管理执法过程的公证制度，提高行政执法的公信力。

四、加大行政执法保障力度

（一）加大执法经费及装备保障力度

市、区（县）在厘清城市管理执法相关事权的基础上，要按照事权与财权相适应原则，建立健全责任明确、分级分类负担、收支脱钩、财政保障的城市管理执法经费保障机制。各级政府要将城市管理经费纳入同级财政预算，加大城市管理资金投入，加大财政保障力度，加强城管执法装备配备。科学核定城市管理执法经费，涉及市容环境卫生、市政设施养护、绿化管理、综合执法等城市管理的业务经费，要与城市发展速度、建成区规模、养护标准、城市管理执法手段更新等等相适应。要根据城市管理和执法工作需要，增加对城市管理执法人员制式服装和标志标识、执法执勤用车及技术装备等方面的资金投入，切实改善执法办公条件，保障执法工作正常开展。

（二）加强一线执法工作人员的配备

依据城市管理和综合执法工作特点和需要，按照执法队伍人员数量与其承担的工作任务相匹配的原则，合理设置工作岗位，科学配备城市管理执法人员，加强执法力量向一线倾斜，实现执法工作重心下移。依据国家有关规定，按照不低于城市常住人口万分之三的标准配备城市管理执法人员。对于区域面积大、流动人口多、管理任务重的地区，可适当提高执法人员配备比例。

市、区（县）两级城市管理主管部门根据实际工作需要，可采取招聘或劳务派遣等形式适当配置城市管理执法协管人员。协管人员的数量原则上不超过在编人员，并将随着城市管理体制的改革和完善而逐步减少。要制定协管人员管理规范，健全协管人员招聘、持证上岗、统一制式服装和标志标识、编号管理、考核、培训、奖惩、退出制度。严格规定协管人员只能配合执法人员从事宣传教育、信息收集、违法行为劝阻、工作巡查等辅助性事务，不得从事具体行政执法工作，凡由协管人员从事执法辅助事务以及超越辅助事务所产生的后续责任，均由本级城市管理执法部门承担。

（三）建立健全城市管理应急预案

针对群体性上访、广场聚众闹事、袭击执法人员等威胁公共安全和社会稳定的突发事件，建立健全城市管理应急预案。按照分级负责、快速反应、密切配合、维护稳定、确保安全、处置果断的原则，分级设置突发事件应急响应程序和措施，及时有效地实施应急指挥工作，最大限度地减少人员伤亡、财产损失，维护人民群众和城管执法人员的生命财产安全和社会稳定。

五、加强执法人员行为规范建设

（一）完善城管行政执法管理制度

一是制定权力清单和责任清单。要对现有城管执法部门的职责和权限进行梳理，明确划分其他与城市管理相关的职能部门的职责权限，严格建立城市管理执法部门的权力和责任清单并向社会公开，实行动态管理和调整。

二是制定规范的行政执法制度。要对Z市、区（县）城市管理主管部门执法环节和程序做出详细规定，严格规范行政执法行为和行政执法用语。要建立健全行政执法全过程记录制度，加强行政执法过程的事中、事后监督。要根据省级部门的标准制定市级行政执法裁量标准，严格执行重大行政执法决定法制审核制度。要建立行政处罚案件定期清理制度。

三是改进行政执法方式方法。城市管理主管部门及其城市管理执法人员要严格依照法定程序和权限开展执法活动，做到公正执法、文明执法、规范执法。要积极回应社会关切，依法查处群众反映强烈的重点领域的违法活动。

（二）强化以人为本和依法行政理念

强化城管执法人员以人为本的理念，坚持城管人性化执法，以维护人民的根本利益为出发点和落脚点，尊重和保障人民群众的权利，在提供优质服务中实现管理。

强化城管执法人员依法行政观念，促其依法履行职责，不断提高管理社会公共事务的能力、处理复杂事件的能力、协调各方利益关系的能力，不断提高行政执法效率，降低行政成本，维护社会公平正义。

（三）加强城管队伍执法教育培训

加强城管队伍执法教育培训，有助于提高执法人员的法律知识、心理学知识、业务操作知识，有助于增强执法人员的法治思维和依法管理技能，提升执法沟通协调和应变能力，建设一支素质高、业务强、纪律严的城管执法队伍。

六、加强行政执法过程的监督管理

加强行政执法过程的监督管理，有助于发现和纠正行政执法过程中出现的突出问题，有助于捍卫法律权威和尊严，维护执法活动的严肃性、公正性。

（一）建立重大行政处罚备案审查制度

重大行政处罚行为事关行政相对人的切身利益，一旦处罚不当，容易引发行政争议。作为行政机关内部的监督制度，重大行政处罚备案审查制度可以有效防止和纠正城管执法部门实施的违法行政处罚行为，有利于切实保障行政相对人的合法权益。

Z市建立重大行政处罚备案审查制度，应依据《S省重大行政处罚行政强制备案规定》及其相关法律要求，明确重大行政处罚决定的报备标准，按照规定程序和时限报送各级政府法制部门备案。重大行政处罚的决定机关（简称报备机关）应当在作出决定之日起15日内将做出的决定书和必要的说明材料报送本级人民政府法制工作部门和上一级主管部门（简称备案机关）备案。备案机关对发现存在违法或者不当行为的，应当及时依法作出处理，切实做到“有件必备、有备必审、有错必纠”。

（二）完善城管执法部门内外部监督机制

一是提高城管部门行政执法透明度，实行行政执法公示制度，主动接受外部监督。二是全面落实行政执法责任制，实行执法办案评议考核、案卷评查、责任追究和问责制，把考核结果与执法人员职务晋升、绩效奖励相挂钩。三是加强城管部门效能建设，将内部监督作为重要任务，可以采取随机抽查等监督检查形式，增强城管执法部门工作纪律性，提升城管执法部门工作效率。

（三）重视社会公众对行政执法的监督举报

加强城市管理综合行政执法人员执法行为的监督，必须重视社会公众对行政执法的监督举报。这就需要建立内部监督与社会监督相结合、行政监督与市民监督相结合、司法监督与群众举报相结合的监督网络，将执法人员的执法行为置于各种力量的监控之下，切实提高城管行政执法工作的透明度。

七、健全城市管理行政纠纷处理机制

行政纠纷是行政执法活动难以避免的问题。随着行政相对人法治意识的增强，申请信息公开、行政复议以及提起行政诉讼的情况将会越来越多。健全城管执法部门行政纠纷处理机制，可以预防和减少执法风险，更好地化解行政争议。

（一）坚持以人为本的服务理念

健全城市管理行政纠纷处理机制，必须坚持“以人为本”的服务理念。坚持“以人为本”的服务理念，有助于化解社会矛盾，实现社会和谐发展；有助于强化公共服务职能，改善民生；有助于强化执法人员执政为民意识，理顺城管执法部门与社会公众的关系，树立城管部门良好形象。坚持以人为本的服务理念，要求城管执法部门在城市管理实践活动中提升政务公开水平，完善自我监督检查机制，健全执法规范制度，激发社会公众积极参与城市管理，畅通法律救济渠道，切实维护好公民的合法权益。

（二）畅通信息公开及信访渠道

健全城市管理行政纠纷处理机制，必须畅通信息公开渠道。畅通信息公开渠道，要求加强信息主动公开工作。一要提高信息主动公开的质量，确保政府信息公开的准确性和一致性；二要提高信息主动公开的及时性，对社会公众广泛关心关注的焦点问题及时予以回应；三要逐步扩大信息主动公开范围，对按规定应当进行公开的所有范围，全面完整地进行公开；四要完善信息公开方式，优化政府网站的信息发布功能，探索微信、微博、短信、互动论坛等新型互联网公开形式；五要继续发挥广播电视、报纸杂志等传统媒体的功能，建立图书馆、商场、广场、公园、社区、交通枢纽等公共场所的政府信息公开平台，为社会公众对政府信息的查询和利用提供帮助，保障公民的监督权、知情权和参与权。

健全城市管理行政纠纷处理机制，必须畅通信访渠道。畅通信访渠道，一要开通处置信访突出问题的“快速渠道”，大力推行“阳光信访”，推进涉法涉诉信访问题引导分离工作；二要抓重点、抓源头、抓机制，推进信访突出问题的及时、全面解决；三要加强督查督办工作和信访考核奖惩工作。

（三）积极应对行政复议、行政诉讼

健全城市管理行政纠纷处理机制，必须积极应对行政复议、行政诉讼。这就要求熟悉《行政复议法》和《行政诉讼法》的相关规定，提高应对行政复议和行政诉讼的水平。一要对行政复议、行政诉讼案件高度重视，依法建立负责人出庭应诉制度；二要发挥法律顾问在重大疑难复杂案件处理上的作用，为案件的妥善处理提供法律支持；三要加强与申请人、原告的沟通，了解其诉求及其理由，争取通过协调解决方式妥善化解矛盾纠纷；四要认真做好证据资料的收集和案情分析工作，有针对性地制作答辩文书，确保在审理过程中充分应对；五要自觉履行上级机关复议决定和司法审判机关的裁决、判决；六要在行政复议或者行政诉讼中，对于依法被撤销、变更、确认违法的行政行为，应当深刻反思，查找原因，总结经验，整改存在问题，做好以后的应对工作。

此外，健全城市管理行政纠纷处理机制，要求城管执法部门建立执法人员重大过错责任追究机制。凡是在行政复议或者行政诉讼中被审查机关审理为不合法的行政行为，如果执法机关或者工作人员存在重大过错的，应当予以责任追究，并将相关结果作为衡量执法水平高低和年终考核的重要依据。

八、重视对社会公众进行宣传教育

（一）重视各种传播媒介的宣传和引导功能

要加强与新闻媒体的联系与合作，主动向新闻媒体提供工作动态信息，让社会公众及时了解和掌握城管执法部门的工作情况。要注重新闻媒体对城管执法部门的正面宣传，保证新闻媒体报道的真实、准确、全面。要引导群众及时了解所产生的各种城管问题和所发生的各种事实真相，避免市民对城管执法部门工作产生片面的认识、评价或误解。

要发挥网上城管、官方微博、电话短信等新媒体的沟通功能，通过这些新媒体加强城管部门与社会公众之间的信息交流，随时了解群众对城管部门及其工作的意见和建议。要坚持正面引导，及时发布城管信息，定期公布群众诉求解决情况，引导市民积极参与城市管理。

（二）重视城市居民的法制宣传教育

要开展不同形式的法制宣传教育活动，提升城市市民的法治意识，让市民了解城市法规，自觉遵守城管法规，自觉接受城市管理，对城管执法部门的执法活动给予支持和配合。

（三）重视市民主人翁思想的宣传教育

要借助打造全国文明城市的契机，宣传打造“文明城市人人建，城市文明人人享”的良好互动建设，提高社会公众对城市管理的支持和参与，提升责任感、使命感，推动所有市民自觉发挥支持和参与城市管理的力量。

要通过宣传教育，让市民树立每个人都是城市建设者和管理者的主人翁思想，吸引广大市民积极参与城市管理，打造共建共管的城市管理新格局，营造人人参与城市管理的良好氛围。

第十章

地方政府河流治理研究

——以S省N市沱江治理为例

第一节　S省N市政府沱江治理概述

一、N市概况

（一）自然资源

N市物产丰富，属于我国中西部重要的商品粮产地之一，也是S省乃至全国粮食以及经济作物的主要产地和水产品市场推广的试点地区。塔洛克血橙、冬尖、七星辣椒、柠檬等17个产品获得无公害产品称号，“隆昌素兰花”曾经获得我国西南地区标志的特色商标，“塔罗科”血橙也曾通过了“国家绿色食品”称号的认证检测。S省N市能源矿产主要有煤、天然气和油页岩。因为N市的甘蔗、蜜饯曾在中西部地区产量占有较大比重，因此“甜城”的美誉盛极一时。

（二）产业发展

沱江上游的矿产资源最为丰富，以盐、磷、煤、硫黄等为主。作为沱江源头的龙门山，是世界珍稀物种大熊猫的栖息地，沱江流域的水能资源相对贫乏。N市既是S省的传统工业基地，同时也是重庆、成都地区支柱产业的配套支持基地和副食品供应中转站，大体上形成了以钒钛钢铁、食物饮品、机械汽车配件为主的支柱产业。N市正在努力发展成为中西部地区的钒钛资源综合开发基地、中国循环流化床电站节能环保示范基地、中国“城市矿产”示范基地、中国汽车（摩托车）零部件制造基地、西部电子信息产业配套基地等五大新兴产业基地。

（三）交通运输

S 省 N 市被国家交通运输部定位为国家陆路运输的主要枢纽之一，属于 S 省第二大交通重要中心以及中国西南地区公路运输的重要中转站，同样属于成渝经济区的中心城市。N 市从整体上完成了南北相连、东西贯通、四通八达的水陆空三项运输体系协同发展的交通网络。随着成渝动车高铁客运专线的全面运营，N 市也同时享受到了成渝“半小时经济圈”带来的便利。①

二、沱江概况

（一）河流发源地概况

沱江地处中国 S 省中部地区，源头始于川西北地区的九顶山南端。河流一直向南，流至成都市金堂县赵镇与沱江支流的毗河、青白江、湔江及石亭江这四条长江上游支流交汇后，河流继续穿过位于龙泉山的金堂峡，沱江流经沿途的简阳市、资阳市、资中县、N 市、富顺县等市县至泸州市汇入长江干流，沱江全长 713 公里，沱江流域占地 3.31 万平方千米。

沱江的起点始于海拔 4987 米的九顶山，分为三条水流。东部：绵远河，全长 182 公里，中部：石亭江，全长 143 公里，西部：湔江，全长 137 公里，在成都市金堂县的赵镇附近，三条河流产生交汇，成了沱江的主要干流。除此之外，沱江的水源同样来自成都的青白江和毗河。这样从总体来看，沱江拥有五个发源地，而且岷江河流网络与沱江的 5 个发源河流交汇。所以，沱江与其他国内河流相比，干流与支流的界线不是特别明显。但是因为绵远河的流域面积最广，因此从地理角度把它规定成了沱江的最主要源头。

（二）河流水质概况

沱江河道多有曲折，从位于金堂源头的赵镇到 S 省泸州市，长达到了 524 公里，比源头到沱江末端的直线距离多出了 2.12 倍。此外，沱江河床坡

① 李志东．西南河流治理概况［M］．北京：中国环境科学出版社，2009.

度较为明显，河床的情况错综复杂，曲折起伏。虽然航运条件不是很好，但S省人民自古以来就在沱江水面进行运输。沱江水流中的耗氧量及氨、氮数值都比地面水化学成分的标准含量高出许多，以至于沱江水体有机物的综合测试结果在国家一、二级水质标准的数值规定中属于达标水平。在获得官方评价的河流区域中，属于优秀水质的流域范围占沱江总长度的1.9%，其余绝大部分河段水体中的酚、氰、六价铬、汞、砷等的含量检测得出率全部超过国家规定水质的一半以上，经过比对后发现，简阳到N市流域属严重污染（四类）等级。

（三）河流水文概况

河流的水文特征一般包括径流量、含沙量、汛期、结冰期、水能资源、流速、河流补给类型及水位。从沱江源头到成都的金堂县赵镇为沱江上游地段，长约128公里，当地人称为绵远河。从赵镇开始，流至河口称为沱江，全程长约523公里。沱江流域的年平均降水量1213毫米，年径流量大概为353亿立方米，岷江的补给约占总河流流量的32.46%。水能储藏量约187.8万千瓦。沱江流域在S省所有河流流经地区中产沙量较少，李家湾水电站的年平均输沙数量为504吨/平方公里，沱江干流所有指标检测站点的连续几年的平均输沙量如下：三皇庙站584万吨，资中县登瀛岩水文观测站893万吨，李家湾站11768万吨。干流均可实现通航自由，中下游的部分支流多已实现水渠流通。然而，沱江沿岸的森林绿化工作进展不够理想，周边森林覆盖率仅6.24%，在四川所有河流中排名较为靠后。①

（四）流域发展概况

沱江流域主要流经区域有成都、德阳、泸州、绵阳、乐山、资阳、眉山、宜宾等11个地市的36个县（区）。作为支流的赖溪河、大清河经过了重庆市荣昌区和大足区的部分地区。按照2010年的统计数据来看，流域总人口达到了1937.85万人，沱江沿岸地区的年度生产总值达到了1747.6亿元，沿线拥有1771.65万亩的耕地面积，年均的粮食产量为808.95万吨。沱江流域作为S省国民经济基础条件最为雄厚，工农业最为发达的中心地区，同样

① 陈仲博．四川省生态环境可持续发展战略研究［M］．成都：四川大学出版社，2003.

在S省国民经济中具有举足轻重的地位。

三、S省N市政府沱江治理的必要性

(一) 流域沿岸企业偷排污水情况急需治理

由于沱江流域周边高能耗、高污染的工厂企业在转换产能结构、更新排污设备以及发展循环科技方面并未采取及时有效措施。某些工厂企业不顾N市政府以及S省政府的水污染防治要求，为了降低企业生产制造成本，偷排污水的现象依然存在，在排污口附近的污染物种类和污染指数超标，影响了周边居民的正常取水用水。

(二) 畜牧业、种植业等污水影响流域水质

地区农业的发展状况同样决定着地区民众的生活水平，畜牧业和种植业在农业的组成中占据着很大比重。然而，在地区农业蓬勃发展的同时，有关农业污染、水质破坏的问题也变得日益严峻，农药污染、饲料残渣、动物粪便对于水质的负面影响是大的，特别是在遭遇阴雨天气的时候，残留的污染物会随着雨水流进河中。

(三) 城市居民生活污水肆意排放必须治理

每天产生大量的生活污水，对于城市污水处理能力提出了很高要求。由于污水处理系统的更新和维护需要花费大量的财力和人力，因此在这个环节上难免会出现疏漏，再加上沿岸居民环保意识参差不齐，生活污水排放秩序混乱，在河边倾倒废水、清洗衣物的现象也经常出现，因此必须整顿流域环保秩序，严肃相关制度法规。

四、S省N市政府沱江治理的主要内容

(一) 构建沱江流域跨区水污染经济补偿机制

跨行政区水污染事故具有以下三种特征：突发性、扩散性、危害性。流域跨区域水污染在本质上是环境侵权行为，上游污染企业应该对下游受害企业和公民予以经济补偿，还应包括上游政府对下游政府由于增加环境治理成本而进行的行政区际赔偿。虽然全国性法规对行政区际赔偿并未明确规定，但地方政府对此进行了积极探索。

（二）构建沱江流域区际生态保护补偿机制

所谓流域区际生态保护补偿，是指流域生态治理和保护的受益地区、受益者要为其获得的生态收益支付费用，或者是必须承担上游区域治理和保护的一部分成本，通俗地说，就是“受益者付费”。上游地区实施生态环境建设，整个干流经过地区的企业、居民和政府都作为流域水资源的用水主体而成为受益主体。

（三）矫正沱江流域治理中政府的行为偏差

在流域治理过程中，影响地方政府决策的因素有很多，主要包括：地区政府之间的利益价值追求的不一致；各级地方人大还没有对同级地方政府进行有效的监管与制约；地区企业和居民的满意程度标准不一致；以经济目标为主导的压力型体制造成地方政府环境治理约束的弱化。

地方政府在流域治理过程中行为偏差的表现主要体现在以下三个方面：在流域社会经济发展规划的制定过程中缺少了环境规划的内容；政府环保部门在流域治理过程中弱化与忽视了环境管理职能的重要意义；地方政府在职能配置与规划方面的错位，主观干预了环保部门的工作。

论及如何矫正沱江治理中N市政府行为偏差问题时，有三个方面的主要措施值得借鉴：首先是完善环境保护过程中第三部门的参与机制，第三部门即是非政府的社会公益组织；其次是优化地方官员绩效考核体系，把环境治理指标纳入考核范围；最后是明确界定流域政府治理范围内的生态环境治理目标。

（四）建立政府与企业的合作治理机制

企业与政府合作治理带来的优势主要体现在以下三个方面：首先是合作可以带来新的竞争优势，实现政府与企业的双赢，获得额外经济效益；其次是获得表达利益诉求的渠道以及有利于双方在协作商讨的基础上解决治理过程中的矛盾分歧；最后是提高企业的知名度以及政府的权威。

企业与政府的合作治理具有四个特征：共同治理的目标明确、以双方自愿为基础、形式方面的规范性、签订协议的灵活性。

关于政府与企业合作治理的政策导向，主要涵盖了以下四方面的内容：第一，实行激励性质的实用政策导向，引导企业自愿参与到沱江水污染治理之中；第二，加强环保内容的舆论宣传导向，树立企业、周边环境、治理理念互相协调的新逻辑；第三，强化约束型政策的执行力度，对企业进行环境管理制度监督；第四，实行政策细化分类导向的任务，分步骤稳定推进企业的环境治理工作。①

五、S 省 N 市政府沱江生态化治理的效益

（一）经济效益

有效的治理方式运用在沱江生态治理工作之后，一些明显的改观会出现在这片水域周围，沱江流域两侧的土地在种植业发展方面具有更大的优势，农业科技企业的投资也会在沱江流域周边增加和扩展，农业是第一产业，是关系到国计民生的大事，农业科技实力的提升有利于带动工业和区域第三产业的发展，从根本上促进 N 市经济的良性增长。N 市在推进沱江生态化综合治理的工作进程中，有利于 N 市高新农业区科技的支持和资金的带动，有效促进地区第三产业的繁荣，扩大沱江流域周边商业楼群和商业街的发展规模，建设更多的文化美术场所以及阅读场所，在保证居民物质生活完善的基础上丰富人们的精神生活，在物质和精神层面共同推动流域常住人口生活水平的稳定发展以及沿线经济建设的健康发展，形成起点高、发展快的经济文化中心，进而促进流域的经济发展。

（二）社会效益

沱江水污染治理是一项艰巨的工程，人力、物力、财力需求量巨大，在逐步改善流域环境的过程中，除了居民生活环境会有改观，更多的流域群众会自觉地加入到河流治理监管的义务工作中，免除以往流域水污染影响农业畜牧业健康发展的经济损失，提高居民生活质量，而且能够更加有效地解决流域周边群众与企业因为排污问题而导致的矛盾纠纷，促进社会的稳定和谐，这反过来又对流域生态文明建设起着促进作用。

首先，当沱江流域生态环境得到一定改善之后，一些便民的娱乐设施与徒步观光场所也会先后出现在流域居民的日常生活中，绿化面积将会得到扩

① 陈瑞莲，任敏．中国流域治理研究报告［M］．上海：上海人民出版社，2011.

大，林荫步道在除了满足居民日常观光赏景的需求之外，也为居民健身提供良好条件；周边服务业的蓬勃发展也为沿岸群众创造方便快捷的购物环境，流域周边群众由于居住环境的舒适度提升了，他们的认同感、归属感也随之得到增强。

其次，流域居民在学习和宣传生态环保知识的热情和积极性方面也会得到提高。在顺利完成沱江流域生态环境教育基地的建设之后，可切实提高沱江沿岸群众的环境保护意识，对于沱江生态特色旅游业的繁荣也有促进作用；在沱江特色湿地公园及其周边配套设施建设发展完毕之后，对流域沿岸民众、企业带来的主要效益是长远而积极的，除了可以加强沱江流域的环境保护文化宣传力度，还可加速沱江流域环境治理保障制度的实施，推动N市全方位建立生态文明体系。

（三）环境效益

S省是地处长江上游的内陆大省，省内的主要支流也成了重点环保工程的保护对象，沱江作为长江水系上的一条重要支流，执行环保任务的艰巨性是不言而喻的。在完善沱江湿地建设以及水源补充项目之后，沱江周边的生态系统将会得到良好的恢复和发展，沱江的净化清洁能力会得到充分的恢复，流域内的鱼类、水生植物以及周围鸟类的生存环境得以更好地继续保存；流域两岸的农业，尤其是生态种植业的发展，农作物以及植被的生长有利于提升空气质量。

通过制定法规来严格控制水资源的利用规模，加大对于破坏森林、毁坏草地、破坏湿地等违法违规行为的惩治力度，通过增加绿化面积来维持其在稳固水土、涵养水源方面的功效；控制地下水开采力度与规模，提升沱江生态环境系统的自我净化能力，明确地方政府的沱江水面保护区范围，为沱江周边野生物种提供舒适的栖息环境，维护沱江流域生物多样性；N市环保部门针对沱江保护区进行的沱江疏通，堤坝道路建设，沱江周边美化绿地的建设，将有效保护沱江沿岸自然状态以及生物种群的多样性。

第二节　S 省 N 市政府的沱江流域治理现状

在对 N 市政府沱江流域治理概况进行介绍后，接下来将总结 N 市政府流域治理的现状，本节将从 N 市政府在沱江治理过程中进行的实践探索、在沱江治理过程中取得的基本成效和获得的治理经验三个方面加以阐释。

一、S 省 N 市政府在沱江治理过程中进行的实践探索

（一）N 市建设第二污水处理厂及配套管网工程

污水处理厂是实现污水循环再利用、实现资源节约、环境保护目标的重要手段。目前在改善沱江流域生态项目中包括了 W 河综合治理一期工程和 Z 县污水处理厂二期及管网建设项目。除此之外，N 市高新区 B 园区污水处理厂和 D 区环境治理服务示范产业园的建设也纳入到了沱江流域生态建设的后续项目中。沱江流域中央投资水污染治理项目是一个大型的项目，总投资 3 亿元。项目包括 N 市第二污水处理厂 5 万立方米/日，配套管网 29 千米；L 镇污水处理厂 1 万吨/日，配套管网 10.8 千米；Y 镇的污水处理厂 5000 吨/日，配套管网 8.44 千米；P 镇污水处理厂 5000 吨/日，配套管网 6 千米。

（二）N 市 W 县启动的湿地公园建设项目

湿地公园在涵养水源、提升空气质量、维护生物多样性方面有着很好的作用。除此之外，也丰富了居民娱乐活动方式。W 河综合治理一期工程，以赵家坝上游安置房山丘为起点，止于罗家坝堰，总长度约为 4000 米，总投资约为两亿元。

2015 年，N 市 256 个重点项目中有 5 个生态环保项目，总投资 65.74 亿元，2015 年计划投资 1.3 亿元，截至 12 月累计完成投资 1.43 亿元，完成年计划的 110.3%。

（三）在 N 市各个乡镇中新建垃圾处理中心

D 区的 P 镇、W 县的 L 镇、Z 县 Y 镇都是所在县区的重点治理区域，为

了保证沱江水资源的质量，2016 年，这 3 个乡镇修建更多的垃圾处理中心。

2016 年，N 市发展改革委员会继续把生态环保类项目作为重点，共入选 4 个项目，总投资 19 亿元。新开工项目两个，分别为沱江流域财政投资水污染治理项目和新建 N 市垃圾处理中心。

（四）全面加强 N 市城区环境综合治理工作

三条跨江大桥的加宽改造工程、N 市师范学院的新校区建设、N 市移动“智慧田园”建设等重点环境改善工程是过去几年的重点工作任务。在新开工批次中，包括 S 省南部城市的铁路网建设、邱家嘴立交桥南延线、N 市中区四方块商业区改造、大洲广场改造提升工程、N 市高级技工学校、西林大桥拓宽建设工程、S 省健康职业学院一期、市文化中心、威远穹隆旅游一期建设等一大批项目。其中，备受市民关注的大洲广场改造提升工程总投资 6000 万元，新建地下停车场、公厕、林下休闲步道平台、龙舟赛看台、改造道路、广场、亮化、绿化等。

二、S 省 N 市政府在沱江治理过程中取得的基本经验

（一）强化流域民众的环保意识是前提和基础

流域周边群众的行为举止直接影响着维护沱江治理成果的情况。从事工厂企业、农田水利工作的人员在沱江流域常住人口中占有较大比例。一方面，政府环保部门工作人员帮助企业职工在工作过程中学习企业环保规定，定期到达乡镇向广大居民普及环保知识，让流域周边群众意识到水污染的严重后果；另一方面，成立环保执法监察队，对故意破坏沱江水环境的不法行为予以查办，追查当事人以及所在企业单位的责任。由于严肃了沱江环境保护的相关规定，才为沱江治理工作打下良好基础。

（二）确保流域治理政策法规的落实是关键

加强沱江环保法规的制定和落实，法规的内容范围包括对工农业生产，居民生活污水排放规范等相关要求，政策的制定也反映沿岸居民的利益诉求。政策法规的制定因地制宜，未脱离实际，在执行方面做到严格标准规范，加强督查工作，在细小环节的执行过程中做到严格把关。政策的落实比政策的制定更为重要和关键，N 市政府在各个环节的把握上注重执行效果，

确保在沱江流域治理过程中作为基础的政策法规能够有效实施。

（三）注重沱江协同治理是取得成效的保障

我国环境治理往往通过行政命令进行控制，主要以行政手段和经济手段为治理方式。由于政府与企业、非政府组织之间存在着严重的非合作博弈。各级环保部门由于人力、财力掣肘，无法对企业排污行为进行长期随时监督，因此，积极引导N市政府与企业、非政府公益组织的合作，不仅在一定程度上减轻了政府治理沱江的行政成本，而且激励与提升了企业环境保护的积极性。

第三节 S省N市政府在沱江流域治理过程中的问题

一、沱江流域治理机构设置及其职能配置尚未健全

（一）机构设置缺少专门负责协调流域治理的部门

目前，我国多数省份在流域水污染治理方式上都有了更新和转变，从以往单一部门化、区域化已经发展到了动态化、流域一体化的治理方式。从机构设置来说，对于流经多个省市、多个行政区的河流，国内主要流域的沿线政府应成立专门负责协调流域治理的职能部门，但现实中很多地方均未建立。在沱江流域治理方面，大致涉及N市环保局、N市交通运输局、N市水利局、沱江重金属污染治理委员会、沱江保护与协调委员会、N市县级政府等，但在具体职能运行过程中，这些部门之间往往缺乏有效的沟通协作，有的治理部门的官员只是零散单一地执行着他们各自的职能。

（二）沱江治理未考虑流域动态性、整体性特征

沱江污染在短期来看是局部地区的事，但由于水流的动态性特征，局部的污染问题也会演变成整个中下游地区的社会问题。这就要求N市政府和环保部门把沱江流域治理视作一个整体进行统一规划，这样才能从整体上提高沱江水污染的治理成效，实现环境保护的又好又快发展。然而，N市现有治理模式具有分割式的特点，这不利于从根本上解决水污染问题，以至于影响

N市经济社会的发展。

（三）政府环保部门与相关职能部门存在职能重叠

N市涉及沱江治理的环保部门主要包括交通运输局、水利局、农业局、环保局等。船舶油气污染是影响沱江水质的一大重要污染源，在这类事件的处理过程中，由于N市交通运输局、水利局以及环保局之间在流域船舶污染处置上存在职能重叠现象，以致在工作过程中出现重复执行上级命令的问题，在问题处置上出现部门之间协调较难、效率低下等问题。另外，在农业污水处理过程中，农业局和环保局也存在职能重叠的问题，由于环保部门与农业局等职能部门之间缺乏沟通，不仅影响了沱江治理效率，而且容易造成人力、物力的浪费。

二、沱江流域政府合作共治机制尚未形成

（一）依照行政区划分段治理沱江带来诸多问题

在沱江流域依照行政区划进行分段治理主要带来两个问题：一是流域内地方政府自我封闭。整个沱江流域由若干个独立的行政区域来进行水污染治理，导致流域内不同行政区划政府之间缺乏相互沟通和交流，容易出现地方政府自我封闭、分工协调较难以及隐瞒实情、相互推诿等问题。二是容易造成“公用地悲剧”。“公用地悲剧”，指的是由于自由开发以及不受限的要求，自然资源被过度利用，失去了公共资源原有的公共价值。因为在最初的流域治理政策法规的制定过程中没有对政府以及环保部门进行具体工作职责和义务的细化，流域内政府非常容易将周边的公共资源收入自家囊中，会造成多个流域政府不计后果的盲目效仿，威胁到整个流域正常的用水安排，不利于水资源的可持续利用。沱江生态的完整性就会不复存在，而后导致沱江流域各级地方政府分割式的管理本地区流域生态环境，从而使得流域内各地方政府之间在沱江生态治理过程中不容易进行沟通及难以实现协同治理。①

（二）上下游统一规划和合作治理亟待加强

生态环境具有不稳定性和脆弱性，加之河流本身的流体特征，决定了解

① 郑通汉．中国水危机：制度分析与对策［M］．北京：中国水利水电出版社，2006.

决生态环境问题具有艰巨性。特别是沱江流域跨越了多个行政管辖区，在治理流域生态环境问题时涉及多个流段、多个政府，单靠哪一个流段、哪一个政府的努力都不可能取得沱江流域治理的成功。单就沱江水质的保护来看，如果沱江上游流段所在地的政府通过投入资金解决了污染，取得了环境保护成效，那么下游流段所在地的政府即使没有付出环保成本也能享受到上游政府治污带来的环保福利。但是，如果沱江下游流段所在地政府忽视环境保护造成水质污染，那么就会影响到沱江整条河流生态环境状况的改善。由此可见，河流水污染的动态扩散性将会严重影响沱江治理成效的稳定和巩固，甚至容易引发相邻行政区政府之间以及民众之间的矛盾或者纠纷，动摇沱江上游政府在沱江治理上的积极性。打破旧有的按照单一行政区划进行治理的模式，从流域全局考虑河流治理，将整个流域的所有政府纳入合作治污体制中进行统一规划、统一部署、统一协调已经成为必然。

三、沱江治理尚未健全流域生态补偿机制

（一）“生态补偿机制”的定义

生态补偿机制是以保护生态环境，促进人与自然和谐相处为目的，根据生态系统服务价值、生态保护成本、发展机会成本，综合运用行政和市场手段，调整生态环境保护和建设相关各方利益关系的环境经济政策。其主要针对区域性生态保护和环境污染防治领域，是一项具有经济激励作用、与“污染者付费”原则并存、基于“受益者付费和破坏者付费”原则的环境经济政策。①

（二）沱江上游防治投入大而开发利用少

客观来讲，沱江流域的资源分布在空间上存在着不均衡现象。对于资源分布较多的地区来说，就具有了得天独厚的发展优势。当地政府可以借助本地区的资源优势，通过开发利用实现经济发展，当然，资源开发利用所产生的废水废渣排进河流之后所造成污染却要下游政府来承担治理任务。从现实看，S省政府颁布的关于沱江环境治理的政策法规，大多要求上游地区政府

---

① 朱庚申．环境管理学［M］．北京：中国环境科学出版社，2007.

完成相关治理任务，比如要求上游所有各级政府对本区域实施绿化工程，完成水土保持、防风固沙、防止水土流失等多项任务，但在经济发展方面，上游政府投入的资金比例较少，对资源开采利用的程度也远远不及下游地区。

《中华人民共和国环境保护法》第三十一条规定：“国家建立、健全生态保护补偿制度。国家加大对生态保护地区的财政转移支付力度。有关地方人民政府应当落实生态保护补偿资金，确保其用于生态保护补偿。国家指导受益地区和生态保护地区人民政府通过协商或者按照市场规则进行生态保护补偿。”按照《中华人民共和国环境保护法》以上规定，N 市在建立沱江流域生态补偿机制方面还有许多工作需要加强。

（三）沱江流域治理资金投入显得力不从心

治理资金的支持力度在很大程度上决定了沱江流域治理目标的实现程度。由于 N 市政府将大量财政资金投入到了东兴区新城建设中，因而在沱江流域治理过程中资金支持力度难免显得力不从心。同时，政府在转变沱江流域企业生产方式、淘汰落后产能方面花费了大量资金之后，畜牧业、种植业等农业生产管理以及居民环保行为规范方面的资金投入就显得不足，影响了相关治理措施的有效实施。

四、N 市政府尚未健全沱江流域环保监管机制

（一）居民尚未参与到流域治理的监管之中

《中华人民共和国环境保护法》第五十三条规定：“各级人民政府环境保护主管部门和其他负有环境保护监督管理职责的部门，应当依法公开环境信息、完善公众参与程序，为公民、法人和其他组织参与和监督环境保护提供便利。”流域生态环境的改善程度决定着地方居民生活水平的好坏，这充分说明了流域沿岸居民对环保部门工作进行监督的重要性。由于群众参与和监督沱江流域治理的权力尚未得到有效落实，因此流域沿岸居民还没有参与到沱江治理和保护中去，群众未能在第一时间了解到流域治理的最新动向，群众对于如何参与流域治理的方式了解得少，普通民众参与沱江水污染治理的监管意愿受到影响。

（二）新闻媒体对流域治理的监督力度不够

N 市新闻媒体在监督环保部门合法行使权力、确保河流治理工作稳定开

展、及时纠正一切违反环境保护规定的行为等方面扮演着非常重要的角色，但新闻媒体在督促改善河流生态环境以及监督沱江治理过程中的不法行为等方面的工作仍需加强。

五、沱江流域水污染治理主体单一影响治理效果

（一）公民、企业、社会组织尚未参与流域治理

在沱江流域治理过程中，上级政府的主要任务是制定政策和统领全局，下级政府的任务就是执行。由于在沱江治理工作中缺乏企业、公益组织、普通公民等多元主体的参与，因而河流污染治理的预期效果并不明显。如果沱江污染治理工作仅仅是靠政府一手负责，缺少了与流域治理密切相关的民众、企业、公益组织的支持和参与，那么沱江治理的进度必将受到影响。

（二）单一的政府治理模式影响沱江流域治理效果

沱江流域治理的具体政策及主要事务是由政府决定的，有关政策及事务是否符合当地人意愿、是否符合当地实际、是否有助于民众参与，这些都需要N市政府在决策过程中进一步加以论证。否则，就会影响沱江污染治理的进度和效率，浪费宝贵的治理时间以及相应的人力、物力、财力。

第四节　S省N市政府在沱江治理中存在问题的原因

一、沱江流域治理顶层设计尚不完善

（一）“数量生态”与“质量生态”治理的设计不足

“顶层设计”就是为了达到又好又快的治理预期效果，而从全局出发对治理任务及工作进行系统规划。N市“顶层设计”尚不完善，表现在治理初期的政策规划不够完善，以致后来的沱江水污染治理成效欠佳。在“顶层设计”中必须加入“数量生态”与“质量生态”两个概念。“数量生态”指的是在农业生产领域，农业生产活动对于生态环境的影响一般只是“数量性”

的变化，要产生“质量性”的变化则需要一个相对比较长的时期，但在工业生产活动中，产生的废水废渣在短期内就会直接影响环境质量变化。因此在顶层设计过程中，不仅要加强农业生产环节的监督管理，更要重视工业污染对环境带来的快速影响。① 显然，在沱江流域治理中这两个方面的“顶层设计”做得不够。

（二）生态文明建设与经济建设和谐发展的设计不足

十八大以来，生态文明建设的地位越来越重要，要求与经济建设、政治建设、文化建设、社会建设同步进行；要求坚持节约资源和保护环境的基本国策，坚持节约优先、保护优先、自然恢复为主的方针着力推进绿色发展、循环发展、低碳发展。这是推进生态文明建设的基本途径和方式，也是转变经济发展方式的重点任务和重要内涵。为了积极响应沱江流域环境保护与治理，N 市在最初制定流域发展规划的时候，就应该把沱江环境保护的要求融入 N 市经济发展的各个方面，强调在开发利用自然资源的同时，注重保护沱江流域的生态环境，通过发展生态科技，促进沱江流域的可持续发展。

二、沱江流域干部绩效考评机制存在缺陷

（一）部分官员重经济增长而轻生态

N 市部分官员看重个人及单位的业绩表现。前几年，干部考评机制重视以经济增长指标评判政府绩效，善用经济增长指标激励地方官员，因而从环保角度来考虑经济发展的思维显得较少，导致一些地方高污染高能耗工厂得以重现，以环境污染作为代价换取了经济的一时增长。在那期间，为了个人政绩和地方财政收入，沱江流域有的政府官员管理高污染、高能耗的工厂时往往睁只眼闭只眼。这无疑是纵容了河流周边高污染工厂对沱江环境的破坏。

（二）干部绩效考核指标有失偏颇

前几年，单凭经济增长速度就可以评判地方政府官员业绩的考核方式，不利于沱江水污染治理以及保证 N 市经济又好又快发展。如果政府官员的绩

---

① 汪劲．中国环境法原理［M］．北京：北京大学出版社，2000.

效考核或晋升标准仍然只重视经济指标，那么一些不良的工作作风将依然存在于河流治理之中。若不良的工作作风得不到有效控制，一些政府官员争名逐利的不良风气就会被进一步强化，对沱江流域资源的过度开发现象也将会越发严重。在这种背景下，地方政府应把环境保护和治理的指标与经济发展指标看得同等重要，把环境保护和治理效益指标纳入政府官员业绩考核之中，用环境保护和治理指标引导和规制政府官员的行政行为。这有助于调动地方官员通过环境保护和治理来促进经济发展的工作积极性，有助于促其养成既重视经济发展也兼顾环境保护的行为习惯。

三、水流的动态性容易使河流污染相互转移

（一）沱江治理未充分考虑到水污染的扩散性

河流本身具有动态性，某个地方的水体污染因河流具有流动性就会变成整条河流的污染。当河流某一处发生水污染事件之后，如果当地政府能够及时对水污染范围进行有效控制，那么除了发生水污染的地区以外，其他河段所在地区的水环境污染就能幸免于难。反之，如果当地政府官员不作为或者乱作为，没有将水体污染控制住，那么河流附近流段地区特别是下游地区遭受水体污染也就在所难免。

（二）污水处理厂的建设和运作情况急需完善

从沱江流经的主要城市的污水处理厂建设情况来看，上游地区简阳段的污水处理厂少于下游泸州地区；从沱江河流整体来看，沱江上游污水处理厂的建设数量明显少于下游沿岸的各个城市，而且下游污水处理厂的运转功率大于上游污水处理厂的功率；从完善程度来看，沱江下游地区污水处理厂的完善程度要高于上游地区；从污水处理能力来看，下游地区污水处理厂的减排量高于上游的污水处理厂。发生这种现象的主要原因就是上游重在进行水源保护，下游却重在发展经济，加大了水体污染的概率和程度。

四、不同流域内的政府之间在河流治理中各自为政

（一）政府隔断治理模式难以适应新形势的发展要求

20 世纪七八十年代，沱江河流治理任务较轻，若出现问题了，只要几个

政府部门进行协商就可以解决。但随着经济快速发展，沱江治理任务空前繁重，单靠某个城市政府的几个部门已经难以解决沱江全流域的污染问题。由于每个流段的政府都有自己的经济发展目标，同时也有自己相应的河段治理方案。这种由于行政区划所形成的隔断治理实践已经证明不利于整个沱江流域的全面治理，难以适应新形势下的沱江全流域治理的现实要求。

（二）不同流段的政府之间缺乏充分的沟通与协作

由于行政区划设置而形成的分段治理责任的存在，导致沱江流域不同流段所在地政府只负责自己区划范围内的河流治理，而对相邻流段的治理关心较少。相反，沱江各个流段的政府只会把关注点放在流域污染治理是谁的责任上面。由于在治理沱江过程中政府之间处于相对封闭状态，缺乏充分的信息沟通和相互协作，致使许多本可以通过全流域范围内的各个政府共同协商就可以妥善处理的问题也没有得到及时有效的解决。这种状况不利于政府间建立相互信任的协作关系，不利于从整体上一起解决沱江的治理问题。

五、多元主体参与沱江河流治理的积极性主动性不够

（一）法律法规缺乏可操作性，影响多元主体参与治理的积极性

实践证明，单靠政府的力量不足以解决沱江全流域的污染问题，必须重视流域范围内人民群众和社会团体的参与作用，特别要引导流域范围内的广大居民积极参与到沱江治理的日常工作之中。目前，涉及沱江流域治理的法律法规虽然明确规定了公民或社会组织参与环境保护和治理的权力，但公民或社会组织如何参与环境保护和治理的规定比较笼统，原则性强，没有具体细化，在实际工作中公民或者社会组织不知道如何参与。

（二）群众参与方式和渠道单一，影响多元主体参与治理的积极性

群众参与环境保护和治理的主要方式和渠道，仅仅只是开展环境保护和治理的宣传教育，这种参与方式和渠道大都停留在微观层面，影响力不大，只有将群众参与治理的活动方式和渠道扩展到政府决策层面，才能调动群众参与流域环境保护和治理的积极性。

（三）社会团体协同治理有限，影响多元主体参与治理的积极性

我国环境保护和治理的主体是政府。随着经济的发展，出现了一些社会

团体与政府协作治理的现象，并在个别流域污染问题的治理上已经协同政府作出了较大贡献，但是很多环境问题在很多情况下，社会团体尚未与政府进行协同治理。

第五节 加强和完善 S 省 N 市政府河流治理的对策

一、建立沱江综合管理机构

开展沱江流域综合整治行动的关键，就是要把沱江流域看作是一个统一体，建立一个跨行政区划界限范围的综合统筹协调沱江流域管理工作的机构，并赋予该机构充分的权力，保障该机构充分行使沱江流域管辖权，包括沱江流域生态环境管理、流域旅游资源开发、三大产业的沿江规划、防汛抗旱、防治水土流失、水资源地区分配、航运条件改善等各方面的职权。该机构虽有诸多职权，但也要承担和履行许多责任和义务。特别是该机构在行使流域管理权力期间，不仅要科学利用沱江流域水资源以及沿岸的自然资源，而且要切实保障沱江流域的整体生态免遭损害，确保整条沱江的水生态环境达到良性平衡。

二、实行官员“绿色考核制度”

20 世纪 60 年代开始，我国对政府官员实行的是年度绩效考核制度。政府官员业绩考核指标主要突出政府官员所负责的行政区域的经济社会发展情况，重点把年度完成上面下达的任务和经济增长指标作为官员政绩大小的主要评判标准。多年来，这样的考核内容和指标严重影响了沱江流域水资源的空间分配及使用，造成了沱江流域许多生态问题，必须坚决摒弃。在新的历史条件下，顺应时代发展要求，取而代之的应该是实行“绿色考核制度”。实行“绿色考核制度”，不仅重视经济发展指标，而且要加强调政府官员环境保护和治理的绩效。实行“绿色考核制度”，有利于政府官员树立正确的政绩观，有利于沱江流域环境治理与保护，有利于保持流域地区的可持续发展和沿岸居民的福祉。

三、建立流域生态补偿机制

建立沱江流域生态补偿机制，有助于解决各流段政府间在保护和治理生态环境方面的利益不平衡问题，有助于调动沱江上游环境保护的积极性，促进流域各地区经济发展。建立沱江流域生态补偿机制，必须明确以下内容。

（一）明确流域补偿的原则

一是科学性原则。流域治理补偿的具体数额依赖科学核算。二是公平性原则。要用公平理论指导各项补偿项目的实施。三是合理性原则。要把握好补偿的“度”，补偿权利主体和补偿义务主体之间应该实现有效平衡。

（二）明确流域补偿的主客体

一是补偿主体，即谁来补偿。应是沱江流域治理受益人，包括沱江流域及其辐射范围内的受益群众、企业和其他组织。二是补偿客体，即补偿给谁。所有在提高沱江生态效益方面做出贡献的个人、企业和组织都可以纳入其中。

（三）明确流域补偿的标准

一是流域生态保护发起者和执行者的所有经济活动所带来的成本；二是流域生态建设和保护体系建成之后对沿岸所有人群及企业带来的益处。

四、建立政府合作治理河流机制

（一）建立流域内河流水质量预警制度

沱江全流域范围内的政府环保部门必须正常开展流域河流交汇区的水情监控工作，并对流域河流交汇区的水情监测数据进行分析，及时准确完成沱江各支流水环境监测报告，一旦发现水质出现恶化趋势，立即向相关区域企业和个人发出预警，及时整改。

（二）建立流域内政府间互通情报制度

沱江流域内各行政区域的政府之间相互通报水污染情况，特别是当上游河段出现水污染问题时，迅速通报下游区域内各地政府，第一时间共同协商、研究制定有效处置方案，有助于将流域污染给周边生产生活带来的影响控制在最小范围。

（三）建立流域内政府间联合执法制度

建立流域内政府间联合执法制度，主要是为了防治单一行政管辖区政府水环境管理部门进行执法检查时出现疏漏等问题，具体由上下游政府环保部门统一组织全流域联合执法检查队，实行联合执法，定期或随机对河流交汇处有可能对沱江水质有破坏行为的企业进行检查，督促各排污企业废水等排放指数必须达到规定范围。

五、健全公众参与治理的法律法规

（一）明确公众参与河流治理的权利和义务

为了使公众及时了解流域污染及治理情况，调动公众积极投身到保护流域环境资源以及沱江流域环境治理之中，地方性法规或者规章应该有相关的条款对公众参与沱江流域治理权利和义务进行规定，让每一个公民都知道在沱江流域环境治理中哪些是自己应该享受的权利，哪些是自己应该尽到的责任。

（二）明确公众参与河流治理的具体流程

对于公众参与沱江流域治理的程序、步骤，地方性法规或规章应该有相关的条款作出明确规定，让每一个公民都能知道参与沱江流域环境保护和治理应该如何行动。

（三）建立公众参与河流治理的奖励制度

对热心于环境保护和治理的集体或个人，地方性法规或规章应该有相应条款作出给予适当奖励的规定。这有助于强化群众参与区域环境治理的行为，增强公众参与环境保护和治理的信心，营造流域范围内环保事业人人参与的良好氛围。

（四）健全公众参与河流治理的具体形式

公众参与环境保护和治理的形式目前较为单一，地方性法规或规章应该有相应条款对公众参与形式进行拓展，包括决策层面的参与形式和执行层面的参与形式的拓展。

六、加强河流治理资金来源保障

（一）主要来源政府拨款

N市沱江流域的财政支持主要用于沱江沿线配套设施的更新改造。N市政府需要将沱江水污染整治经费纳入市财政预算以及年度经济发展计划，统筹安排沱江水环境污染治理的专项基金，利用政府财政支持在沱江沿岸新建便民健身设施、绿地公园、城市形象雕塑等等。严格监管沱江治理专项资金的使用，并对沱江治理专项资金使用成效进行评估。

（二）积极拓宽融资渠道

改善沱江水环境，圆满完成沱江生态修复任务，不仅需要流域政府对治污事业的直接财政支持，而且需要积极拓宽资金来源渠道。一是通过流域沿岸的各类企业、非政府公益组织和社会各界热心人士对沱江治理的赞助，获得资金支持；二是通过实际治理行动和环保行为收益争取获得省级以上专项治理资金的后续补充；三是通过加强N市与省内外、国内外环保部门或组织的沟通，建立合作关系，争取获得外国环保机构的技术和人才支持；四是通过带动沱江沿线商业区的发展以及主要人口聚居区的商业投资，放宽社会资本进入沱江流域基础设施建设的限制和标准，促进流域治理资金来源的多元化。

七、加强河流治理科技支撑

（一）加大水污染治理的研究和技术开发力度

加强与高等院校和中国科学院长江研究所等科研单位联系与合作，充分发挥高校和科研院所在沱江水污染治理中的作用。在得到各大高校以及科研院所的技术、人才支持的同时，政府还要继续利用财政资金积极支持科研院校和单位加大水污染技术的研究和开发力度，并在沱江流域水污染治理中得到广泛推广和应用。

（二）注重与国外具有先进治理技术的城市建立合作关系

我国在流域环境污染治理技术研究方面起点低、进展缓慢，与国外发达国家相比，在河流治理技术方面还有较大差距。因此，沱江流域政府，特别是N市政府及其环保部门，应该注重与国外具有先进治理技术的城市建立合作关系，借鉴符合沱江实际的治理技术和方法。要派遣国内技术人员出国接受国外当地政府与环保部门的指导和技术培训，学习国外先进的水污染治理技术，为沱江流域的治理做出贡献。

第十一章

民族自治县政府民族事务治理研究

——以Y省S民族自治县为例

第一节　Y省S民族自治县政府民族事务治理现状

一、Y省S民族自治县政府民族事务治理实践

（一）推进农村经济健康发展

Y省S民族自治县坚持生态化、产业化的农村经济发展思路，稳步推进农村经济健康发展。一是稳定粮食生产。以提高粮食综合生产能力为重点，采取科技增粮措施，抓好高产创建，巩固传统产业，全力抓好茶叶、烤烟产业，加大对甘蔗产业的扶持力度；扎实抓好核桃、咖啡、坚果等产业。二是做大生物药业。巩固提升茯苓、白芨、石斛等林下药材基地，积极扶持穿心莲等生物药业发展，优化农业产业结构，促进农民增收。三是发展集约型农业产业。S民族自治县的农业产业化经营组织共28个，其中省级以上重点龙头企业2个、市级龙头企业7个，实现营业收入7.3亿元，带动农户6万人。①

（二）扎实推进美丽家园建设

Y省S民族自治县在推进美丽家园建设过程中，把“生态茶乡”作为城

---

①　数据来源：S民族自治县2015年政府工作报告。

市品牌进行定位，以“城市建设管理年”和“美丽家园”建设为抓手，统筹推进城乡协调发展。县城“五横五纵”路网构架基本形成，民族文化广场、南勐河风光带、城市滨河休闲绿地建设项目一期竣工验收，完成大树进城20000余株，县城绿地占全部土地的27.5%。实现县城区环境卫生垃圾清运处理市场化运作，铺设城北新区污水处理厂配套管网和排水（雨水）管网8公里，县城内的垃圾和污水处理能力进一步提升，对污水和垃圾的处理率分别达到60%和92%。古镇、特色小镇建设扎实推进，县城承载能力不断提升。完成农村人口市民化4818人，城镇化提升达33.97%。“美丽家园”建设不断推进，改造旧村33个、旧房3910户，建成美丽村庄12个，有的评为“最美乡村”，有的入围“2014年中国十佳避暑小镇”。①

（三）发展少数民族优秀文化

Y省S民族自治县在发展少数民族优秀文化的过程中付出了许多努力，采取了很多措施。一是把文化建设纳入了全县经济社会发展的总体规划，建立了各乡镇文化管理目标责任制，在相应的期间设立相应的目标，文化建设与经济建设同考核、同奖惩，敦促和激励各乡镇做好文化建设工作。二是在民族文化发展过程中增加了资金和人力的投入，各民族居住的村落都有了一定的文化配套设施。三是抓好S民族自治县重点文化建设项目，实施相应的文化建设工程，并结合县乡村的实际情况，建立起结构合理、功能齐全的公共文化基础设施网络。

Y省S民族自治县在文化建设过程中，秉承认真实干精神，利用现有的人力和知识资源，深入考察各民族居住地方的特色文化，研究和挖掘各地传统文化印迹，出台了相关的文化保护政策，保护民族聚居区的古籍文物、古树等具有年代感、历史感的文物。针对各民族特别重视本民族特有节日的习俗，S民族自治县以庆祝节日为主题和依托，开展丰富多彩的广场文艺演出等群众性广场文化活动，积极宣传民族地方的特色服饰、美食及传统民俗，让各民族相互感受不同民族的传统文化。对于民间手艺等非物质文化遗产，政府部门帮助培养接班人、传承人，让这些优秀的具有历史魅力、能够诉说历史的珍贵文化能够继续传承下去。

① 数据来源：S民族自治县2015年政府工作报告。

（四）提高民族地区生产生活水平

Y省S民族自治县一直以来都特别重视改善各民族群众的生活水平，并不断做出各种努力。近些年来，自治县以扶持人口较少民族“整体推进”、新农村建设等为载体，加大对S民族自治县比较贫困地区的各种基础设施的投入，以促进S民族自治县各个方面的发展，使各民族群众的经济收入得到了明显的增长。以农作物生产为主的农民，政府帮助修葺水利设施，教授农业知识，并在购买农业机械等生产工具时给予补助。在政府的帮助和扶持下，各民族农民的农田收成量逐步提高，不仅农民增收，而且促进了民族地区的和谐稳定。在城镇地区生活的人民群众，政府通过培训提高他们的专业技能，通过完善就业措施，减少他们的失业率。此外，S民族自治县政府在各个村落开展洁净村落的宣传，积极向上级政府申请资金帮助村民修缮公路，改变村民居住环境脏乱差的现状。

（五）加强少数民族人才队伍建设

“国以才立，政以才治”。谁拥有了人才，谁就拥有了竞争优势。S民族自治县坚持“人才兴县”战略，重视少数民族人才队伍建设。一是加强各部门的人才规划，构建合理的人才格局。在党委的领导下，通过科学规划各级各部门所需人才，提高人才工作的效率和服务水平。二是充分使用好本地成长起来的各类人才。本地成长起来的人才对本县的情况较为熟悉，与人民群众的沟通更为顺畅，工作起来也更能得心应手。在此基础上，S民族自治县也重视引进人才。根据实际情况，依据缺少什么引进什么的原则，面向国内外人才市场，积极引进所需人才。三是重视与发达地区的交流学习。经济发达地区的思想观念较为先进，工作中解决问题的思路较为开阔，S民族自治县有计划地选派县乡干部以及企业经营者和农村致富带头人到发达地区进行学习培训或者挂职锻炼，以开拓他们的视野，掌握先进的管理方法。

（六）开展民族团结进步创建活动

由于S民族自治县民族众多，各民族之间语言、习俗和发展程度各不相同，因此开展民族团结进步创建活动意义重大。在开展民族团结进步创建活动过程中，S民族自治县各乡镇各部门积极做好各自职责范围内的民族工作，通过几个干部负责一个村落的形式，在各个村落宣传党的民族工作政策，使用当地少数民族语言讲解党的方针政策，深入实际排查各个村落是否存在影响民族团结进步的安全隐患。定期举办民族团结进步座谈会，通过各民族之间的相互交流，使生活在同一个村落或附近村落的各民族群众能够相互学习、相互帮助、共同进步。

（七）推进边疆民族地区和谐稳定

Y省S民族自治县在深入推进“平安县”“法治县”建设过程中，一是不断完善社会矛盾纠纷的调解措施，人民群众在遇到困难或矛盾时，能够表达自己的需要和诉求，切实维护边疆的和谐稳定。二是严格执行安全生产“一岗双责”。三是认真组织开展系列专项整治行动，坚决打击违法行为，使社会环境得到有效净化。四是深入开展“禁毒防艾”工作，依法治县工作有序推进，社会治安综合治理全面加强，“无毒县”和国家级、省级、市级“法治县”创建成果得到进一步巩固。五是积极支持工商联、群团组织开展工作。六是完成乡村民兵训练任务和6个乡（镇）武装部规范化建设，国防后备力量不断加强，公安民警、武警、消防官兵、民兵预备役队伍在防汛抗旱、抗震救灾、维护稳定等方面做出了重要贡献。

二、Y省S民族自治县政府民族事务治理主要成效

Y省S民族自治县在过去的发展过程中，得到了党和国家的大力扶持，在民族事务治理方面也取得了许多成效，主要包括以下几个方面。

（一）民族经济持续健康发展

Y省S民族自治县在发展过程中牢固树立“生态立县，绿色崛起”的理念。一是农业产业化步伐加快。坚持生态化、产业化发展思路，以绿色生态为方向，积极培育发展新兴产业，核桃产业从零星种植到规模化发展，烤烟、咖啡、坚果、生物药业等产业从无到有。二是工业经济稳中有进。坚持以绿色低碳为导向，以招商引资为抓手，工业经济取得较快发展。三是文化旅游业起步良好。坚持以打造茶文化和多元民族文化为突破口，文化旅游业取得新进展。四是商贸物流、餐饮、住宿、信息服务等产业加快发展。

（二）民族工业发展实现新突破

1. 工业比重及贡献率不断提升

实现全部工业增加值 9.28 亿元，增长 34.1%，增幅居全市第 1 位，占全县 GDP 的 31%，贡献率达 47%，拉动 GDP 增长 9 个百分点；规模以上工业增加值 6.43 亿元，增长 40.4%，新培育规模以上企业 5 户，规模以上企业达 10 户；全部工业上缴税金 1.53 亿元，增长 40%，占全县财政总收入的 38.3%。①

2. 绿色工业发展显成效

生物药业、新能源、小水电等战略性新兴产业发展有了突破，启动了穿心莲精深加工生产线、成品药生产加工、生态辣木系列产品精深加工、风力发电、水电站建设等一批重大项目。硅藻土营养保水剂生产线、高档家具厂等一批重点工业项目加速推进，3000 吨紫胶生产线、茯苓精深加工生产线、云南云药园等绿色工业项目启动实施。积极引导和扶持企业发展资源综合利用，延伸综合利用的产业链条，加快推进粉煤灰厂建设项目，启动生物有机肥和生物质再生能源项目。②

3. 民营经济健康发展

Y 省 S 民族自治县民营经济从无到有，从小到大，不断发展壮大，为全县经济发展、产业结构调整、城乡市场繁荣、扩大就业、改善民生作出了重要贡献，2014 年共有 5821 户民营经济户，较上年增长了 9.2%；新增微型企业 1462 户，增长 19.3%；从业人员 1.13 万人，增长 7.6%；上缴税金 4600 万元；实现 10.6 亿元民营经济增值，增长 20.5%，占 S 民族县生产总值的 34.8%。③

（三）基础设施不断得到夯实

1. 交通网络不断健全

Y 省 S 民族自治县坚持以重大项目为抓手，加强项目储备，积极向上争取项目和资金支持，发展后劲不断增强。国道 214 线过境公路建成并试通车，

---

① 数据来源：S 民族自治县 2014 年政府工作报告。

② 数据来源：S 民族自治县 2015 年政府工作报告。

③ 数据来源：S 民族自治县 2015 年政府工作报告。

建制村通畅工程17条95.7公里全面完工。①

2. 水利基础设施不断完善

中央财政小农水利重点县示范项目加快推进，中型灌区工程基本完工，“五小水利”及民生水利建设成效显著，累计建成各类水利工程4099件，解决了2.2万人的饮水困难和饮水安全问题，有效灌溉保证率达50%。②

（四）法治建设得到加强

全面深入贯彻落实《中共S民族自治县委关于依法治县的实施意见》，加快法治建设，提高全社会法治化水平。认真落实“谁执法、谁普法”责任制，扎实开展“法律六进”活动和法治宣传月、全国宪法宣传日活动，引导公民学法、懂法、信法、守法，依法表达诉求和维护自身利益，切实提高公民法治意识和法律素质。

进一步推进法治专门队伍正规化、专业化，尤其是将少数民族法治人才的培养纳入全县人才队伍建设整体规划；全面推行城乡社区网格化服务模式，完善人民调解、行政调解、司法调解联动工作体系；健全法律援助机制，畅通法律援助渠道，扩大援助覆盖面，为困难群众提供方便快捷的法律援助服务。

严格落实新修订的《安全生产法》和《安全生产党政同责实施办法》，持续开展重点行业、重点领域和重要时段的专项整治，杜绝重特大事故、遏制较大事故、减少一般事故。严格落实食品药品安全责任制和追究制，保障公众饮食用药安全。高度重视校园安全，坚决消除安全隐患，严厉打击校园治安刑事案件，确保校园安全。深入开展“禁毒防艾”工作，确保第三轮“禁毒防艾”人民战争顺利收官。积极构建立体化社会治安防控体系，织密治安防控网络，推进反恐维稳和社会治安综合治理工作常态化，严厉依法打击各类违法犯罪行为，维护社会大局和谐稳定。

（五）民族文化进一步繁荣发展

Y省S民族自治县建立和完善了县图书馆、文物管理所及艺术表演团体等文化艺术机构，乡镇综合文化站实现全覆盖，建成了县民族文化广场和6

① 数据来源：S民族自治县2015年政府工作报告。

② 数据来源：S民族自治县2015年政府工作报告。

个省（市）级文化惠民示范村，完成“七彩云南全民健身”体育基础设施建设44个，农村文体活动广场25个。每年平均举办各类文化艺术培训12期，农村电影放映1000余场，组织各类群众文化活动10余场，开展文化下乡30余场。

S民族自治县蜂桶鼓舞、鸡枞陀螺已列入国家级非物质文化遗产保护名录，纺织技艺、“七十二路”打歌等列入省级保护名录。代表性民族特色手工产品有“牛肚被”、传统服饰以及刺绣。登记不可移动文物点46处，市级文物保护5处9个点，县级文物保护单位19处。

全县民族文化艺术精品创作先后获得各级各类奖项80余项，有的获得全国少数民族文化艺术创作类最高奖——“骏马奖”，有的获得全省新农村文艺汇演三等奖，有的荣获第六届全国村歌大赛铜奖，有的荣获第二届亚洲微电影节金海棠最佳作品奖。县民族文化工作队先后随同市代表团赴俄罗斯、日本、缅甸等国开展文化交流。①

（六）民族政策在当地落地开花

1. 认真落实民族教育优惠政策

Y省S民族自治县认真落实“两免一补”、学生生活补助、学生营养改善计划等少数民族教育优惠政策。在财力困难的情况下，挤出资金专项用于扶持各民族的人才培养，启动少数民族人才培养工程；委托地方院校开设民族双语师范班，培养双语教学人才，认真落实招考加分政策。采取购买服务性岗位方式安排未能通过招考的毕业生到少数民族地区开展“双语”教学。

2. 向上争取项目支持民族地区发展

按照Y省民委提出的“3121工程”“十百千万工程”和“民族团结示范区”项目规划，“十二五”期间，S民族自治县实施扶持人口较少民族村由10个行政村增加到16个行政村96个自然村，促进当地经济的发展，改善当地人民群众的生活水平。积极探索建立少数民族流动人口服务管理协作机制，在村社成立民族工作机构，更好地服务当地人民，满足人民群众的需求。

① 资料来源：S民族自治县2015年政府工作报告。

（七）民生问题得到妥善解决

1. 坚持教育优先发展

Y 省 S 民族自治县完全中学晋升为省一级三等，并顺利通过省级复评，2013 年高考本科上线率达 54.6%；完成中小学校危房排除及加固改造等 2.19 万平方米，完成投资 0.4 亿元；城乡义务教育阶段中小学生营养改善计划实现全覆盖，受益学生达 2.03 万人。①

2. 医疗卫生水平不断提升

Y 省 S 民族自治县的基本药物制度进一步完善，基层医疗卫生机构综合改革、公立医院改革深入推进，县医院晋级达标工作通过省级初评；投资 2600 万元建成 58 个规范化村卫生室，实现行政村全覆盖；新农合参合率达 97.5%；“光明工程”“妇幼健康计划”顺利实施；药品安全示范县创建工作扎实推进。②

3. 社会保障更加有力

Y 省 S 民族自治县在社会保障方面取得了不错的成绩，兑现各项惠农资金 2.1 亿元，发放城乡低保、城乡医疗救助、优抚安置等资金 1.1 亿元，发放最低收入家庭租赁补贴 147.8 万元；新增就业岗位 1102 个，城镇登记失业率为 3.91%；新型农村和城镇居民社会养老保险参保 10 万余人，缴费率达 97.36%，累计发放养老金 1115 万元；城镇居民基本“五险一金”覆盖率稳步提升，累计发放各类保险金 7413.12 万元。③

4. 扶贫开发深入实施

为了更好地做好扶贫开发工作，S 民族自治县启动实施《S 民族自治县连片特困区域发展与扶贫攻坚规划》，累计投入财政扶贫专项资金 5392 万元，整乡推进项目、自然村整村推进项目全面完成。完成农村劳动力转移培训 18600 人，转移劳务收入 1.35 亿元，增长 24.68%。④

（八）宗教事务更加和谐稳定发展

Y 省 S 民族自治县在宗教工作方面有自己的一套管理方法。在 S 民族自

---

① 数据来源：S 民族自治县 2014 年政府工作报告。
② 数据来源：S 民族自治县 2015 年政府工作报告。
③ 数据来源：S 民族自治县 2015 年政府工作报告。
④ 数据来源：S 民族自治县 2015 年政府工作报告。

治县人民政府的领导下，宗教领域逐步和谐发展。通过加强民族团结和谐宣传教育，把民族宗教理论、民族宗教政策法规、民族宗教知识和民族团结教育作为培训课程，纳入干部职工的培训内容，注重用身边的榜样教育群众、感召人心、凝聚力量。深入贯彻执行《宗教事务条例》，尊重和保护公民的宗教信仰自由。建成了县基督教“两会”培训中心，全面修缮了总佛寺。积极开展创建和谐寺观教堂活动，规范宗教活动场所的登记审批、管理制度，严格执行教职人员的选拔、认定、备案、离任制度，健全完善了宗教场所财务、消防、安全等各项规章制度。大力开展“法治乡镇”“法治村（社区）”等创建活动，使得少数民族地区社会治理井然有序，各民族同生共荣。

（九）生态环境保护治理成效显著

Y省S民族自治县紧紧围绕“生态立县、绿色崛起”发展理念，扎实抓好封山育林工程，从严管控自然保护区、水源林保护区等重点林区，加大古树名木和珍稀物种保护力度。严厉打击违法排污行为，矿山、冶炼、制糖等行业环境监管进一步加强。巩固退耕还林1.7万亩，低效林改造7万亩，陡坡地生态治理1万亩，水土流失治理4.5万亩，种植速生丰产林20万亩、防护林1.5万亩。大气环境质量保持在国家空气环境质量二级标准，居民集中饮用水水源均达三级以上标准；城镇污水集中处理率达73%，城镇垃圾无害化处置率达90%。被中国城市竞争力研究会评为“2013中国绿色竞争力十强县”，并入选“中国百佳深呼吸小城”。①

三、Y省S民族自治县政府民族事务治理基本经验

（一）开展民族团结政策宣传教育是民族事务治理的前提条件

1. 建立民族团结政策宣传教育长效机制

坚持民族团结政策宣传教育是一项具有广泛性的社会系统工程。做好民族团结工作不是一朝一夕的事情，为了强化民族团结政策宣传教育氛围，S民族自治县使用各民族语言为群众讲解党和国家的方针政策，逐步建立了依托民族传统节日、示范村、学校等开展民族团结政策宣传教育的长效机制。

① 数据来源：S民族自治县2015年政府工作报告。

2. 借助媒体开展民族团结政策宣传教育

为了更好地做好民族团结政策宣传教育工作，S民族自治县电视台开办了运用少数民族语言解读党和国家政策的栏目，运用少数民族语言向各民族群众宣传党的路线、方针、政策，并重点译播党的和国家的重大会议精神，不断拓宽少数民族群众了解国家大事的渠道。

（二）抓好民族地区经济工作是民族事务治理的主要任务

1. 做实生态农业产业基地

S民族自治县按照市委、市政府建设“万元山、万元田、万元人”三万工程的安排部署，加强产业规划，指导少数民族群众发展优势产业，通过实地考察S民族自治县的农业生产状况，结合当地土壤、天气等多方面自然环境因素，在推进传统产业的同时引进一批适合县情的新兴产业，进一步拓展生态农业、果业、林业，增加民族地区群众的经济收入。

2. 加快发展绿色新型工业

S民族自治县立足实际，充分挖掘本地产业，对糖、茶、酒等传统工业实行大力扶持提升，对其他的新型行业诸如以林产业、生物药业、优质农产品深加工等为主的绿色工业进行不断培育，鼓励新型产业的发展，使得绿色新型工业基础不断夯实。

3. 积极培育文化旅游业

S民族自治县依托独特的区位优势、自然资源优势、多元民族文化优势和茶叶品牌优势，坚持以打造茶文化和多元民族文化为突破口，文化旅游业取得新进展。成功申请国家级森林公园，成功认证大叶种茶为农产品地理标志；冰岛茶地理标志保护产品认证和荣康达乌龙茶生态文化产业园国家4A级景区申报工作有序推进；S民族自治县冰岛茶生态文化产业园规划、S民族自治古茶园及茶文化系统申报农业文化遗产工作全面启动，特色旅游村等景点建设初具规模。

（三）落实民族工作目标责任是民族事务治理的有效保障

1. 加强政府各部门之间的信息共享

由于民族地区聚居着不同的少数民族，不同少数民族的信仰和习俗不同，做好民族事务治理工作不太容易，因此政府各部门加强协作，相互分享少数民族的信息资料，共同建立民族事务治理预警机制，巩固了各民族之间的和睦关系和社会稳定。S 民族自治县每年定期召开民族工作会议，通过与县委统战部、610 办公室、公安国保大队合作，互通信息，共同分析民族事务工作存在的问题，建立民族事务综合治理机制。

2. 签订民族事务治理工作目标责任书

每年 S 民族自治县人民政府分别与 4 个乡 2 个镇签订民族事务治理工作目标责任书，并执行综合绩效评价考核，兑现民族宗教工作目标责任奖。围绕保增长、保民生、保稳定及创建民族团结示范区的目标要求，完成了 S 民族自治县少数民族基本情况、民族工作创新示范、民族宣传工作、民族文化产业等多项调研任务。

3. 积极发挥民族宗教上层人士的作用

Y 省 S 民族自治县提高佛教协会、基督教“两会”理事和少数民族代表人士的生活定补标准，积极协调安排民族宗教界代表人士的政治待遇，让上层爱国人士在民族团结工作中发挥号召和引领作用。

（四）加强民族地区社会建设是民族事务治理的重要方面

1. 在完善群众自我管理过程中加强社会建设

民族事务涉及民族地区发展的方方面面，有效处理民族地区民族事务，需要创新民族事务治理路径。在创新民族事务治理过程中，S 民族自治县县委、县政府结合当地多民族实际情况，以创建民族团结社会和谐先进县为契机，在全县范围内广泛推广 S 乡“六个共同”的治理模式，让少数民族群众自主管理自己的事务，不仅加强了各民族之间的交往、交流和交融，在共同生产、工作、学习中，促进了各民族之间的相互了解、相互包容、相互尊重、相互欣赏、相互帮助，而且在自主管理模式下，各民族的经济得到了长足发展，同时也极大地促进了当地的社会建设和发展。

2. 在密切党群干群关系过程中加强社会建设

Y 省 S 民族自治县紧密结合民族地区实际，在党员干部中开展了群众观点、群众路线、群众利益、群众工作教育，要求各级党员干部在做群众工作时要多与群众沟通、多与群众商量，加强党员干部与群众的直接联系，进一步密切了党群关系、干群关系，更好地促进了民族地区社会建设工作的开展。

3. 在健全民族工作机制过程中加强社会建设

S民族自治县为了实现了在健全民族工作机制过程中加强社会建设的目的，一是提高公共服务水平、改善人民生活；二是做好社会保障工作，切实维护民族地区稳定；三是做好民族地区治安管理工作，改善民族地区治安环境；四是做好民族地区基础设施建设，改变民族地区基础设施薄弱的现状。

(五) 加强软硬件建设是做好民族事务治理的强大推力

1. 加强民族工作队伍的培养和建设

一是由于不同民族地区的情况不同，所需的干部类型也不一样，所以采取定向的方式进行人才培养是较为稳妥的方式；二是加强与各级党校、行政院校、省外高校的合作，对民族地区干部进行在职培训，提高在职人员的思想觉悟和实际工作能力；三是在工作中采取一人多岗轮流锻炼的方式，让工作人员熟悉不同岗位的工作流程。经过一段时间的锻炼，培养出一批素质高、能力强、能够应对和处理各种民族问题的干部队伍。

2. 提高民族工作的信息化管理能力

在S民族自治县县乡两级建设民族工作信息平台，通过信息平台对所收集的信息进行处理，帮助民族地区分析存在矛盾和安全隐患，妥善处理民族问题和民族纠纷，并对突发事件做好相关应急预案。此外，通过信息平台建设，帮助民族地区进行经济统计分析。

3. 加强和改善城市社区的民族工作

民族地区的城市社区是最为繁华的区域，人口流动次数多、频率大，在这里聚集了许多打杂工、进行商业活动、求学等各种各样的群体。为了加强城市社区民族工作，稳定城市社会秩序，S民族自治县建立专门服务体系，为少数民族提供法律援助，帮助各民族群众在城市社区站稳脚跟，更好地工作和生活。

第二节　Y 省 S 民族自治县政府民族事务治理中存在的问题

一、民族地区与内地发展不平衡问题突出

（一）民族地区与内地发达地区的发展差距较大

由于 S 民族自治县民族地区发展底子薄，少数民族劳动者的劳动技能较弱，知识素质较低，特别是山区农村劳动者大都只读过小学和初中，人均受教育年限低于 6 年，僻远民族地区有的劳动者甚至连汉话都不会讲，加之劳动技能单一，未受过专业技能培训，因此很难适应现阶段社会发展的要求，难以适应一些专业技术要求高的高工资岗位，只能从事一些出大力、流大汗、以手工操作为主的体能型低收入工作岗位。这决定了民族地区特别是民族山区与内地发达地区的发展差距进一步拉大。

（二）山区、偏远地区少数民族的产业结构单一

山区和偏远地区 90% 以上的少数民族劳动力从事的都是传统农业生产。由于受少数民族居住的山区、偏远地区自然条件的限制，产业单一，一些农户只能在石头堆里种植农作物，从事粗放型生产，加之应用科技能力低，抵御自然灾害能力弱，农作物收成低，而农民家庭的收入主要来源于传统的农业，大部分山区少数民族农民的人均纯收入低于全县的平均收入水平，S 民族自治县特有的拉祜族、佤族，其贫困人口占本民族人口的比例较高。

二、民族地区资源开发补偿机制不健全

（一）山林土地补偿问题

没有一套健全的补偿机制，在山林土地开发过程中很容易引起纠纷。山林补偿未得到妥善解决是诱发矛盾纠纷的主要原因。S 民族自治县因山林水土引发的纷争较多，影响了各民族村落的和谐稳定。

（二）国家用地补偿问题

国家建设用地后续补偿工作不到位，特别是占用土地、房屋、庄稼等的电站建设、公路建设补偿机制不健全，致使部分群众利益受损问题较多。如水电站建设移民区，因区域间移民安置政策不一致，导致移民（主要为布朗族和拉祜族）产生不满情绪，影响了辖区的社会稳定。

（三）企业改制股权转让问题

2013 年 12 月，S 民族自治县某糖业集团有限责任公司工会股权转让退股因未如期兑现，引发糖业集团有限公司干部及职工产生不满情绪，导致糖厂停止开工开榨。此事件引起县委、县政府的高度重视，通过全县政府机关所有干部职工结对帮教，多次深入糖厂开展群众工作，最后才得到妥善解决。

三、民族地区干部队伍结构不合理

（一）少数民族干部比例偏低，实职干部人员偏少

经过数年的人才工作努力，S 民族自治县少数民族干部队伍发展良好，少数民族干部的数量逐年上升。但总体来看，少数民族干部的比例仍然偏低，实职干部人员偏少。

（二）少数民族干部专业技术职务偏低，干部专业结构不合理

Y 省 S 民族自治县教育卫生等事业单位系统中具有高级职称的少数民族干部人数少、比例低。此外，少数民族干部知识结构不合理的问题较为突出。少数民族干部队伍中行政管理专业等社会科学学科专业人数较多，经济管理专业和自然科学学科专业的人数相对较少。

四、民族宗教事务局与其他部门职能交叉

民族宗教事务局是专门管理民族宗教事务的机构。S 民族自治县民族宗教事务局的前身是 S 民族自治县民族事务管理委员会，成立于 1983 年。1995 年政府机构改革中，根据机构改革规定和要求成立了 S 民族自治县民族宗教事务局。目前存在的主要问题是民族宗教事务局的部分职能与政府其他部门的某些职能相互交叉重叠。例如，民族宗教事务局在管理民族文化时与文化局某些职能重合，在管理民族教育时与教育局出现职能交叉，在管理民族体

育时与体育局出现职能重合。

五、民族文化繁荣发展制约因素仍然较多

（一）民族文化基础设施滞后

Y省S民族自治县未建立诸如民族博物馆、民族影剧院等公共文化设施，各民族群众无法通过博物馆等文化设施了解本民族的文化，陶冶自己的情操，增强民族自豪感。大部分农村地区未建立公共文化娱乐场所，无法满足人民群众的精神文化需求。此外，文化活动形式单一，基层文化建设主要以政府为主，主体单一，内容简单，缺乏新意，跟不上时代发展要求，满足不了人民群众对精神文化生活的多层次需求。

（二）民族文化产业发展滞后

S民族自治县文化产业起步慢、规模小、散户多，缺少龙头企业和品牌产品，文化产业没有形成产业优势和规模效益，加上民族地区市场开放度不高，对现有的民族民间文化开发利用不多，没有把它转化为民族文化特色产业，对S民族自治县的经济增长促进作用不够。此外，对民族民间文化的传承和保护力度不够，主要是民族民间文化的传承和保护机制不完善，传承人的培养、保护经费的落实等开发利用问题尚未得到有效解决，影响了民族文化产业的发展速度。

六、民族地区农村社会发展问题逐渐增多

（一）农业出现耕地撂荒现象凸显

S民族自治县是以种植水稻、甘蔗等农作物为主的农业县，各民族都是靠天吃饭，农民群众的经济来源主要依靠农业生产。由于经济作物产量低，农民经济收入不多而且不稳定，因此大量的农村青壮年选择到省城或是省外发达地方打工，结果导致部分农村田地被闲置无人耕种，撂荒现象增多，影响农村农业发展。

（二）农村留守儿童留守老人问题严重

Y省S民族自治县农村劳动力外出打工较为普遍，有些家庭夫妻双双选择外出，家里只留下老人和孩子，以致家里孩子的教育和成长、老人的赡养

和照顾都难以顾及。

（三）农村少数民族传统文化和节日被淡化

少数民族农民进城打工人数逐年增多，频率越来越高，时间越来越长，少数民族农民长时间在大城市生活，潜移默化中接受了大城市的生活习惯和文化生活，从而逐渐淡忘了对本民族特有文化、生活习惯、特有节日、饮食服饰的热爱，这不利于少数民族特有文化的传承和发展。

（四）农村劳动力输出服务机制不健全

Y省S民族自治县除民间自发组织外出务工以外，有组织的劳务输出仅仅依靠劳动部门和扶贫部门来完成。在组织劳务输出的过程中，需要相关工作经费和必要的工作设备，而这些经费和设备的缺乏，直接影响到农村劳动力转移工作的开展。

第三节 S民族自治县政府民族事务治理存在问题的原因

一、自然原因

（一）地理方面

Y省S民族自治县地理位置处于云贵高原西南边，横断山脉南部帚形的扩展部位，平面地貌形似桑叶，属于云南边疆民族地区。由于陆地抬升运动和流水侵蚀的作用，地面破碎，高低悬殊，形成山地起伏、谷地相间的中山地貌。地势西北高耸，东南低凹。县境最高海拔为3233米。全县地貌分为三种，一种是深切中山河谷，一种是河谷盆地，一种是“V”型中山窄谷地。

（二）气候方面

Y省S民族自治县地处北回归线，属低纬度亚热带山地季风气候。境内地貌复杂，山高谷深，海拔高低悬殊很大。在一座山里可以体验四季，每隔十里就有不同的天气情况。自古以来，S民族自治县唯有傣族生活在坝区和河谷地带，绝大部分少数民族聚居在高寒山区，干旱缺水，水土流失严重。近几年，通过政府动员，已有部分村寨迁移到坝区生活。S 民族自治县各民族居住的地理环境的差异，决定了各民族在发展水平和发展空间上存在着这样那样的差距。

二、历史原因

（一）清王朝的暴政影响了经济社会的发展

据史籍记载，自清嘉庆四年至光绪二十九年，S 县各民族群众不堪于清王朝及土司罕朝鼎的暴政压迫统治，举行了三次抗暴斗争。三次抗暴斗争都遭到了清王朝的残酷镇压，虽然每次抗暴斗争都削弱了土司的统治势力，有力地打击了清王朝的暴政统治，但是三次的抗暴斗争消耗了民间大量的人力、物力和财力，其间劳动作业几乎停止，社会生产长期处于低迷状况，阻碍了生产力的发展和生产关系的变革。清王朝的暴政引发的长时间的战争影响了 S 县经济社会的发展。

（二）外国侵略导致经济社会发展滞后

1934 年，英帝国主义入侵我国阿佤山的班洪地区，不少佤族村寨遭到英军炮轰，100 多名佤族同胞遭受英帝国主义的屠杀，S 县各民族组织了“西南民众义勇军”的武装组织，计 1 个大队，4 个中队，声援和支持佤族人民抵抗英帝国主义的斗争，不断袭击英军据点，迫使英军撤出被其占领的我国的领土。1943 年 2 月，日本侵略军侵占缅甸后，又从缅北侵入我国边境耿马孟定一带，S 县各族人民由上层爱国人士组织了一支 170 余人的抗日游击队抗击日军进犯。同时，爱国人士率领 S 县各族子弟 200 余人，在沧源县边境一带与日本侵略军开展武装斗争，历时两年多，直到日本侵略军投降。1943 年 10 月 1 日—1945 年 5 月，为支持抗日修筑从昆明到缅甸的铁路，S 县各族人民派出共 2700 余人筑路民工，捐粮百余万斤，捐钱 4 万余元。① 由于 S 县长期处于反暴反帝国主义的抗争过程中，错过了良好的发展机遇，各族人民的生产力并没有随着社会变迁以及生产关系的变革而实现同步跨越，仍处于

① 云南省民族自治地方概况丛书编辑委员会 . S 民族自治县概况［M］. 昆明：云南民族出版社，1990.

滞后发展状态。

三、文化原因

（一）文化事业发展起步晚

Y省S民族自治县人民政府成立以前，S民族自治县没有文化馆、图书馆之类的文化机构及其文化专职人员，文化事业十分落后，各族人民的文化生活十分贫乏。1950年12月3日，S县人民政府成立以后，随着工农业生产的发展，人民生活水平的提高，S县的文化事业得到了发展，先后建立了新华书店、县文化馆、县广播站，丰富和活跃城乡文化生活。然而，“文革”开始后，文化机构被撤并，图书室被当作宣扬封、资、修的主要阵地而受到“造反派”的冲击，大量图书被盗、被毁、图书室被迫关闭，图书发行中的中小学课本停止发行，广播电视和文艺宣传基本停止，各族群众的文化活动被迫中断。1971年以后，虽然恢复了文化机构，但由于受极“左”路线的影响，文化工作除了宣传图片橱窗展示、组织唱样板戏外，群众性的文化活动基本没有。改革开放以来，S民族自治县文化事业得到了前所未有的发展，但由于受文化事业发展起步晚的影响，现在仍然存在文化内容单调，文化活动形式缺乏新意，城乡文化事业发展差距大等问题。

（二）公共文化满足不了需求

在党的领导下，Y省S民族自治县的民族文化事业发展有了明显进步，但仍然满足不了各民族群众日益增长的对精神文化生活的需求。民族文化精品艺术不多，数量和质量均有待提高。S民族自治县民族众多，不同的民族对公共文化的需求不同，现有的文化基础设施仅能满足部分群众对民族文化生活的需求，由于乡镇综合文化站和村级组织文化室发展滞后，因此公共文化的发展现状满足不了各民族群众对精神文化生活的多层次、多方面、多样化的需求。

四、社会原因

（一）生产方式落后

Y省S县人民政府成立之前，各少数民族的生活处于封建领主统治阶段，社会发育程度低，偏远山区和高寒山区的群众处于原始社会末期的生活状况。S 民族自治县是一个贫穷落后的农业县，各族群众大都沿袭着古老的耕作方式和生产习惯，在田地上粗放耕耘，农业生产作业使用的工具仍是简单而落后的铁木农具，偏远山区农民的生产作业仍然处于原始的刀耕火种状况，极大地制约了农业生产的发展。

（二）水利设施不完善

1950 年以前，S 县农田水利设施落后，农田用水仅靠一些小沟渠或竹木笕槽引用河溪自然枯水流进行灌溉。1949 年，S 县有效的农田灌溉土地仅为 2.7 万亩，仅占当时水田面积 76111 亩的 35.47%，64.53% 的田地属于靠天吃饭的“雷响田”，加之常年缺乏河道治理，严重制约了 S 县农业发展。南勐河流经勐勐坝的河道由于河道弯曲，河床宽而浅，比降度低，一到雨季，河水泛滥，洪水茫茫，洪涝灾害十分突出。①

五、经济原因

（一）基础设施建设资金短缺

Y 省 S 民族自治县少数民族聚居的山区和偏远地方的交通运输与信息通信状况较为落后，少数民族地区因自然条件、地理环境的制约，水利化程度不高，人畜饮水困难。由于 S 民族自治县基础设施建设资金短缺，严重影响了少数民族地区的建设和发展速度。

（二）基础教育配套资金不足

Y 省 S 民族自治县由于经济发展滞后，财力有限，民族专项资金仅限于扶持人口较少民族发展，地方配套资金难以落实，加上少数民族聚居地方多为偏远山区，生活条件艰苦，有些教师不愿意前往山区教学，基础教育资金跟不上，极大地影响了基础教育的发展。

（三）资金和技术外流严重

受市场规律的驱动和影响，加之在民族地区投资建设回报率低，因而企业资金和技术往往流向回报率高的发达地方，民族地区在市场竞争中日益趋

① 云南省民族自治地方概况丛书编辑委员会. S 民族自治县概况［M］. 昆明：云南民族出版社，1990.

向边缘化，以致民族地区和发达地区经济发展极不平衡。

第四节　加强和完善民族自治县政府民族事务治理的对策

一、健全民族宗教事务局的职责

民族宗教工作复杂而又艰巨。能否做好民族宗教工作，关系着民族地区的团结稳定和社会的和谐发展。为了做好民族宗教事务管理工作，首先要理顺民族宗教事务管理局的职能，明确什么该管、什么不该管，做到既不“越位”，也不“缺位”。

（一）明确民族宗教事务局的职能

在明确自治县民族宗教事务局的主要职能的基础上，应把民族宗教事务局与其他政府部门重复交叉的职能转移给相应的政府职能部门。同时，要通过制定相关条例明确规定民族宗教事务局的管理职能，对该保留的职能应加以强化，对新增的职能应全力做好，让民族自治地方的民族事务管理部门能够大胆运用所属权力管好本民族地区的工作。此外，其他政府部门需要民族宗教事务局协助配合的相关工作，民族宗教事务部门也要积极配合。

（二）提高民族事务管理能力和水平

良好的民族事务管理能力和水平是做好民族事务工作的必要条件。提高民族事务管理能力和水平要遵循“管理、引导、服务”的工作理念。要改进旧的管理方法，探索新的管理模式，坚持依法管理，逐步引导自我管理，以便更好地为民族地区的民众服务。

二、着力提高民族干部队伍素质

（一）健全民族干部培养选拔工作机制

1. 通力合作培养和选拔少数民族干部

民族自治县要把培养和选拔少数民族干部作为民族工作的重要任务，将其列入重要议事日程，定期研究、分析相关政策和实际民族干部情况，形成由民族自治县县委、县政府牵头抓总，组织部、统战部、人力资源和社会保障局、民族宗教事务局等部门负责的工作格局，通过协商，相互配合，明确各个部门在培养选拔干部过程中的具体分工，使民族干部的培养和选拔工作能够顺利进行。

2. 制定民族干部招录工作的倾斜政策

在执行上级有关民族干部招录政策的过程中，可以根据自治县各民族干部的实际情况，依据自治法赋予自治县的相关权力制定招录民族干部的倾斜政策，以便让更多的实行自治的主体民族进入干部队伍当中。特别是对报考国家公务员以及企事业单位岗位的少数民族考生，在笔试阶段应给予适度加分的政策照顾，以便让少数民族考生有更多的机会进入公务员岗位及企事业单位工作。

3. 营造重视民族干部队伍建设的氛围

自治县要认真组织开展民族团结趣味活动，通过竞猜问答或是其他宣传形式，在民族地区进一步强化民族事务管理的价值和意义，让民族地区的各级干部进一步认识到民族干部是党不可或缺的重要力量，民族干部队伍建设是党做好民族工作的关键环节和组织保障。

（二）加大少数民族干部队伍建设力度

1. 加强少数民族干部队伍教育培训

一是根据少数民族干部队伍的实际情况，采取分期分批的形式，以党校和行政院校为培训基地进行教育培训。二是按照“缺什么、补什么”的原则，派遣少数民族干部到民族高等院校学习或到发达地区挂职学习锻炼。通过各种形式的教育培训，提高少数民族干部的政治思想觉悟、政策理论水平、行政管理能力。

2. 加强少数民族后备干部队伍建设

根据民族自治县的具体情况，可以规定少数民族干部人数在自治县总干部人数及各层次干部中的比例不低于40%，并保证一定数量的少数民族干部能够进入乡科级后备干部队伍行列。

3. 加强少数民族干部的实践锻炼

通过实践锻炼培养一批能够胜任民族工作的少数民族干部，放手让少数民族干部管理少数民族事务，让少数民族干部在其工作岗位上大展宏图，大放光彩。对实行自治的主体民族干部采用边使用、边锻炼、边培养的措施，把他们放到重要岗位上，在实践锻炼中提高他们的工作能力，培养懂得关心民众疾苦的情怀，以便让他们又好又快地成长起来。

三、促进少数民族经济均衡发展

（一）扶持偏远山区的特色产业

在产业扶持方面，应优先考虑贫困少数民族山区及偏远地区。由于贫困山区地理位置偏远，生态环境保护较好，具有得天独厚的开发潜能，因而应充分利用当地的自然资源优势，尤其要结合当地的特色资源，在科技人员实地勘探的基础上，科学合理地调整和优化当地的产业结构，着力培育民族地区生态经济，例如核桃、茶叶、中草药植物生态产业等，要在保护好生态环境的前提下做强做大少数民族地方的特色产业经济。

（二）树立发展生态经济的理念

加强民族地区发展生态经济的宣传，发挥政府在宣传过程中的引领作用，树立发展生态经济的理念。每个乡镇规定 1 ~ 2 名工作人员负责宣传生态产业知识和可持续发展理念，让每个民族兄弟牢固树立保护生态环境就是保护民族地区生产力、改善生态环境就是改善民族地区生产力的观念。要加大力度积极发展民族地区融经济效益和生态效益为一体的农业产业和文化旅游业。主要以山水综合开发为切入点，提高农业综合开发和文化旅游业效益，努力实现民族地区经济、社会、生态、环境的协调发展。

四、完善民族地区社会保障体系

（一）完善民族地区新型农村合作医疗制度

完善民族地区新型农村合作医疗制度，必须实地调查了解民族村寨的经济条件和生产力发展状况，结合新型农村合作医疗制度的相关政策文件，制定符合民族地区实际的新型农村合作医疗保障条例，切实解决少数民族和民族地区贫困农民看不起病、不敢看病的问题，逐渐消除因病而加重经济负担进而导致贫困的现象发生。

（二）建立民族地区社会救济制度

针对民族地区经济欠发达、社会保障不健全的状况，需要建立健全民族地区社会救济制度，制定具体的社会救济措施，帮助民族地区贫困群体解决生活上的困难，逐步提高民族地区贫困群体的生活质量。

（三）加强各民族群众专业技能培训

要充分发挥各种产业协会的作用，采取多种方式进行培训，不断提高农民群众的生产能力和科学素养。应在每个自然村培训5—10名技术骨干带动整个村脱贫致富。通过技术骨干带动每家农户掌握1—2门实用技术或实用技能，以便让民族地区的农户通过自己掌握的实用技术或技能改变自己的贫困状况，让家家户户的农民群众过上幸福的生活。

五、完善民族事务管理法律法规

（一）全面贯彻落实民族法律法规

保障少数民族的各项权利，没有法律法规作保障，一切都是纸上谈兵。要保障各民族的各项权利，就要采取多种形式贯彻落实好有关少数民族的法律法规。而要把有关少数民族的法律法规真正落到实处，就要根据《中华人民共和国宪法》《中华人民共和国民族区域自治法》有关法律法规，结合民族自治地方实际，制定具体的自治县民族工作条例和相应的具体实施办法，并在实践中加以贯彻执行，才能使各民族的权利得到有效保障，让各少数民族真正享受到国家法律法规所带来的福利。

（二）健全民族自治地方法律体系

依据《民族区域自治法》，结合民族自治地方实际情况，逐步建立和完善民族自治地方自治条例、单行条例等各项配套的地方性法律文件。具体来说，就是要制定和完善有关民族自治地方资源开发补偿、少数民族权益保障、少数民族特许商品管理、清真食品管理、少数民族殡葬习俗管理、少数民族语言文字保护等方面的法律规定，对少数民族地区的补偿机制、经济建设、资金扶持、环境保护、资源开发、社会事业发展、少数民族人才选拔培养等方面作出具体规定，为民族自治地方政治、经济、文化及社会事业发展提供政策支持和法律保障。

六、稳步推进民族教育事业发展

（一）建立失学救助制度

针对民族地区存在的农村适龄儿童及农村大学生因贫困上不起学、因贫困而辍学的问题，政府应引导社会和学校积极采取行动实施救助。应通过政府、学校、社会三方共同努力建立失学救助机制，让民族地区农村贫困学生能够上得起学。尤其在学生受教育阶段，政府应积极动员社会各方力量共同关心和支助困难学生，学校对贫困学生应增加生活学习补助，使民族地区农村贫困的学生能够像其他学生一样在学校接受教育，顺利完成学业，为以后立足社会打下基础。

（二）重视民族地区基础教育

抓好民族地区基础教育，必须改善办学条件，运用现有资源集中办学。这就需要进一步优化中小学建设布局，集中改善中小学校硬件设施建设；进一步加强“双语”教育，推进民族地区“双语”教育工程；进一步贯彻落实好“两免一补”政策，保障民族地区适龄儿童都能上得起学，从源头消除失学、辍学现象的发生。

（三）加大教师培训力度

稳步推进民族教育事业发展，就要扩大民族地区教师资源，通过与行政院校和省内外高校合作，培养一批适应少数民族地区教育发展要求的师资力量；就要建设培养基地，定向培养“双语教师”，通过一段时间的培训，提高民族地区“双语教师”的教育教学水平，同时要对“双语教师”在职称资格认定、工资奖金等方面给予政策倾斜。

（四）加强民族地区职业教育

通过加强民族地区职业教育，强化科技培训，着力改变少数民族存在的“三低”问题（文化素质低、劳动技能低、科技成果转化率低）；加大实用技术免费培训的力度，适时举办各种科技培训班，有计划、有重点、不间断地分期分批培养一支具有文化知识、善于经营管理、能帮助群众致富的少数民族技术科技队伍。

七、加强民族优秀传统文化保护与传承

（一）实施文化惠民工程

实施文化惠民工程，就是按照《国务院关于进一步繁荣发展少数民族文化事业的若干意见》要求，加强民族地区文体中心、民族文化广场、体育馆、城市公园、乡镇文化站等公共文化项目设施建设，实现民族地区村村寨寨都有体育活动设施，都有文化活动室，满足民族地区人民群众锻炼身体，探索文化知识的需要。

（二）保护民族传统文化

民族地区有着许多优秀的民俗、服饰、手艺、建筑、古树以及体育等宝贵的传统文化。遗忘历史就不能展望未来。要加大对民族珍贵文物的抢救力度，保护好世世代代传承下来的优秀历史文化。在历史文物聚居地区设立保护点，出台相关政策，强化人民群众的保护意识，保护好、珍惜好民族传统文化。

（三）打造民族文化精品

民族地区拥有各种各样让人流连忘返的文化，民族地区政府要利用好这些文化资源。要在摸清市场对文化的需求基础上，帮助扶持精品文化建设，支持民族地区在服饰、舞蹈、茶艺、工艺品等方面的创作。要通过当地媒体和其他文化机构的合作展示民族文化成果，增强民族地区人民对本民族文化资源的信心和自豪感，打造一批具有民族地区人文特色的优秀文化品牌。

（四）挖掘和培养民族文化传承人

民族地区的人民群众传承了祖辈积淀下来的民族情怀、民族文化，他们能歌善舞、能谱曲、能作乐。民族地区政府部门必须挖掘和培养民族文化传承人，积极发挥民族文化传承人的优势和作用，让民族地区优秀的传统文化流传下来。

八、妥善处理少数民族发展和流动等问题

（一）发展问题

少数民族自治县政府既要增加民族地区基础设施投入，也要扶持民族地

区产业发展，帮助民族地区建立少数民族互助合作组、产业发展合作组，帮助少数民族协调解决资金信贷问题，帮助少数民族群众提高生产生活能力，特别要帮助偏远山区少数民族群众提高生活水平等等。通过人才、信息、技术、资金等一系列帮扶政策，加大对偏远山区和贫困地方少数民族的政策倾斜和经济支持，从而实现各民族之间和区域之间的协调发展。

（二）流动问题

公安户籍管理部门要对少数民族常住户口做好规范性登记，对流出人口，可以和流往地的户籍管理部门共享信息，共同做好户籍管理工作。公安户籍管理部门的工作人员要转变现有服务方式，深入民族地区宣传党的方针政策，扎实做好少数民族户籍信息录入和户籍动态管理工作。

九、健全维护民族团结稳定的长效机制

（一）深入宣传民族团结进步思想

民族自治县必须多渠道、多形式加强民族团结进步边疆繁荣稳定思想宣传。要借助民族地区利用民族传统节日、民族语言广播电视、民语宣讲团广泛宣传民族团结进步思想。同时要在中小学校开设民族知识、民族乡土文化教育等课程，增进民族地区各族学生之间相互了解，让各民族学生相知、相惜、相交、相融，形成“你中有我、我中有你”的和谐的民族大家庭。

（二）推进民族团结进步示范区建设

要紧紧围绕民族地区县委政府中心工作，以建设民族团结进步示范区为统领，抓好党的民族宗教政策的落实，着力维护民族地区的团结稳定，加快少数民族和民族地区全面建设小康社会步伐。要在少数民族自治县农村地区创建民族团结进步示范村，在城镇地区创建民族团结进步示范社区，在民族地区宗教活动场所开展和谐寺观教堂创建活动，促进民族地区各民族融洽相处，保障民族团结进步事业稳定发展。

（三）建立维护民族团结预警机制

民族地区政府部门要走群众路线，建立健全维护各民族团结稳定以及防范境外敌对势力渗透的预警机制和联动机制。要用发展的思维妥善处理民族关系，换位思考，以感情、用亲情与少数民族群众交心谈心，从维护民族团

结大局出发，切实维护好民族地区少数民族群众的各项权益。

（四）增强各民族对国家和民族的认同感

通过各方力量推动民族地区民族事务管理工作的创新发展，提升各民族对伟大祖国、对中华民族、对中华文化、对中国特色社会主义道路的自信，从而进一步增强各族群众对国家和民族的认同感，共同朝着“中国梦”的方向前进，一起为社会主义事业又好又快发展贡献自己的力量。

后 记

中国的改革是全方位、多领域的改革。2013 年 11 月 12 日，中国共产党第十八届中央委员会第三次全体会议通过了《中共中央关于全面深化改革若干重大问题的决定》,《决定》指出："全面深化改革的总目标是完善和发展中国特色社会主义制度，推进国家治理体系和治理能力现代化。必须更加注重改革的系统性、整体性、协同性，加快发展社会主义市场经济、民主政治、先进文化、和谐社会、生态文明，让一切劳动、知识、技术、管理、资本的活力竞相迸发，让一切创造社会财富的源泉充分涌流，让发展成果更多更公平惠及全体人民。"地方政府社会治理是国家治理体系的重要方面，它与经济、政治、文化、生态文明和党的建设等各领域紧密相连、相互协调。加强和创新地方政府社会治理，是建设社会主义和谐社会，维护国家长治久安，促进我国社会发展的现实要求。

加强和创新地方政府社会治理，是我国改革向纵深方向发展必须解决的重大理论和实践问题，已经成为理论界、学术界的专家学者共同关注和研究的重大课题。从党和国家重要会议正式提出加强和创新我国社会治理以来，社会治理问题的研究就受到了高校政治学、公共管理学、社会学等学科专业师生的高度关注。在这样的国内学术研究背景下，刘文光老师和他的学生也在近十年里集中关注和研究了地方政府社会治理的相关问题并形成了一定的研究成果。《地方政府社会治理研究》一书，就是在刘文光老师的课题研究成果和他指导的十位研究生的硕士论文的基础上修改而成。

《地方政府社会治理研究》一书由刘文光老师负责策划、统稿、修改、编辑、校对，并对本书的体例和章节进行研究、安排。该书各章节具体撰写分工如下：第一章《我国边境县（市）政府社会治理研究——以云南省为例》由刘文光老师撰写，此章节是由刘文光老师在其2016年云南省哲学社会科学规划项目结项成果基础上修改而成；第二章《地方政府网格化治理研究——以H省Y市为例》由邓芳玉同学撰写，此章节是由邓芳玉同学在其2014年毕业的硕士论文基础上修改而成；第三章《地方政府社会治理中的问题及对策研究——以H省H市为例》由何芳同学撰写，此章节是由何芳同学在其2014年毕业的硕士论文基础上修改而成；第四章《地方公安机关社会治理创新研究——以G省G市为例》由林其尹同学撰写，此章节是由林其尹同学在其2016年毕业的硕士论文基础上修改而成；第五章《基层政府社会治安综合治理研究——以B市X区为例》由张阳阳同学撰写，此章节是由张阳阳同学在其2017年毕业的硕士论文基础上修改而成；第六章《镇政府社会治理向服务型转变研究——以H省C镇为例》由楚文蕾同学撰写，此章节是由楚文蕾同学在其2014年毕业的硕士论文基础上修改而成；第七章《乡镇政府社会治理研究——以C市Y县D镇为例》由吴小明同学撰写，此章节是由吴小明同学在其2016年毕业的硕士论文基础上修改而成；第八章《乡镇政府信访工作研究——以G省G市L镇为例》由肖丽同学撰写，此章节是由肖丽同学在其2017年毕业的硕士论文基础上修改而成；第九章《城市管理中的行政执法研究——以S省Z市为例》由邓恩泽同学撰写，此章节是由邓恩泽同学在其2018年毕业的硕士论文基础上修改而成；第十章《地方政府河流治理研究——以S省N市沱江治理为例》由乐达成同学撰写，此章节是由乐达成同学在其2016年毕业的硕士论文基础上修改而成；第十一章《民族自治县政府民族事务治理研究——以Y省S民族自治县为例》由周敏同学撰写，此章节是由周敏同学在其2016年毕业的硕士论文基础上修改而成。

近几年，随着我国进入全面深化改革的攻坚克难阶段，各种社会矛盾和问题越发凸显，现实的发展更加需要地方政府社会治理理论的指导，这决定了深入研究地方政府社会治理问题的必要性。关于地方政府社会治理问题研究，涉及的范围非常广泛，关乎中国社会建设和发展的很多重大问题，我们将与同行专家和学者一道，继续关注和研究地方政府社会治理问题，努力为地方政府社会治理理论的发展贡献自己的绵薄之力。

刘文光

二〇一九年五月